「한문 원본」을 원문·현토·주해한

삼국사기 三國史記

4권 – 열전

김부식(1075~1151) 원저

정민호 현토·주해

문경현 교수 추천 및 감수

明文堂

서문序文

문경현(문학박사 · 경북대 명예교수)

『삼국사기』는 우리나라 최고最古의 사서史書요 불후의 명귀다. 12세기 고려 인종 23년에 김부식이 감수국사 문하시중(수상)을 퇴직하고 난 다음에 사대모화 사상에 치우쳐 중국의 역사는 환하게 알고 있으나 도리어 자아의 역사를 까맣게 모르고 있는 현실을 개탄하여 인종대왕이 김부식에게 삼국사를 지어 올리라는 명을 받고 찬진한 사찬서私撰書다.

이 사서는 사마천司馬遷의 사기史記를 표준하여 본떠 지은 기전체紀傳體 50권의 역사책이다. 『삼국사기』의 사관史觀은 당시 사대주의 시대라 사대모화 사관의 범주를 피할 수 없었다. 그리고 그는 유학자라 합리적 유교사관에 입각하여 편찬했다. 그러므로 『삼국사기』에 일관된 민족 주체 의식의 관류貫流를 우리는 재발견해야 한다. 『삼국사기』는 황제의 편견사인 본기本紀를 채용하여 서술했다. 당시 우리는 중국에 사대하던 속국, 제후국을 자임하던 시대에 이와 같은 사관은 가위 파천황破天荒이라 하겠다. 그리고 우리의 고유한 전통문화를 존중하고 강한 자아의식을 발휘했다.

문장으로서 『삼국사기』는 당시 일세를 풍미하던 사륙변려체四六
騈儷體를 따르지 않고 서한西漢의 고문체古文體로 저술한 기려웅위綺
麗雄偉한 문장으로서도 걸작에 해당한다.

　　이와 같이 위대한 사서를 현토懸吐하고 주해하여 '교양한문대학'
교재로 만든 것은 참으로 훌륭한 문학적 쾌거라 하겠다. 이 책을 현
토 주해한 정민호鄭珉浩 선생은 내가 평소에 존경하는 우리나라 문
단의 중진 시인이다. 선생은 어려서부터 한문을 수학한 우리 시대
몇 안 되는 한학자 중의 한 분이다.

　　한학자 정 선생이 심혈을 기울여 현토 주해한 이 교재를 일독함
에 참으로 놀라울 만치 정확한 현토와 주석으로 우리 학계에 기여함
이 실로 크다고 생각한다. 한문 공부와 역사 공부를 병행하여 성취
할 수 있는 훌륭한 교재라고 높이 평가하며 이 책으로 공부하여 김
부식 공公의 위대한 문장과 역사학이 독자 제언諸彦의 학문향상에
기여비보寄與裨補하기를 기대하면서 서문으로 가름하는 바이다.

2020년 5월 18일

葆蕙莊 鵲巢芸香齋에서　文暻鉉 識之
보혜장 작소운향재　　　 문 경 현　지지

이 책을 읽는 분들께

/ 현토자의 변

「삼국사기」는 고려시대 대문장가 김부식金富軾이 지은 우리나라 최고의 역사서다. 무슨 책이든 원문으로 읽어야 제맛이 나기 마련인데 많은 사람들이 능력이 모자라 번역본을 읽게 된다. 이 「삼국사기」도 저자의 특유한 문채를 그대로 받아들이려면 한문본漢文本 그대로를 읽어야만 한다.

나는 이번에 뜻한 바가 있어 「삼국사기」에 현토를 하여 주해하면서 한문 문장의 본질을 찾으려고 노력했다. 요즈음 한문 공부를 하는 사람들이 부쩍 늘어나고 있다. 그래서 한문 공부를 하는 사람들이 원문을 읽는데 이해를 돕기 위해 긴 문장은 편하도록 잘라서 현토를 하고 ▶어려운 낱말◀을 따로 풀이해서 독자들의 이해를 돕고, ▷본문풀이◁를 두어 해석하는데 도움이 되도록 노력하였다. 원본 한문 역사서를 읽고 한문 공부를 함으로써 역사에 대한 이해도 빨라지게 될 것이 아닌가? 옛날에도 한문을 배우는데 사략史略이나 통감通鑑을 읽어 역사를 익히는 것이 상례이기도 했다.

그래서 나는 경주향교부설 사회교육원 〈신라사반〉에서 원본 삼국사기를 풀이하는 강의를 해 왔었다. 나는 사학자가 아니기 때문에 단순히 원문을 한문적 해석으로 풀이 강의해왔다. 사학적 이론은 문경현 교수를 따랐음을 밝힌다. 그리하여 김부식의 한문 문장을 믿고 맛보기 위하여 그의 한문적 문장을 공부하고 한문을 공부하는 사람들에게 역사적 지식까지 주기 위한 것이었다. 그래서 몇 번의 강의 끝에 교정은 자연적으로 이루어지게 되었으며, 이번에 삼국사기를 찾는 분들이 많아서 이에 축쇄판을 출간하기에 이른 것이고, 신라, 고구려, 백제, 열전을 합하여 소위 통합 삼국사기를 만들게 되었다.

이 책이 많은 사람에게 사랑을 받고, 원문을 읽을 수 있는 기회가 많아지면 많아질수록 우리의 주위에는 지식인들이 늘어날 것이 아닌가 하는 자부심으로 이 글을 현토하고 주해한 것이다. 끝으로 이 책을 위해 기꺼이 서문을 써주신 문경현 박사께 고마움의 인사를 드리며, 이 책이 많은 사람들의 깊은 애정과 아낌을 받을 수 있길 기대하는 바이다.

2020년 榴花節에 懸吐 註解者 鄭旼浩 씀.
유 화 절 현 토 주 해 자 정 민 호

목차

列傳(열전)

1 | 金庾信(上)[김유신(상)]:-신라 장군, 태대각간

○「金庾信」은 王京人也라. 十二世祖「首露」는
不知何許人也라. 以〈後漢〉〈建武〉十八年,壬寅에
登〈龜峯〉하여 望〈駕落〉九村하고 遂,至其地開國
하고 號曰〈伽倻〉라 하고 後改,爲〈金官國〉하다. 其,
子孫相承하여 至,九世孫「仇亥」하여 或云「仇次
休」라 하니 於「庾信」爲,曾祖니라. 〈羅〉人이 自謂
「少昊金天氏」之後이니 故로 姓을「金」이라 하다.
「庾信」碑에 亦云, "「軒轅:黃帝軒轅氏」之裔요「少
昊」之胤이라." 하니 則,〈南伽耶〉始祖「首露」도 與
〈新羅〉와 同姓也니라.

▶ 어려운 낱말 ◀

[王京人(왕경인)] : 신라 경주 사람. [首露(수로)] : 수로왕을 말함. 김유신의 근
본이 수로왕의 후손이다. [十八年壬寅(십팔년임인)] : 신라 유리왕 19년, 서기
42년에 해당된다. [龜峯(귀봉)] : 삼국유사 가락구기에 나오는 구지봉. [胤
(윤)] : 맏아들, 종손. *구해-무력-서현-유신.

▷ **본문풀이** ◁

「김유신」은 경주 사람이다. 12대조 「수로」는 어느 곳 사람인지 모른다. 그는 〈후한〉 〈건무〉 18년 임인에 〈귀봉〉에 올라가 〈가락〉의 구촌을 바라보고 마침내 그곳으로 가서 국가를 건설하고, 국호를 〈가야〉라 하였다가 후에 〈금관국〉으로 고쳤다. 그 자손이 대대로 이어져 9대 자손인 「구해」에 이르렀다. 「구차휴」라고도 하는 구해는 「유신」에게는 증조부가 된다. 〈신라〉인들은 스스로 「소호 금천씨」의 후예라고 생각하여 성을 「김」이라 한다고 하였고, 「유신」의 비문에도 "「헌원」의 후예이며, 「소호」의 종손이라." 하였으니, 〈남가야〉 시조 「수로」도 〈신라〉와 동성이다.

○祖「武力」은 爲〈新州〉道行軍摠管으로 嘗領
　　조 무력　　위 신주　도 행군총관　　　　상 영

兵하여 獲〈百濟〉王及其將四人하고 斬首一萬餘
병　　　획 백제　왕급기장사인　　　참수일만여

級하다. 父「舒玄」은 官至蘇判하고〈大梁州:陜川〉
급　　부 서현　　관지소판　　　대양주

都督安撫와〈大梁州〉諸軍事하다. 按「庚信」碑
도독안무　　대양주 제군사　　　안 유신 비

云, "考蘇判「金逍衍」이라." 하니 不知「舒玄」이
운　　고소판 김소연　　　　　부지 서현

或更名耶아 或「逍衍(소연)」是字耶아 疑故로 兩存
혹 경명야　혹 소연　　　시자야　　의고　　양존

之하다.
지

[新州道(신주도)]: 州治는 광주. [蘇判(소판)]: 迊湌으로 3품.

▷ 본문풀이 ◁

  조부 「무력」은 〈신주〉도 행군총관이 되어 일찌기 군사를 거느리고 〈백제〉왕과 그 장수 네 명을 사로잡고 1만여 명을 참수한 일이 있었다. 부친 「서현」은 벼슬이 소판 〈대양주〉도독 안무〈대양주〉제군사에 이르렀다. 「유신」의 비문에 "아버지는 소판 「김소연」이다."라고 하였으니, 「서현」이 고친 이름인지, 혹은 「소연」이 그의 자인지를 알 수 없다. 이에는 의심의 여지가 있기 때문에 두 가지를 모두 기록해둔다.

○初에 「舒玄」이 路見葛文王「立宗」之子「肅訖
      초   서현   노견갈문왕 입종 지자 숙흘

宗」之女「萬明」하고 心悅而目挑之하여 不待媒妁
종 지여 만명   심열이목도지   부대매작

而合하다. 「舒玄」爲〈萬弩郡:忠北鎭川〉太守하여 將
이합   서현 위 만노군   태수   장

與俱行에 「肅訖宗」이 始知女子와 與「玄」野合하
여구행   숙흘종   시지여자 여 현 야합

고 疾之囚於別第하여 使人守之하다. 忽.雷震屋門
   질지수어별제   사인수지   흘뇌진옥문

하여 守者驚亂하니 「萬明」이 從竇而出하여 遂與
     수자경란   만명   종두이출   수여

「舒玄」으로 赴〈萬弩郡〉하다.
   서현   부 만노군

▶ 어려운 낱말 ◀

[目挑(목도)] : 눈짓. [媒妁(매작)] : 중매. [從竇(종두)] : 창문을 쫓아 나옴. [竇]
: 구멍(두). [萬弩郡(만노군)] : 지금의 충북 진천.

▷ 본문풀이 ◁

　처음 「서현」이 길에서 갈문왕 「입종」의 아들인 「숙흘종」의 딸 「만명」을 보았을 때, 내심으로 기뻐하여 그녀에게 눈짓을 하여 중매도 없이 야합하였다. 「서현」이 〈만노군〉 태수가 되었을 때, 만명과 함께 가려 하니, 「숙흘종」이 비로소 딸이 「서현」과 야합한 사실을 알고, 그녀를 미워하여 별채에 가두고 사람을 두어 지키도록 하였다. 그러던 중 갑자기 대문에 벼락이 쳐서 지키던 사람이 놀라 정신을 차리지 못했을 때, 「만명」이 창문으로 나와 마침내 「서현」과 함께 〈만노군〉으로 갔다.

　○「舒玄」이 庚辰之夜에 夢에 熒惑과 鎭의 二星이 降於己하고 「萬明」亦以 辛丑之夜에 夢見 童子衣 金甲하고 乘雲入 堂中하여 尋而有娠하니 二十月而生 「庚信」하니 是『眞平王』〈建福〉十二年이요 〈隋〉「文帝」〈開皇〉十五年 乙卯也라. 及欲定名에 謂 夫人曰, "吾以庚辰夜 吉夢하여 得此兒하

니 宜以爲名하리다, 然이나 禮不以, 日月爲名하니
　　의 이 위 명　　　　연　　　예 불 이 일 월 위 명

今, 庚與庚字, 相似하고 辰與, 信聲相近이라. 況古
금 경 여 유 자 상 사　　　진 여 신 성 상 근　　　황 고

之賢人有名「庚信」하니 盍以命之리오?" 遂名「庚
지 현 인 유 명 유 신　　　합 이 명 지　　　　　수 명 유

信」焉하다.【〈萬弩郡〉은 今之〈鎭州〉이라, 初에 以「庚信」胎를 藏之高山
신　언

으로해서 至今謂之〈胎靈山〉이라 하다.】

▶ 어려운 낱말 ◀

　[熒惑(형혹)] : 화성.　[鎭(진)] : 鎭星으로 土星이다.　[金甲(금갑)] : 금빛 갑옷.
　[庚辰夜(경진야)] : 庚辰 일진이 든 날의 밤.　[盍(합)] : 어찌 ~하지 않으리오.

▷ 본문풀이 ◁

　「서현」은 경진일 밤에 화성과 토성 두 별이 자기에게 내려오는
꿈을 꾸었고, 「만명」도 역시 신축일 밤에 동자가 금으로 만든 갑
옷을 입고 구름을 타고 집안으로 들어 오는 꿈을 꾸었다. 그로부
터 얼마 지나지 않아 아이를 잉태하여 스무달 만에 「유신」을 낳
았다. 이때가 『진평왕』〈건복〉 17년, 〈수〉「문제」〈개황〉 15년
을묘였다. 아이의 이름을 지으려 할 때 부인에게 말하기를 "내가
경진일 밤에 좋은 꿈을 꾸어 이 아이를 얻었오. 그러므로 마땅히
이 날짜로 이름을 지어야 할 것이오. 그러나 예법에는 날짜로 이
름을 짓지 않게 되어 있다 하오. 그런즉 경(庚)은 유(庚)와 글자가
서로 비슷하고, 진(辰)은 신(信)과 발음이 서로 비슷하며, 더구나

옛날의 현인 중에도 「유신」이라는 이름을 가진 사람이 있었으니, 어찌 이를 이름으로 삼지 않으리오?'라 하고 마침내 이름을 「유신」이라 하였다.[〈만노군〉은 지금의 〈진주〉인데, 애초에 「유신」의 태를 높은 산에 묻었으므로 지금도 그 산을 〈태영산〉이라고 한다.]

〇公의 年,十五歲에 爲,花郎하니 時人洽然,服從하고 號「龍華香徒」라 하다. 『眞平王』〈建福〉二十八年,辛未에 公의 年이 十七歲라 見〈高句麗〉와 〈百濟〉와 〈靺鞨〉이 侵軼國疆하니 慷慨有,平寇賊之志하고 獨行入〈中嶽〉石窟하여 齋戒하고 告天誓盟曰, "敵國無道하여 爲,豺虎하여 以,擾我封場하여 略無寧歲하오이다. 僕은 是,一介微臣으로 不量材力하고 志清禍亂하오니 惟天降監하시와 假手於我하소서."하니 居四日에 忽有一老人이 被褐而來曰, "此處는 多,毒蟲猛獸하여 可畏之地라 貴少年,爰來獨處하니 何也오."하니 答曰, "長者는 從何許來니까 尊名可得聞乎잇까?"하니 老人曰,

"吾無所住하고 行止隨緣하니 名則「難勝」也라."
오무소주　　　행지수연　　　명즉난승야

하다. 公이 聞之하여 知非常人하고 再拜進曰, "僕
　　　공　문지　　　지비상인　　　재배진왈　복

은 〈新羅〉人也로 見國之讐하니 痛心疾首하여 故로
　　신라 인야　견국지수　　　통심질수　　　고

來此하니 冀有所遇耳니다. 伏乞長者는 憫我精誠
내차　　　기유소우이　　　복걸장자　　민아정성

하시어 授之方術하소서." 하니 老人이 默然無言이
　　　　수지방술　　　　　　　노인　묵연무언

러라. 公이 涕淚懇請不倦하여 至于六七하니 老人
　　　공　체루간청불권　　　지우육칠　　　노인

이 乃言曰, "子幼而有幷三國之心하니 不亦壯乎
　　내언왈　자유이유병삼국지심　　　불역장호

아!" 하고 乃授以秘法曰, "愼勿妄傳하라! 若用
　　　　　내수이비법왈　　신물망전　　　　약용

之不義면 反受其殃하리라." 하다. 言訖而辭에 行
지불의　　반수기앙　　　　　　언흘이사　　행

二里許하여 追而望之하여도 不見하고 唯山上有
이리허　　　추이망지　　　　　불견　　　유산상유

光하여 爛然若五色焉이러라.
광　　　난연약오색언

▶ 어려운 낱말 ◀

[洽然服從(흡연복종)] : 마음에 흡족하여 복종함. [龍華香徒(용화향도)] : 김유
신이 이끄는 화랑도의 명칭. [侵軼(침질)] : 번갈아 침략하다. [國疆(국강)] :
나라의 영토, 국경. [慷慨(강개)] : 마음에 크게 감격하여. [寇賊(구적)] : 외적.
[中嶽(중악)] : 신라 삼산 중의 하나. 즉 나력, 골화, 혈례인데, 중악은 혈례(청
도 조례산)로 보는 학설이 있다. [齋戒(재계)] : 몸과 마음을 바르게 정하고.
[豺虎(시호)] : 승냥이와 호랑이. [封場(봉장)] : 영역. [寧歲(녕세)] : 편안할 날.

[假手(가수)] : 수단, 수법. [褐(갈)] : 갈의. [爰來(원래)] : 여기에 와서. [冀] : 바랄(기). [所遇(소우)] : 만나는 바. [爛然(난연)] : 찬란히.

▷ 본문풀이 ◁

　공은 15세 때 화랑이 되었다. 당시 사람들은 그를 기꺼이 따르며 「용화향도」라고 불렀다. 『진평왕』〈건복〉 33년 신미, 공의 나이 17세 때 〈고구려〉, 〈백제〉, 〈말갈〉 등이 국경을 침범하는 것을 보고 비분강개하여, 외적을 평정하려는 뜻을 품고 혼자 중악 석굴에 들어갔다. 그는 목욕 재계하고 하늘에 고하여 다음과 같이 맹세하였다. "적국이 무도하여 짐승같이 우리의 영역을 소란케 하니, 편안한 해가 거의 없습니다. 제가 일개 미약한 신하로서 능력을 생각지 않고 나라의 환란을 없애기로 뜻을 세웠습니다. 하늘은 굽어 살펴 저를 도와 주소서!" 하니, 4일이 지나자 갑자기 한 노인이 갈옷을 입고 와서 말하기를, "여기는 독충과 맹수가 많아서 무서운 곳인데, 귀 소년이 여기에서 혼자 거처하니 무슨 일인가?" 공이 대답하였다. "어르신께서는 어디서 오셨는지? 존함을 알려 주실 수 있겠습니까?" 노인은 "나는 일정한 주거가 없고 인연 닿는 대로 가고 머무나니, 이름은 「난승」이다."라고 말하였다. 공이 이 말을 듣고 범상한 사람이 아님을 알고 재배하고 말하기를, "저는 〈신라〉인으로서 나라의 원수를 보니 가슴이 아파 여기에 와서 누군가를 만나기를 바라고 있습니다. 엎드려 비옵건대, 어르신께서는 저의 정성을 불쌍히 여기시어 방술을 가르쳐 주소서."라고 하였다. 노인은 묵묵히 있었다. 공은 눈물을 흘리면서 예닐곱 번이나 거듭 열심히 간청하였다. 노인은 그때서야 말하기를, "그대가 어린 나이로 삼국을 병합하려는 뜻을 품고 있으니, 이 또한 장하지 않은가!" 노인은 말을 마치고 곧 비법을 가르쳐 주면서 "부디 함부로 전하지 말라! 만약 이를 의롭게 사용하지 않는다면 도리어 재앙을 받으리라."라고 말하였다. 말이 끝나자 작별을 했다. 노인이 2리쯤 갔을 때 뒤쫓아가 그를 찾아보았으나 그는 흔적이 없고 오직 산 위에 오색이 찬란한 빛이 서려 있었다.

○〈建福〉二十九年에 隣賊轉迫하니 公愈激壯
心하여 獨携寶劍하고 入〈咽薄山〉深壑之中하여
燒香告天하여 祈祝若在〈中嶽〉으로 誓辭仍禱하니
天官垂光이 降靈於寶劍하다. 三日夜에 虛角二星
이 光芒赫然下垂하니 劍若動搖然이러라.

▶ 어려운 낱말 ◀

[建福(건복)二十九年] : 서기 612년. [咽薄山(열박산)] : 경주 부근의 산. [深壑(심학)] : 깊은 골짜기. [天官(천관)] : 도가에서 말하는 3官神을 말함. 즉, 天官 地官, 水官임. [降靈(강령)] : 신령스런 기운이 내림. [虛角(허각)] : 虛星과 角星. [光芒(광망)] : 빛의 줄기. [劍若動搖(검약동요)] : 칼이 움직이는 것 같음.

〈건복〉29년에, 인접한 적국의 침략이 점점 긴박하여지자, 공은 더욱 더 장한 뜻을 품고 보검을 차고 홀로 〈열박산〉 깊은 골짜기에 들어가 향을 피워 놓고 하늘에 고하며 〈중악〉에서와 같이 축원하고 맹세하면서 기도하였다. 그때 천관신이 빛을 비추며 보검에 영기를 쐬어 주었다. 3일째 되는 날 밤에 허수와 각수 두 별자리의 빛이 환하게 내려오자, 칼이 흔들리는 것 같았다.

○〈建福〉四十六年, 己丑秋八月에 王遣伊湌
건복　사십육년　기축추팔월　　왕견이찬

「任永里」와 波珍「龍春」과「白龍」과 蘇判「大因」
임영리　파진　용춘　　백룡　　소판　대인

과「舒玄」等하여 率兵攻〈高句麗〉〈娘臂城〉하다.
서현　등　솔병공　고구려　　낭비성

〈麗〉人이 出兵逆擊之하니 吾人失利하여 死者衆
이　인　출병역격지　　오인실리　　사자중

多하고 衆心折衄하여 無復鬪心이라.「庾信」이 時
다　　중심절뉴　　무부투심　　유신　시

爲中幢.幢主로 進於父前하여 脫胄而告曰, "我兵
위중당당주　진어부전　탈주이고왈　아병

敗北하니 吾.平生에 以忠孝自期러니 臨戰에 不可
패배　　오평생　이충효자기　임전　불가

不勇이오이다. 盖聞, '振領而裘正하고 提綱而網
불용　개문　진령이구정　제강이망

張이라.'하니 吾其爲綱領乎니이다."하고 跨馬拔劒
장　오기위강령호　跨馬拔劒 과마발검

跳坑하여 出入賊陣하여 斬.將軍(敵將)하여 提其首
도갱　출입적진　참장군　제기수

而來하다. 我軍見之하고 乘勝奮擊하여 斬殺五千
이래   아군견지   승승분격   참살오천

餘級하고 生擒一千人하니 城中이 兇懼無敢抗하여
여급   생금일천인   성중   흉구무감항

皆出降하니라.
개출항

▶ **어려운 낱말** ◀

[建福(건복)四十六年] : 서기 612년. [伊飡(이찬)] : 신라관등 제2위. [波珍(파
진)] : 파진찬은 신라관등 제4위. [蘇判(소판)] : 신라관등 제3위. [娘臂城(낭비
성)] : 淸州古號, 당시는 한강유역 일대가 신라의 소유가 된지 오래였으므로
여기서 낭비성은 同名의 他地域 일 것이다. [折衄(절뉵)] : 꺾이다. [中幢(중
당)] : 軍營을 말함. [脫胄(탈주)] : 투구를 벗고. [盖聞(개문)] : 들으니. [裘正
(구정)] : 갖옷(皮衣)을 바로 하다. [網張(강장)] : 그물이 펼쳐짐. [綱領(강령)] :
여기서는 벼리와 옷깃. [跨馬(과마)] : 말을 타고. [跳坑(도갱)] : 참호를 뛰어
넘다. [兇懼(흉구)] : 크게 두려워하여.

▷ **본문풀이** ◁

〈건복〉 46년, 기축년 가을 8월에 왕이 이찬 「임영리」·파진찬
「용춘」·「백룡」, 소판 「대인」과 「서현」 등에게 군사를 주어 〈고
구려〉의 낭비성을 공략하게 했다. 그때 〈고구려〉인들이 군사를
출동시켜 역으로 공격해오자, 우리 측이 불리하여 죽은 자가 많
고 여러 사람들의 사기가 꺾여 더 이상 싸울 생각을 못하게 되었
다. 「유신」은 당시 중당 당주였다. 그는 부친 앞으로 나아가 투구
를 벗고 말했다. "우리 군사가 패하였습니다. 제가 평생 충효를
다하기로 기약하였으니 전쟁에 임하여 용감히 싸우지 않을 수 없

습니다. 저는 '옷깃을 들면 갖옷이 바르게 되고, 벼리를 당기면 그물이 펴진다.'고 들었으니, 제가 옷깃과 벼리가 되겠습니다."

그는 말을 마치고 말에 올라 칼을 뽑아 들었다. 그리고 참호를 뛰어넘어 적진을 드나들며 적장의 머리를 베어들고 돌아왔다. 아군이 이를 보고 승세를 타고 분연히 공격하여 5천여 명의 목을 베고 1천 명을 사로잡았다. 성 안 사람들은 공포에 떨어 감히 대항하는 자가 없이 모두 나와서 항복하였다.

○『善德大王』十一年壬寅(642년)에 〈百濟〉가 敗
〈大梁州:지금의 합천〉하여 「春秋」公의 女子「古陀
炤」娘이 從夫「品釋」死焉하다. 「春秋」恨之하여 欲
請〈高句麗〉兵하여 以報〈百濟〉之怨하니 王이 許
之하다. 將行에 謂「庾信」曰, "吾與公이 同體로 爲
國股肱이라. 今我若入,彼見害면 則,公其無心乎
아?" 하니 「庾信」曰, "公이 若往而不還이면 則,僕
之馬跡은 必踐於〈麗〉〈濟〉兩王之庭하리다. 苟不如
此면 將,何面目으로 以見國人乎아?" 하다. 「春秋」
感悅하여 與公으로 互嚙手指하여 血以盟曰, "吾計

日六旬乃還하니 若過此,不來면 則無,再見之期矣
리라.”하고 遂相別하다. 後에「庾信」은 爲〈押梁州:
지금 경북 경산〉軍主하다.「春秋」與「訓信」沙干으로
聘〈高句麗〉하여 行至〈代買縣〉하니 縣人「豆斯
支」沙干이 贈,靑布三百步하다. 旣入彼境하니
〈麗〉王이 遣太大對盧「盖金:淵蓋蘇文」하여 館之하
고 燕饗有加하다. 或告〈麗〉王曰, “〈新羅〉使者는
非,庸人也라. 今來는 殆,欲觀我,形勢也니 王은 其
圖之하여 俾無後患하소서.”하다. 王은 欲橫問으로
因其難對而辱之로 謂曰, “〈麻木峴:鳥嶺〉은 與〈竹
嶺〉으로 本我國地이니 若不我還이면 則,不得歸리
라.”하니「春秋」對曰, “國家土地는 非臣子所專
이니 臣不敢聞命이니다.”하니 王이 怒囚之하여 欲
戮未果하니「春秋」以靑布三百步를 密贈王之寵
臣「先道解」하다.「道解」가 以饌具來하여 相飮酒
酣에 戲語曰, “子亦嘗聞,龜兎之說乎아? 昔에 東

海龍女病心하니 醫言하되 '得兎肝合藥하니 則可
해룡여병심　　　　의언　　　　　　득토간합약　　　　즉가

療也라.' 然이나 海中無兎라. 不奈之何로다. 有一
료야　　　　연　　　해중무토　　　불내지하　　　유일

龜하여 白,龍王言하되 '吾能得之하리라.'하고 遂,
구　　　　백룡왕언　　　　　오능득지　　　　　　　　수

登陸하여 見兎言하되 '海中에 有一島하니 淸泉白
등륙　　　　견토언　　　　　해중　　유일도　　　청천백

石에 茂林佳菓하며 寒暑不能到하고 鷹隼不能侵
석　　무림가과　　　　한서불능도　　　　응준불능침

하니 爾若得至하면 可以安居無患이라.'하다. 因負
　　　이약득지　　　　가이안거무환　　　　　　　인부

兎背上하고 游行二三里許하다가 龜顧謂兎曰,
토배상　　　유행이삼리허　　　　　구고위토왈

'今龍女被病이라, 須兎肝爲藥이어늘 故로 不憚勞
금룡여피병　　　　　수토간위약　　　　　고　　불탄로

하고 負爾來耳로다.' 하다. 兎曰, '噫라! 吾는 神明
　　　부이래이　　　　　　　토왈　　희　　　오　　신명

之後라 能出五藏하여 洗而納之라. 日者에 小覺心
지후　　능출오장　　　　세이납지　　　일자　　소각심

煩하여 遂,出肝心洗之하여 暫置巖石之底하니 聞
번　　　수출간심세지　　　　잠치암석지저　　　　문

爾甘言徑來로 肝尙在彼하니 何不廻歸取肝이리
이감언경래　　간상재피　　　하불회귀취간

오? 則汝得所求하고 吾雖無肝이 尙活하니 豈不
　　즉여득소구　　　오수무간　　상활　　　기불

兩,相宜哉리오?'하니 龜信之而還하여 纔上岸에 兎
량상의재　　　　　구신지이환　　　재상안　　토

脫入草中하여 謂龜曰, '愚哉라. 汝也여! 豈有無
탈입초중　　　위구왈　　우재　　여야　　기유무

肝而生者乎아?'하니 龜憫默而退라.'하더라. 「春
간이생자호　　　　구민묵이퇴　　　　　　　춘

秋」聞其言하고 喩其意하다. 移書於王曰, "二嶺은
本,大國地分이니다. 臣이 歸國하면 請,吾王還之하
리다. 謂予不信이면 有如嗷日하리다." 하니 王이 迺
悅焉하다. 「春秋」入〈高句麗〉하여 過六旬未還이
라, 「庾信」은 揀得國内勇士三千人하여 相語曰,
"吾聞見危致命하고 臨難忘身者는 烈士之志也라.
夫一人致死면 當百人하고 百人致死면 當千人이
요, 千人致死면 當萬人이니 則,可以横行天下라.
今國之賢相이 被他國之拘執하니 其可畏不犯難
乎아?" 하다. 於是에 衆人曰, "雖出萬死하여 一生
之中이라도 敢不從將軍之令乎리오?" 하다. 遂請
王하여 以定行期할새 時에 〈高句麗〉諜者浮屠「德
昌」이 使告於王하다. 王은 前聞「春秋」盟辭하고
又聞諜者之言하니 不敢復留하고 厚禮而歸之하
다. 及出境에 謂送者曰, "吾欲釋憾於〈百濟〉하여
故로 來請師러니 大王은 不許之하시고 而反求土

地하니 此는 非.臣所得專이니다. 嚮에 與大王書者
지   차   비신소득전   향   여대왕서자
는 圖桓死耳니라." 하다.[此與本記는『眞平王』十二年所書
도 환 사 이
라.『善德王』十一年과 一事而小異나 以皆古記所傳이라. 故로 兩

存之하다.]

▶ 어려운 낱말 ◀

[股肱(고굉)] : 다리와 팔, 股肱之臣으로 수족과 같이 가장 가까운 신하. [互噬
手指(호서수지)] : 서로 손을 깨물어 피로써 맹세함. [沙干(사간)] : 沙湌. [太
大對盧(태대대로)] : 首相. [横問(횡문)] : 곤란한 질문. [佳菓(가과)] : 아름다운
과일. [鷹隼(응준)] : 매와 새매들. [憚勞(탄로)] : 수고로움을 꺼리다. [二嶺
(이령)] : 조령과 죽령. [皦日(교일)] : 밝게 빛나는 태양. 즉, 白日. [逭死(환사)]
: 죽음을 면하기 위하여. [逭] : 모면할(환).

▷ 본문풀이 ◁

『선덕대왕』 11년 임인에, 〈백제〉가 〈대양주〉를 격파하였다.
그때, 「춘추」공의 딸 「고타소」낭이 남편 「품석」을 따라 죽었다.
「춘추」는 이를 한탄하며 〈고구려〉에 청병하여 백제에 대한 원수
를 갚고자 하였다. 왕이 이를 허락하였다. 길을 떠나기 전에 「춘
추」가 「유신」에게 말하기를, "나와 공은 일심동체로서 나라의 기
둥이오. 이번에 내가 만약 고구려에 들어가 불행한 일을 당한다
면 공이 무심할 수 있겠오?" 「유신」이 대답하기를, "공이 만일 돌
아오지 못한다면 저의 말발굽이 반드시 〈고구려〉·〈백제〉 두 왕

의 궁정을 짓밟을 것이오. 만약 이렇게 하지 못한다면 무슨 면목으로 백성들을 대하겠오?" 하니, 「춘추」가 감격하고 기뻐하여 공과 함께 서로 손가락을 깨물어 피를 마시며 맹세하기를, "내가 60일이면 돌아올 것이오. 만일 이 기한이 지나도록 오지 않는다면 다시 만날 기약이 없을 것이오." 하고 그들은 드디어 작별하였다. 그 뒤에 「유신」은 〈압량주〉 군주가 되었다. 「춘추」가 「훈신」사간과 함께 〈고구려〉에 사절로 가는 도중 〈대매현〉에 도착하였다. 그때 고을 사람 「두사지」 사간이 푸른 베 3백 보를 그에게 주었다. 〈고구려〉 경내에 들어가니 고구려 왕이 태대대로 「개금」을 보내 객관을 정해주고, 또한 연회를 열어 우대해 주었다. 어떤 사람이 〈고구려〉 왕에게 말하기를, "〈신라〉 사자는 보통 사람이 아닙니다. 이번에 그가 온 것은 아마도 우리의 형세를 정탐하려는 것 같으니 왕께서는 잘 처리하시어 후환이 없게 하소서." 했다. 왕은 「춘추」가 대답하기 어려운 질문을 하여 그를 곤혹스럽게 하고자 하여 그에게 물었다. "〈마목현〉과 〈죽령〉은 본래 우리나라 땅이니, 만약 이를 우리에게 돌려주지 않는다면 돌아가지 못하리라." 했다. 「춘추」가 대답하였다. "국가의 영토는 신하가 마음대로 할 수 있는 것이 아니므로 신은 감히 명령을 따를 수 없습니다." 하니, 왕이 분노하여 그를 가두고 죽이려 하다가 미처 죽이지 않고 있었다. 「춘추」는 푸른 베 3백 보를 왕의 총신 「선도해」에게 몰래 주었다. 「도해」가 음식을 준비해 와서 함께 술을 마시고 취하자 농담으로 말하기를, "그대도 일찌기 거북이와 토끼의 이야기를 들었을 것이오. 옛날 동해 용왕의 딸이 심장에 병이 낫는데, 의사가 '토끼의 간을 얻어 약에 섞어 먹으면 병을 고칠수 있다.'고 하였오. 그러나 바다에는 토끼가 없으니 어찌할 수 없었오. 그때 마침 거북 한 마리가 용왕에게 아뢰기를, '제가 그 것을 구할 수 있습니다.' 그리고 거북이는 마침내 육지로 나와서 토끼를 보고 말했소. '바다에 섬이 하나 있는데, 거기에는 맑은 샘과 흰 돌이 있고, 무성한 숲과 맛있는 과실이 있다. 추위와 더위도 없고, 맹금도 침범할 수 없다. 네가 갈 수만 있다면 근심걱정 없이 편안히 살 수 있을 것이다.' 그리고 거북이는 토끼를 등에 업고 2~3리쯤 헤엄쳐 갔다오. 그제서야 거북이가 토끼를 돌아보며 '지금 용왕의 딸이 병에 걸렸는데, 토끼 간으로 약을 지어야 하기 때문에 이렇게 수고를 마다않고 너를 업고 오는 것이다.'라고 말했소. 이를 듣고 토끼가 말하기를, '아! 나는 천지신명의 후예인지라 오장을 꺼내어 씻어서 다시 넣을 수 있다. 일전에 속이 약간 불편한 듯하여 잠시 간과 심장을 꺼내어 씻은 후에 바위 밑에 두었다. 그런데 너의 달콤한 말을 듣고 곧바로 오는 바람에 간이 아직도 거기에 있으니, 어찌 돌아가서 간을 가지고 오지 않으리? 그렇게 하면 너는 구하려는 약을 얻게 되고, 나는 간이 없더라도 살 수 있으니 어찌 둘이 서로 좋은 일이 아니냐? 거북이 그 말을 곧이듣고 돌아갔는데, 언덕에 오르자마자 토끼가 풀 속으로 뛰어 들어가면서 거북에게 말했다오. '어리석기도 하구나. 네놈은! 어찌 간이 없이 사는 놈이 있겠느냐? 거북은 이 말을 듣고 멍청하여 아무 말도 못하고 물러갔다는 말이 있다오." 했다. 「춘추」는 이 말을 듣고 그의 뜻을 알아 차렸다. 그는 왕에게 글을 보내 말하기를, "두 영은 본래 대국의 땅입니다. 신이 귀국하여 우리 왕에게 이를 돌려보내도록 말씀드리겠습니다. 제가 미덥지 않다면 저 태양을 두고 맹세하겠습니다."고 했다. 왕은 그때서야 기뻐하였다. 「춘추」가 〈고구려〉에 간 지 60일이 지나도록 안돌아오자 「유신」은 국내의 용사 3천 명을 선발하여 놓고 말하기를, "위기를 당하면 목숨을 내놓고, 어려움을 당하면 한몸을 돌보지 않는 것이 열사의 뜻이라고 나는 들었다. 한 명이 목숨을 바쳐서 백 명을 대적하고, 백 명이 목숨을 바쳐서 천 명을 대적하고, 천 명이 목숨을 바쳐서 만 명을 대적한다면 천하를 마음대로 할 수 있다. 지금 이 나라의 어진 재상이 타국에 구금되어 있는데, 어찌 두렵다 하여 일을 도모하지 않겠느냐? 이에 모든 사람들이 비록 만 번 죽고 한 번 사는 일에 나아갈지라도, 어찌 감히 장군의 명령에 복종하지 않겠습니까?"라고 말하였다. 유신은 마침내 왕에게 떠날 날짜를 정해주기를 요청하였다. 이때 〈고구려〉의 간첩인 중 「덕창」이 고구려에 사람을 보내 이 사실을 고구려의 왕에게 알리도록 하였다. 고구려 왕은 전날 「춘추」의 맹세를 들었고, 또한 첩자의 말을 들은지라 그 이상 만류하지 못하고 후한 예로 대우하여 춘추를 귀국케 하였다. 고구려 국경을 벗어나자 춘추가 전송하러 나온 자에게 말하기를, "내가 〈백제〉에 원수를 갚기 위하여 고구려에 와서 군사를 요청하였으나, 대왕은 이를 허락하지 않고 도리어 땅을 요구하였다. 그러나 이것은 신하가 마음대로 할 수 있는 일이 아니다. 이전에 대왕에게 보낸 글은 죽음을 모면하려는 것이었을 뿐이다."라고 했다. 【이는 본기 『선덕왕』 11년 기록과 같은 사건인데 내용이 약간 다르다. 그러나 모두 고기에 기록된 것이기 때문에 두 가지를 그대로 기록하기로 한다.】

○「庾信」이 爲〈押梁州〉軍主하고 十三年(善德王) 爲,蘇判(:제3품)하다. 秋九月에 王命爲上將軍하고 使,領兵伐〈百濟〉〈加兮城:거창?〉,〈省熱城:위치 미상〉,〈同火城:위치 미상〉等,七城하여 大克之하고 因 開〈加兮〉之津(:나룻길)하다. 乙巳(선덕여왕 14년) 正月에 歸,未見王하고 封人이 急報어늘 '〈百濟〉大軍來하여 攻我〈買利浦:거창〉城한다.'하거늘 王이 又拜「庾信」하여 爲〈上州:지금의 尙州〉將軍하여 令 拒之하다. 「庾信」은 聞命卽駕하여 不見妻子하고 逆擊〈百濟〉軍走之하여 斬首二千級하다. 三月에 還命王宮하고 未歸家에 又急告하되,〈百濟〉兵出하여 屯于其國界하여 將大擧兵侵我라 하다. 王이 復告「庾信」曰, "請公不憚勞하고 行하여 及其未 至에 備之하라." 하다. 「庾信」은 又不入家하고 練

軍繕兵하여 向西行하다.
군 선 병   향 서 행

▶ 어려운 낱말 ◀

[押梁州(압량주)] : 지금의 경산. [封人(봉인)] : 국경을 지키는 관원. [急報(급보)] : 급한 보고. [二千級(이천급)] : 2천명. [繕兵(선병)] : 병기를 수선하다.

▷ 본문풀이 ◁

「유신」은 〈압량주〉 군주로 있다가 13년에 소판이 되었다. 가을 9월에, 왕은 그를 상장군으로 임명하고 군사를 주어 〈백제〉의 〈가혜성〉·〈성열성〉·〈동화성〉 등의 일곱 성을 공격하게 하였다. 유신은 크게 승리하였다. 이 승리로 인하여 〈가혜〉에 나루를 개설하였다. 유신은 을사 정월에 돌아왔다. 그러나 미처 왕을 만나지도 못하고 있었다. 그때 '〈백제〉의 대군이 와서 우리의 〈매리포〉성을 공격한다.'는 소식을 봉인이 급히 알려왔다. 왕은 다시 「유신」에게 〈상주〉장군을 제수하고 이를 방어하게 하였다. 「유신」은 왕명을 받자, 처자도 만나지 않고 즉시 말을 몰아 〈백제〉군을 역습하여 패주시키고 2천 명의 머리를 베었다. 유신이 3월에 돌아와 왕궁에 복명하고 아직 집으로 돌아가기도 전이었다. 〈백제〉병이 다시 출동하여 국경에 주둔하며, 장차 군사를 크게 동원하여 신라를 침략하려 한다는 급보가 왔다. 왕은 다시 「유신」에게 말했다. "공은 수고를 마다하지 말고, 빨리 가서 적들이 도착하기 전에 대비하기 바란다." 「유신」은 또다시 집에 들르지도 않고 군사를 훈련하고 병기를 수선하여 서쪽으로 떠났다.

○于時에 其家人이 皆出門하여 外待來하다.
　　우시　　기가인　　개출문　　　외대래

「庾信」은 過門하여도 不顧而行하고 至五十步許
　유신　　과문　　　불고이행　　　지오십보허

하여 駐馬하고 令取漿水於宅하여 啜之曰, "吾家
　　　주마　　　영취장수어택　　　철지왈　오가

之水는 尙有舊味라." 하고 於是에 軍衆皆云하되
지수　상유구미　　　　어시　　군중개운

"大將軍猶如此하니 我輩豈以離別骨肉爲恨乎
　대장군유여차　　　아배기이이별골육위한호

아?" 하다. 及至疆場하여 〈百濟〉人이 望我兵衛하
　　　　　급지강역　　　백제인　　망아병위

고 不敢迫하고 乃退하다. 大王이 聞之甚喜하여 加
　　불감박　　　내퇴　　　대왕　　문지심희　　가

爵賞하다.
작상

▶ 어려운 낱말 ◀

[漿水(장수)] : 장물. [啜] : 마실(철). [疆場(강역)] : 나라의 지경, 國境. 大界는
疆, 小界는 場(역)이라 함.

▷ 본문풀이 ◁

　그때 유신의 가족들은 모두 문 밖에서 그가 오기를 기다리고 있
었다. 그러나 「유신」은 문을 지나면서도 뒤를 돌아보지 않았다.
그리고 집에서 50보 가량 떨어진 곳에 이르렀을 때, 말을 멈추고
자기 집의 물을 떠오게 하였다. 그는 그 물을 마시면서 말하기를,
"우리 집의 물맛이 아직도 옛 맛 그대로구나." 했다. 그때 군사들
이 모두 "대장군도 이러한데, 우리가 어찌 가족과 헤어지는 것을

유감스럽게 여길 것인가?'라고 하였다. 국경에 이르니 〈백제〉인
들이 우리 군사의 진영을 보고 감히 접근하지 못하고 물러갔다.
왕은 이 소식을 듣고 매우 기뻐하며 그에게 상과 벼슬을 주었다.

○十六年丁未는 是『善德王』末年이요, 『眞德
　十육년정미　　시 선덕왕 말년　　　　진덕
王』元年也라. 大臣「毗曇」과「廉宗」이 謂女主不
왕 원년야　　대신 비담　　　염종　　위여주불
能善理하여 擧兵欲廢之하니 王이 自內禦之하다.
능선리　　거병욕폐지　　　왕　　자내어지
「毗曇」等은 屯於〈明活城〉하고 王師는 營於〈月
비담 등　　둔어 명활성　　　왕사　　영어 월
城〉하여 攻守十日不解러라. 丙夜에 大星落於〈月
성　　　공수십일불해　　　병야　　대성낙어 월
城〉하니「毗曇」等이 謂士卒曰, "吾聞落星之下에
성　　　비담 등　위사졸왈　오문낙성지하
必有流血이라 하니 此殆女主敗績之兆也라."하다
필유유혈　　　　　차 태여주패적지조야
士卒呼吼가 聲振天地하다.
사졸호후　　성진천지

▶ 어려운 낱말 ◀

[不能善理(불능선리)] : (나라)를 잘 다스리지 못함. [丙夜(병야)] : 三更. 밤 11
시부터 새벽 1시까지. [敗績(패적)] : 패전. [呼吼(호후)] : 고함소리. [振地(진
지)] : 땅을 흔들다.

▷ 본문풀이 ◁

　16년, 정미는 『선덕왕』 말년이며, 『진덕왕』 원년이었다. 대신

「비담」과 「염종」 등은 여왕이 정치를 잘하지 못한다는 이유로 군사를 동원하여 폐위시키려 하였다. 왕은 궁 안에서 이들을 방어하였다. 「비담」 등은 〈명활성〉에 주둔하고 왕의 군사는 〈월성〉에 진을 친 채 10일 동안 공방전이 계속되었으나 싸움이 끝나지 않았다. 한밤중에 큰 별이 〈월성〉에 떨어졌다. 「비담」 등은 사졸들에게 "별이 떨어진 자리에는 반드시 피가 흐른다는 말이 있으니, 이는 여왕이 패전할 징조이리라."라고 말했다. 이를 들은 병졸들의 함성이 천지를 흔들었다.

○大王이 聞之하고 恐懼失次하다. 「庾信」見王曰, "吉凶無常하여 惟人所召니다. 故로 〈紂〉는 以,赤雀亡하고 〈魯〉는 以,獲麟衰하며 「高宗」은 以,雉雊興하고 「鄭公」은 以,龍鬪昌하니다. 故로 知德勝於妖하니 則,星辰變異는 不足畏也니다. 請王勿憂하소서." 하다. 乃造偶人하여 抱火載於風鳶而颺之하니 若上天然하다. 翌日에 使人傳言於路曰, "昨夜에 落星還上이라." 하니 使賊軍疑焉하다. 又刑白馬하여 祭於落星之地에 祝曰, "天道則,陽剛하고 而,陰柔하며 人道에는 則,君尊而臣卑니다. 苟

或易之는 卽爲大亂이니 今에 「毗曇」等이 以臣而
혹역지　즉위대란　　　금　　비담등　　이신이

謀君하여 自下而犯上하니 此는 所謂,亂臣賊子로
모군　　　자하이범상　　　차　　소위난신적자

人神所同疾이요, 天地所,不容이니다. 今에 天若,
인신소동질　　　천지소불용　　　　금　　천약

無意於此하여 而,反見星,怪於王城이면 此는 臣之
무의어차　　　이반견성괴어왕성　　　차　　신지

所,疑惑而,不喩者也니이다. 惟天之威가 從人之欲
소의혹이불유자야　　　　유천지위　　종인지욕

으로 善善惡惡하여 無作神羞하소서.”하다. 於是에
　　　선선악악　　　　무작신수　　　　　　　어시

督,諸將卒奮擊之하니 「毗曇」等이 敗走하다. 追斬
독제장졸분격지　　　비담등　　　패주　　　추참

之하여 夷九族하니 連坐者三十人이러라.
지　　　이구족　　　연좌자삼십인

▶어려운 낱말◀

[恐懼(공구)] : 너무 무서워서. [失次(실차)] : 어쩔 줄을 모르다. [紂(주)] : 은나라 말의 폭군. [赤雀(적작)] : 붉은 참새. 文王이 그것을 얻었기에 周가 흥하고 殷이 망함. [麟衰(인쇠)] : 麒麟은 仁獸. 聖王이 나오므로, 이것으로 周나라가 쇠하였다고 孔子의 春秋에 적고 있다. [高宗(고종)] : 은의 현주. [雉雊(치구)] : 꿩의 울음. [鳶(연)] : 지연. 솔개(연). [颺(양)] : 날릴(양). [昨夜(작야)] : 어젯밤. [刑白馬(형백마)] : 흰말을 잡아서. [犯上(범상)] : 임금을 침범하다. [疑惑(의혹)] : 의심을 품다. [不喩(불유)] : 비할 데가 없음. [善善惡惡(선선악악)] : 선을 선으로 대하고, 악을 악으로 대함. [無作神羞(무작신수)] : 신에게 부끄러움이 없게 함. [奮擊(분격)] : 분연하여 돌격하다. [連坐者(연좌자)] : 연관된 사람.

　대왕은 이 말을 듣고 몹시 두려워하였다. 「유신」이 왕을 뵙고 말하기를, "길흉에는 일정한 법칙이 없으니, 오직 사람이 하기에 달렸습니다. 그러므로 붉은 새가 모여 들어 〈주〉가 멸망하였고, 기린을 잡았기 때문에 〈노〉나라가 쇠퇴했으며, 꿩의 울음으로 인하여 「고종」이 흥기했고, 용의 싸움으로 인하여 「정공」이 창성해졌습니다. 이로써 덕은 요사한 것을 이긴다는 것을 알 수 있으니 별의 변괴는 두려워할 것이 없습니다. 왕께서는 근심하지 마소서." 했다. 유신은 말을 마치고 허수아비를 만들었다. 그리고 거기에 불을 붙여서 연에 실어서 띄워 보냈다. 이는 마치 별이 하늘로 올라가는 것 같았다. 다음날 그는 "어젯밤에 별이 떨어졌다가 다시 하늘로 올라갔다."는 소문을 내게 하여, 적들로 하여금 이것이 사실이라고 믿게 하였다. 유신은 또한 백마를 잡아 별이 떨어진 자리에 제사를 지내면서 다음과 같이 기원했다. "천도에는 양이 강하고 음이 부드러우며, 인도에는 임금이 높고 신하가 낮습니다. 만일 이 순서를 바꾸면 큰 변란이 일어납니다. 지금 「비담」의 도당이 신하로서 임금을 모해하며, 아랫사람으로서 웃사람을 범하니, 이는 이른바 난신적자로서 사람과 신령이 함께 미워할 일이요, 하늘과 땅이 용납하지 못할 일입니다. 지금 하늘이 이에 무심하여 도리어 별의 변괴를 왕성에 보인 것이라면, 이는 신이 믿을 수 없는 일이니 사실을 알 수 없습니다. 하늘이시여, 위엄으로서 인간이 소망하는 대로, 선을 선으로 여기고 악을 악으로 여기게 신령을 탓하는 일이 없게 하소서." 했다. 이에 제

장을 독려하여 분격하니 「비담」 등이 패하여 도망하였다. 그들을
추격하여 목을 베고 9족을 멸하니 연좌된 자가 30인이였다.

○冬十月에 〈百濟〉兵來하여 圍〈茂山〉과 〈甘
勿〉과 〈桐岑〉等, 三城하니 王遣「庾信」하여 率步
騎一萬하여 拒之하다. 苦戰氣竭하니 「庾信」謂「丕
寧子」曰, "今日之事急矣라. 非子면 誰能激重心
乎리오?"하니 「丕寧子」拜曰, "敢不惟命之從이리
요?"하고 遂赴敵하니 子「擧眞」及 家奴「合節」이
隨之하다. 突劍戟하여 力戰死之하니 軍士望之하고
感勵爭進하여 大敗賊兵하고 斬首三千餘級하다.

▶ 어려운 낱말 ◀

[步騎(보기)] : 보병과 기병. [氣竭(기갈)] : 기운이 다하여 힘이 빠지다. [事急
(사급)] : 일이 매우 급함. [激衆(격중)] : 군사들의 마음을 격려하다. [突劍戟
(돌검극)] : 적의 총과 창 속으로 돌진하다.

▷ 본문풀이 ◁

거울 10월에, 〈백제〉 군사가 침입하여 〈무산〉·〈감물〉·〈동
잠〉 등의 세 성을 포위하였다. 왕은 「유신」에게 보병과 기병 1만

을 주어 이를 방어하게 하였다. 그러나 「유신」은 고전을 면치 못
하였고 마침내 기력이 없어지자 「비녕자」에게 말했다. "오늘의
사태가 위급하다. 그대가 아니면 누가 군사들의 마음을 격려할
수 있으랴!" 「비녕자」가 절을 하고 말했다. "어찌 감히 명령을 따
르지 않겠습니까?" 「비녕자」는 드디어 적진으로 달려갔다. 그의
아들 「거진」과 종 「합절」이 그를 따라 적의 칼과 창 속으로 돌진
하여 전력을 다해 싸우다가 죽었다. 군사들이 이를 보고 감격하
여 서로 앞을 다투어 진격하여 적병을 대파하고 3천여 명의 머리
를 베었다.

○『眞德王』〈大和〉元年, 戊申(648)「秋」는 以, 不
　　진덕왕　　대화　원년무신　　　추　　　이부
得請於〈高句麗〉하여　遂, 入〈唐〉乞師하다.〈太宗〉
득청어　고구려　　　수 입 당 걸사　　　태종
皇帝曰, "聞, 爾國「庾信」之名이어늘　其爲人也如
황제왈　문 이국 유신 지명　　　　기위인야여
何오?"하니 對曰, "「庾信」이 雖, 少有才智나 若不
하　　　　대왈　유신　　수 소유재지　약부
籍天威하고 豈易除隣患하리이까?"하니 帝曰, "誠,
적천위　　　기이제인환　　　　　　제왈　성
君子之國也라." 하며　乃詔許하고　勅將軍「蘇定
군자지국야　　　　　내조허　　　칙장군　소정
方」하여　以師二十萬으로　徂征〈百濟〉하다. 時에
방　　　이사이십만　　　조정백제　　　시
「庾信」이 爲〈押梁州〉軍主하여　若, 無意於軍事하
유신　위압량주　군주　　　약무의어군사
고 飮酒作樂하며　屢經旬月하다. 州人이 以「庾信」
　음주작악　　　누경순월　　　주인　이 유신

을 爲,庸將하여 譏訪之日, "眾人이 安居日久하여
力有餘하여 可以一戰이어늘 而,將軍이 慵惰如之,
何오?"하다.

▶ 어려운 낱말 ◀

[大和元年戊申(대화원년,무신)] : 서기 648년임. [不籍(부적)] : 빌리지 않고. [籍
(적)] : 문서, 빌리다. 장부 등. [天威(천위)] : 천자(황제)의 위엄. [隣患(인환)] :
이웃나라의 침략. [誠(성)] : 정말로, 정성. [詔許(조허)] : 조서를 내려 허락하
다. [徂征(조정)] : 가서 치게 하다. [若(약)] : ~하는 것처럼. [屢經旬月(누경순
월)] : 수개월을 지내다. [屢] : 여러(누). [譏謗(기방)] : 나무라다. 비방하다.

▷ 본문풀이 ◁

　『진덕왕』〈대화〉원년 무신에 「춘추」는 〈고구려〉에 원조를 요
청하였다가 실패하였다. 이에 따라 마침내 〈당〉에 가서 군사를
요청하였다. 「태종」황제가 "나는 너희 나라의 「유신」에 대한 명
성을 들었다. 그의 위인이 어떠한가?'라고 물었다. 춘추가 대답
하기를, "「유신」이 비록 재능과 지혜가 조금 있다고 하나 황제의
위력을 빌리지 않는다면, 어떻게 쉽사리 주변국의 우환을 제거할
수 있겠습니까?'라고 하였다. 황제는 "참으로 군자의 나라로다."
하며 조서를 내려 춘추의 요청을 허락하고, 장군 「소정방」에게
군사 20만을 주어 〈백제〉를 치도록 하였다. 이때 「유신」은 〈압
량주〉 군주로 있었다. 그는 군무에는 아무런 뜻도 없는 것처럼
술을 마시고 풍악을 울리며 수개월을 지냈다. 고을 사람들은 「유

신」을 용렬한 장수라고 비방하여 말하기를, "백성들이 편하게 생활한 지가 오래 되었으므로 힘의 여유가 있어 한바탕 싸울만한데, 장군이 저렇게 나태하니 이 일을 어찌할까?"라고 하였다.

○「庾信」이 聞之하고 知民可用이라 하고 告大王曰, "今觀民心하니 可以有事라 하고 請伐〈百濟〉하여 以報〈大梁州:합천〉之役하리다."하니 王曰, "以小觸大하면 危將奈何오?"하니 對曰, "兵之勝否는 不在大小하고 顧其人心何如耳니다. 故로 〈紂〉는 有億兆人이나 離心離德하니 不如〈周〉家十亂이 同心同德이니다. 今에 吾人은 一意하여 可與同.死生하니 彼〈百濟〉者를 不足畏也니다."하니 王이 乃許之하다. 遂.簡練州兵하여 赴敵하다. 至〈大梁城〉外하니 〈百濟〉逆拒之하다. 佯北不勝하여 至〈玉門谷〉하니 〈百濟〉輕之하여 大率衆來라 伏發擊其前後하여 大敗之하고 獲〈百濟〉將軍八人하고 斬獲一千級하다. 於是에 使告〈百濟〉將軍曰, "我軍主

「品釋」及其妻金氏之骨이 埋於爾國獄中이라. 今
에 爾裨將八人이 見捉於我하여 匍匐請命이라. 我
以狐豹首丘山之意하여 未忍殺之하니 今에 爾送
死二人之骨하여 易生八人이 可乎아?"하니 〈百
濟〉「仲常」[一作「忠常」].佐平(:1품)이 言於王曰, "〈羅〉
人骸骨이 留之無益하니 可以送之하라. 若〈羅〉人
失信하고 不還我八人이면 則曲在彼하고 直在我하
니 何患之有리요?"하다. 乃掘「品釋」夫妻之骨하
여 櫝而送之하다. 「庾信」曰, "一葉落이 茂林無所
損하고 一塵集이 大山無所增이라."하고 許八人生
還하다. 遂乘勝入〈百濟〉之境하여 攻拔〈嶽城〉等,
十二城하고 斬首二萬餘級하고 生獲九千人하다.
論功하여 增秩伊湌하고 爲〈上州〉行軍大摠管하다.
又入賊境하여 屠〈進禮〉等, 九城하여 斬首九千餘
級하고 虜得六百人하다. 「春秋」入〈唐〉하여 請得
兵二十萬來하고 見「庾信」曰, "死生有命이라 故

로 得生還득생환하여 復與公부여공으로 相見상견하니 何幸如焉하행여언이리

오?"하니 「庾信유신」對曰대왈, "下臣하신이 仗國威靈장국위령하여 再재

與 〈百濟여백제〉大戰대전하여 拔城二十발성이십하고 斬獲三萬餘人참획삼만여인

하여 又使우사 「品釋품석」公及공급 夫人之骨부인지골로 得反鄕里득반향리는 此차

皆天幸所致也개천행소치야니 吾何力焉오하역언리오?"하다.

▶어려운 낱말◀

[以小觸大(이소촉대)] : 작은 것이 큰 것을 만나면. [奈何(내하)] : 어찌 하리오.
어떻게 되느냐. [億兆人(억조인)] : 많은 사람. [離心離德(이심이덕)] : 마음도
떠나고 덕도 떠나다. [家十亂(가십란)] : 일을 잘 다스리는 10사람을 말함. 書
經에 나오는 고사를 인용. [同心同德(동심동덕)] : 마음과 덕을 함께하다. [簡
練(간련)] : 군사를 조련하다. [州兵(주병)] : 그 고을의 군사들. [佯北(양배)] :
거짓으로 패배하다. [斬獲(참획)] : 죽이고 사로잡다. [匍匐(포복)] : 꿇어 엎드
려서. [狐豹(호표)] : 여우와 표범. [首丘(수구)] : 首丘初心(수구초심)의 준말.
여우가 죽을 때는 태어난 굴을 향해 누워 죽는다는 고사. [櫝] : 궤(독). [乘
勝(승승)] : 승리를 틈타.

▷본문풀이◁

「유신」은 이 말을 듣고 백성들의 자질이 훌륭함을 알았다. 그
는 대왕에게 말했다. "민심을 살펴보니 이제 일을 할만합니다.
청컨대, 〈백제〉를 쳐서 〈대양주〉 싸움의 원수를 갚으십시오."
왕이 말하기를, "작은 힘으로 큰 세력을 건드리면 그 위태로움을

어찌할 것인가?" 유신이 대답하기를, "전쟁의 승부는 세력의 대
소에 있는 것이 아니라 오직 민심에 좌우되는 것입니다. 그러므
로 〈주(紂)〉에게는 억조의 백성이 있었으나, 인심이 떠나고 덕이
떠나버려 〈주(周)〉의 열 명의 신하가 한마음 한뜻을 가진 것만 못
하였습니다. 지금 우리는 한뜻이 되어 생사를 같이할 수 있으니,
저 〈백제〉쯤은 두려워할 것이 없습니다." 했다. 왕이 이에 허락
하였다. 유신은 드디어 각 주의 병사를 선발 훈련하여 적진으로
갔다. 〈대양성〉 밖에 이르니 〈백제〉가 역습으로 대항하였다. 그
는 일부러 이기지 못하는 척하고 일부러 패주하여 〈옥문곡〉에 이
르렀다. 〈백제〉는 그를 얕잡아 보고 군사를 크게 동원하여 왔다.
그때 복병이 일어나 〈백제〉군의 앞뒤를 공격하여 대파하고, 〈백
제〉 장수 8명을 사로잡았으며 1천 명의 목을 베었다. 유신은 사
람을 시켜 백제의 장군에게 말하기를, "우리 군주「품석」과 그 아
내 김씨의 뼈가 너희 나라 옥중에 묻혀 있다. 이제 너희들의 비장
8명이 우리에게 잡혀서 꿇어 엎드려 살려주기를 간청하고 있다.
나는 여우와 표범이 죽을 때 머리를 제 고향으로 두는 뜻을 생각
하여 그들을 차마 죽이지 않았다. 그러니 지금이라도 너희는 죽
은 두 사람의 유골을 여덟 명의 산 사람과 바꾸는 것이 어떠한
가?" 〈백제〉의「중상」【충상이라고도 한다.】 좌평이 왕에게 "〈신라〉
인의 해골을 남겨 두어 유익할 것이 없으니 보내는 것이 좋겠습
니다. 만일 〈신라〉인이 신의를 버리고 우리 여덟 사람을 돌려보
내지 않는다면, 저들이 잘못한 것이요, 우리가 옳은 것이니 무엇
을 걱정하겠습니까?" 라고 말하고, 곧「품석」부처의 유골을 파서

관에 넣어 보냈다. 「유신」은 "잎사귀 하나가 떨어진다고 하여 무성한 숲이 상하지 않으며, 티끌 하나가 더 쌓인다고 하여 큰 산이 높아지는 것이 아니다."라고 말하고, 여덟 사람의 귀환을 허락하였다. 그리고 마침내 승세를 타고 〈백제〉 경내에 들어가 〈악성〉 등 12성을 함락시키고, 2만여 명의 머리를 베었으며 9천 명을 사로잡았다.

왕은 공을 논하여 유신에게 이찬의 작위를 주고 〈상주〉 행군대총관으로 삼았다. 유신은 다시 적의 경내에 들어가서 〈진례〉 등의 아홉 성을 공격하여 9천여 명의 머리를 베었으며, 6백 명을 사로잡았다. 「춘추」가 〈당〉으로 들어가 병력 20만을 얻기로 하고 돌아와 「유신」을 만나 말하기를, "죽고 사는 것이 천 명이 달려서인지 내가 살아와 다시 공과 만나게 되니 얼마나 다행한 일인가?" 「유신」이 대답하기를, "제가 나라의 힘에 의지하고 영령의 위세를 빌어, 다시 〈백제〉와 크게 싸워서 20개의 성을 빼앗고 3만여 명의 머리를 베었으며, 또한 「품석」공과 부인의 유골을 향리로 돌아올 수 있게 하였습니다. 이는 모두 천행으로 이루어진 것이지, 내가 무슨 힘이 있었겠습니까?" 라고 말하였다.

○二年(진덕왕 2년:649), 秋八月에 〈百濟〉將軍「殷相」이 來攻〈石吐〉等七城하니 王이 命「庾信」及「竹旨」와「陳春」과「天存」等, 將軍하여 出禦之하다. 分三軍爲五道하여 擊之하니 互相勝負하여 經旬不解하다. 僵屍滿野하고 流血浮杵하다. 於是에 屯於〈道薩城:지금의 천안〉下하여 歇馬餉士하고 以圖再擧하다. 時에 有水鳥東飛하여 過「庾信」之幕하니 將士見之하고 以爲不祥이라 하다.「庾信」曰, "此不足怪也라." 하며 謂衆曰, "今日은 必有〈百濟〉人來諜하리니 汝等은 佯不知하고 勿敢誰何하라." 하다. 又使徇于軍中曰, "堅壁不動하여 待明日하다가 援軍至하면 然後에 決戰하리라!" 하다.

▶ 어려운 낱말 ◀

[互相(호상)]: 상호간에. [經旬不解(경순불해)]: 열흘이 지나도록 해결되지 않

음. [僵屍(강시)] : 넘어져 있는 시체. [僵] : 쓰러질(강). [浮杵(부저)] : 방아의 절구가 둥둥 떠다님. [不祥(불상)] : 상서롭지 못함. 즉 불길함. [來諜(내첩)] : 첩자가 올 것이다. [佯不知(양부지)] : 거짓으로 모른 체하다. [誰何(수하)] : 누구냐고 묻다. [徇于(순우)] : 호령을 내리다. [堅壁(견벽)] : 성벽을 굳게 지키다.

▷ **본문풀이** ◁

2년, 가을 8월에 〈백제〉 장군 「은상」이 쳐들어와서 〈석토〉 등의 일곱 성을 공격하였다. 왕은 「유신」과 「죽지」·「진춘」·「천존」 등의 장군들에게 명령하여 이를 방어하도록 하였다. 그들은 삼군을 오도로 나누어 공격하였다. 그러나 승패를 서로 주고받아 10일이 지나도록 전투가 끝나지 않았다. 쓰러진 시체는 들에 가득하고, 절굿공이가 뜰 정도로 피가 흐르는 상황이 되었다. 이렇게 되자 그들은 〈도살성〉 아래 주둔하면서 말을 쉬게 하고 군사들을 배불리 먹여서 다시 공격하기로 하였다. 이때 물새 한 마리가 동쪽으로 날아가다가 「유신」의 군막을 지나치자, 장병들은 이를 보고 흉조라고 여겼다. 「유신」이 말하기를, "이것을 괴이하게 생각할 필요가 없다."라 하고 여러 사람들에게 "오늘 반드시 정탐을 하려는 〈백제〉의 첩자가 올 것이다. 너희들은 모르는 체하며 누구냐고 묻지도 말라!'라고 하였다. 그리고 그는 큰소리로 각 진영에 명령을 내렸다. "성벽을 굳게 지키고 움직이지 말라! 내일 원군이 도착한 다음 결전을 하리라."고 했다.

○諜者聞之하고 歸報「殷相」하니 「殷相」等은 謂
　　첩 자 문 지　　　귀 보 은 상　　　　　은 상 등　위

有加兵에 不能不疑懼러라. 於是에「庾信」等은 一
時奮擊하여 大克之하고 生獲將軍達率「正仲」과 士
卒一百人하고 斬佐平「殷相」과 達率「自堅」等, 十
人及卒八千九百八十人하고 獲馬一萬匹과 鎧一
千八百領하고 其他器械稱是하다. 及歸還에 路
見〈百濟〉佐平「正福」이 與卒一千人으로 來降하
니 皆放之하여 任其所往하다. 至京城(:경주)하니
大王迎門하여 勞慰優厚하다.

▶ 어려운 낱말 ◀

[諜者(첩자)] : 간첩. [歸報(귀보)] : 돌아와서 보고하다. [奮擊(분격)] : 격분하여
진격하다. [鎧] : 갑옷(개). [器械(기계)] : 전쟁에 필요한 도구. [稱是(칭시)] :
이와 비슷하다. [勞慰(노위)] : 위로하다. [優厚(우후)] : 넉넉하고 후하게 함.

▷ 본문풀이 ◁

첩자는 이 말을 듣고 돌아가「은상」에게 보고하였다.「은상」
등은 신라의 병력이 증가된다는 사실에 두려움을 갖지 않을 수
없었다. 이때「유신」등이 일시에 공격하여 대승을 거두었다. 그
들은 장군 달솔「정중」과 군사 1백 명을 사로잡았으며, 좌평「은
상」과 달솔「자견」등 10명과 군사 8천9백8십 명의 목을 베었고,

말 1만 필과 갑옷 1천8백 벌을 노획하였다. 이외에 노획한 각종 기구도 이와 비슷하였다. 그들이 돌아올 때 길에서 〈백제〉의 좌평 「정복」이 군사 1천 명을 데리고 항복하여 왔다. 유신은 이들을 모두 풀어 주어 마음대로 돌아가게 하였다. 경성에 이르니, 대왕이 문 앞에까지 나와서 그들을 맞이하여 위로하고 후대하였다.

○〈永徽(:당고종의 연호)〉五年(서기654)에 『眞德大王』薨하니 無嗣하다. 「庾信」이 與宰相關川伊飡으로 謀하여 迎「春秋」伊飡하여 卽位하니 是爲『太宗大王』이니라.

▶ **어려운 낱말** ◀

[薨(홍)] : 왕이 죽었을 때 쓰는 薨. 天子:崩. [無嗣(무사)] : 후사가 없음. [是爲(시위)] : 이분이 ~가 되다.

▷ **본문풀이** ◁

〈영휘〉5년에, 『진덕대왕』이 사망하였으나 후사가 없었다. 「유신」은 재상인 이찬 알천과 상의하여 이찬 「춘추」를 즉위하게 하였다. 이가 곧 『태종대왕』이다.

○〈永徽〉六年乙卯(655), 秋九月에 「庾信」이 入

〈百濟〉하여 攻〈刀比川城:영동군 陽山面 飛鳳山城〉하여
백제　　　공　도비천성

克之하다. 是時에 〈百濟〉는 君臣이 奢泰淫逸하여
극지　　　시시　　　백제　　　군신　　사태음일

不恤國事하니 民怨神怒하여 災怪屢見하다.「庾
불휼국사　　　민원신노　　　재괴누현　　　유

信」이 告於王曰, "〈百濟〉無道하여 其罪過於
신　　　고어왕왈　　　백제무도　　　기죄과어

〈桀〉〈紂〉하니 此誠.順天.弔民伐罪之秋也라." 하
걸　주　　　차성순천조민벌죄지추야

다. 先是에 〈租未押〉級湌(:9품직)이 爲〈夫山〉縣令
선시　　조미압급찬　　　　　　위부산현령

으로 被虜於〈百濟〉하여 爲.佐平「任子」之.家奴하
피로어백제　　　위좌평임자지가노

다. 從事勤恪하여 曾無懈慢하니 「任子」憐之不疑하
종사근각　　　증무해만　　　임자연지불의

고 縱其出入하니 乃逃歸하여 以〈百濟〉之事를 告
종기출입　　　내도귀　　　이백제지사　　고

「庾信」하다. 「庾信」은 知「租未押」이 忠正而可用
유신　　　유신　　지조미압　　　충정이가용

하여 乃語曰, "吾聞「任子」가 專〈百濟〉之事하여 思
내어왈　오문임자　　전백제지사　　사

有以與謀而未由하니 子.己爲我하여 再歸言之하
유이여모이미유　　　자기위아　　　재귀언지

라." 하다. 答曰, "公이 不以僕으로 爲.不肖하고 而
답왈　공　불이복　　　위불초　　　이

指使之하시니 雖死라도 無悔니다." 하다.
지사지　　　수사　　　무회

▶ 어려운 낱말 ◀

[奢泰淫逸(사태음일)] : 사치하고 음란하다. [不恤(불휼)] : 돌보지 아니함. [災

怪屢見(재괴누현) : 재앙과 해괴한 일이 자주 나타나다. [誠] : 진실로(성).
[順天(순천)] : 하늘의 뜻에 따라. [弔民伐罪(조민벌죄)] : 죄지은 자에게 벌로
다스리다. [秋也(추야)] : 때입니다. [秋(추)] : 시기, 때. [勤恪(근각)] : 부지런
하고 정성껏하다. [恪] : 삼가할(각). 정성과 공경. [懈慢(해만)] : 태만하다.
[逃歸(도귀)] : 도망하여 돌아옴. [未由(미유)] : 말미가 없음. [無悔(무회)] : 후
회함이 없음.

▷ 본문풀이 ◁

　〈영휘〉6년 을묘 가을 9월에, 「유신」은 〈백제〉에 진공하여 〈도
비천성〉을 공격하여 승리하였다. 이때 〈백제〉는 임금과 신하가
사치하고 음란하여 국사를 돌보지 않았다. 백성들은 이를 원망하
고, 신령이 노하여 재앙과 괴변이 여러 차례 일어났다. 「유신」이
왕에게 "〈백제〉가 무도하여 죄악이 〈걸〉, 〈주〉보다 심하니, 이
제는 실로 하늘의 뜻에 따라 백성을 불쌍히 여기어 그 죄를 다스
릴 때입니다."라고 말하였다. 이에 앞서 급찬 「조미압」이 〈부산〉
현령으로 있다가 〈백제〉로 잡혀가서 좌평 「임자」 종이 되었었
다. 그는 정성을 다하여 부지런히 일하고 태만한 적이 없었다.
「임자」는 그를 불쌍히 여겨 의심하지 않았고, 마음대로 외부 출
입을 하게 하였다. 그러자 그는 〈백제〉를 탈출하여 신라로 돌아
와 백제의 사정을 「유신」에게 보고하였다. 「유신」은 「조미압」이
충직하여 쓸만한 인물임을 알고 그에게 말하기를, "나는 「임자」
가 〈백제〉의 국사를 전담한다고 듣고 있다. 내가 그와 의논을 하
려 하였으나 기회를 얻지 못하고 있다. 그대가 나를 위하여 다시
돌아가서 이것을 이야기하라." 하니, 그는 "공이 저를 불초하다고

여기지 않고 일을 맡기시니, 비록 죽더라도 후회가 없습니다."라
고 대답하였다.

○遂,復入於〈百濟〉하여 告「任子」曰, "奴, 自以
　　수부입어 백제　　　고임자왈　노 자이
謂,旣爲國民하니 宜知國俗하여 是以로 出遊累旬
위기위국민　　의지국속　　시이　출유누순
不返이러니 不勝犬馬戀,主之誠하여 故로 此來耳
불반　　불승견마연주지성　　고　차래이
니이다."하니「任子」信之不責하다.「租未押」이 伺
　　　　임자 신지불책　　조미압　　사
間報曰, "前者에 畏罪不敢直言이라. 其實은 往,
간보왈　전자　외죄불감직언　기실　왕
〈新羅〉還來온데「庾信」이 諭我來告於君曰, '邦
신라 환래　　유신　유아내고어군왈　방
國興亡을 不可先知라, 若君國亡이면 則,君依於
국흥망　불가선지　약군국망　　즉군의어
我國하고 我國亡이면 則,吾依於君國하리라.'"하니
아국　　아국망　　즉오의어군국
「任子」聞之하고 嘿然無言하다.〈租未押〉이 惶懼
임자 문지　　묵연무언　　조미압　　황구
而退하여 待罪數月이러니「任子」喚而問之曰,
이퇴　　대죄수월　　임자 환이문지왈
"汝前說「庾信」之言이 若何오?"하다.「租未押」이
여전설 유신 지언　약하　　조미압
驚恐而對하여 如前所言하니「任子」曰, "爾所傳
경공이대　　여전소언　　임자왈　이소전
을 我已悉知라, 可歸告之하라."하다. 遂來하여 說
　아이실지　가귀고지　　수래　설
兼及,中外之事도 丁寧詳悉하니 於是에 愈急,幷
겸급 중외지사　정녕상실　　어시　유급병

呑之謀하다.
탄 지 모

▶ 어려운 낱말 ◀

[復入(부입)] : 다시 들어가다. [國俗(국속)] : 나라의 풍속. [累旬(누순)] : 수십
일 동안. [戀主之誠(연주지성)] : 주인을 그리워하는 마음. [伺間(사간)] : 사이
를 틈타서. [諭我(유아)] : 나를 꾀어 일러 말하다. [嘿然(묵연)] : 묵묵부답하
다. [惶懼(황구)] : 두려워서. [若何(약하)] : 어떤 것인가? [驚恐(경공)] : 놀랍
고 두려워서. [中外之事(중외지사)] : 내외의 사정. [丁寧詳悉(정녕상실)] : 빠
짐없이 친절하게 모두 말하다. [愈急(유급)] : 급히 서둘러. [幷呑之謀(병탄지
모)] : 백제를 병합할 계획을 세우다.

▷ 본문풀이 ◁

  그는 마침내 다시 〈백제〉로 가서 「임자」에게 말하기를, "제가
기왕 백제의 백성이 되었으니, 이 나라의 풍습을 알아야겠기에
수십 일 동안 다니면서 돌아오지 못했습니다. 그러나 개와 말이
주인을 그리는 마음처럼 제 마음을 억제할 수 없어서 이렇게 돌
아왔습니다." 하니, 「임자」는 그 말을 믿고 책망하지 않았다. 「조
미압」이 기회를 타서 임자에게 말하기를, "전번에는 죄를 받을까
두려워서 감히 바른 말을 하지 못하였습니다. 사실 저는 〈신라〉
에 갔다가 돌아왔습니다. 「유신」이 전하라고 하면서 저에게 '나
라의 흥망은 예측할 수 없으니, 만일 백제가 망하면 그대는 신라
에 의탁하고, 신라가 망하면 내가 백제에 의탁하기로 하자.'고 말
하였습니다."라고 하니, 「임자」는 이 말을 듣고 묵묵히 말이 없었
다. 「조미압」은 황송스러워하며 물러나와 여러 달 동안 내내 처

벌을 기다렸다. 그러던 중에 「임자」가 불러서 묻기를, "네가 지난 번에 이야기한 「유신」의 말이 어떤 것인가?" 「조미압」은 놀라고 두려워하며 지난번에 말한 것과 똑같이 대답하였다. 「임자」가 말하기를, "네가 전한 말을 내가 이미 잘 알았으니 돌아가서 알려라." 했다. 조미압이 드디어 신라로 돌아와 임자의 말을 전하고, 동시에 백제의 내외 사정을 상세하게 이야기하니, 유신은 서둘러 백제를 병합할 모의를 세웠다.

○『太宗大王』七年.庚申, 夏六月에 大王이 與太子「法敏」으로 將伐〈百濟〉하여 大發兵하여 至〈南川:지금의 利川〉而營하다. 時에 入〈唐〉請師, 波珍湌「金仁問:法敏의 아우」이 與〈唐〉大將軍「蘇定方」과 「劉伯英」으로 領兵.十三萬하고 過海到〈德物島〉하여 先遣從者「文泉」하여 來告하다. 王이 命.太子與.將軍「庾信」과 「眞珠」와 「天存」等으로 以.大船.一百艘에 載.兵士會之하다. 太子見.將軍「蘇定方」하니 「定方」이 謂太子曰, "吾由海路하고 太子登.陸行하여 以.七月十日에 會于〈百濟〉王都〈泗

泚〉之城하자."하다. 太子來告하니 大王은 率‚將士
비 지성   태자내고   대 왕   솔 장사
하고 行至〈沙羅:지금의 괴산?〉之停하다.
      행 지 사 라   지 정

▶ 어려운 낱말 ◀

　[領兵(영병)] : 군사를 거느리고.　[百艘(백소)] : 군함 100척.

▷ 본문풀이 ◁

　『태종대왕』 7년 경신 여름 6월, 대왕은 태자 「법민」을 데리고
〈백제〉를 공격하기 위하여 군사를 크게 동원하여 〈남천〉에 이르
러 진을 쳤다. 이때 〈당〉나라에 원군을 청하러 갔던 파진찬 「김
인문」이 〈당〉나라 대장군 「소정방」, 「유백영」과 함께 군사 13만
을 거느리고 바다를 건너 〈덕물도〉까지 와서 먼저 종자 「문천」
을 보내 보고하게 하였다. 왕이 태자와 장군 「유신」·「진주」·
「천존」 등에게 명하여 큰 배 1백 척에 병사들을 함께 태우고 가서
회합케 하였다. 태자가 장군 「소정방」을 만나자 「정방」이 태자에
게, "나는 해로로 가고, 태자는 육로로 가서 7월 10일에 〈백제〉
의 왕도 〈사비성〉에서 만나자."고 말하였다. 태자가 돌아와서 왕
에게 이 말을 전한 다음 장병들을 거느리고 〈사라〉의 진영에 와
서 머물렀다.

○將軍「蘇定方」과 「金仁問」等이 沿海入〈伎伐
    장군 소정방   김인문등   연해입 기 벌
浦:長項〉하니 海岸泥濘은 陷不可行이라. 乃布柳席
포   해안니녕   함불가행   내포유석

以出師하다. 〈唐〉〈羅〉合擊하여 〈百濟〉滅之어니와
이출사   당 나 합격   백 제 멸 지

此役也는 「庾信」之功이 爲多라 於是에 〈唐〉皇帝
차 역 야   유 신 지 공   위 다   어 시   당 황 제

聞之하고 遣使褒嘉之하다. 將軍「定方」이 謂「庾信」
문 지   견 사 포 가 지   장 군 정 방   위 유 신

「仁問」「良圖」三人曰, "吾受命以便宜從事하니 今
인 문   양 도 삼 인 왈   오 수 명 이 편 의 종 사   금

以所得〈百濟〉之地는 分錫公等하여 爲食邑하여 以
이 소 득 백 제 지 지 분 사 공 등   위 식 읍   이

酬厥功하리니 如何오?"하니 「庾信」對曰, "大將軍
수 궐 공   여 하   유 신 대 왈   대 장 군

이 以天兵來하여 副,寡君之望하고 雪,小國之讐하
    이 천 병 래   부 과 군 지 망   설 소 국 지 수

니 寡君及,一國臣民이 喜抃之不暇라, 而吾等이
    과 군 급 일 국 신 민   희 변 지 불 가   이 오 등

獨受賜以自利면 其如義何오?"하고 遂不受하다.
독 수 사 이 자 리   기 여 의 하   수 불 수

▶ 어려운 낱말 ◀

[蘇定方(소정방)] : 당나라 장수. [泥濘(니녕)] : 진흙탕. [柳席(유석)] : 버드나무
로 만든 자리. [合擊(합격)] : 연합으로 공격함. [此役(차역)] : 이 전투. [褒嘉
(포가)] : 포상. [喜抃(희변)] : 손뼉을 치면서 기뻐하다. [不暇(불가)] : 겨를이
없다. [吾等(오등)] : 우리들이.

▷ 본문풀이 ◁

　　장군 「소정방」·「김인문」 등은 해안을 따라 〈기벌포〉에 이르
렀으나 해안이 갯벌이어서 걸을 수가 없었다. 그들은 버들을 자리
로 만들어 깔아놓고 군사들을 하선케 하였다. 〈당〉군과 〈신라〉군

은 연합 공격하여 〈백제〉를 멸하였다. 이 싸움에서 「유신」의 공로가 컸다. 〈당〉나라 황제가 이를 듣고 사신을 보내 그를 표창하였다. 장군 「정방」이 「유신」·「인문」·「양도」 등 세 사람에게 말하기를, "내가 황제의 명을 받아 일을 처리하게 되었다. 이제 빼앗은 〈백제〉 땅을 공들의 식읍으로 나누어 줌으로써 여러분의 공에 보답코자 하는데 어떤가?" 하니, 「유신」이 "대장군이 귀국의 군사를 거느리고 와서 우리 임금의 소망에 부응하고 우리나라의 원수를 갚았으니, 우리 임금과 온 나라 신민들이 기뻐서 어찌할 바를 모르는데, 유독 우리만이 땅을 받아 자신을 이롭게 한다면 이것이 어찌 의로운 일이겠는가?" 라고 말하고는 드디어 받지 않았다.

○〈唐〉人이 旣滅〈百濟〉하여 營於〈泗沘:夫餘邑〉
　　당 인　　기멸 백제　　　　영어 사비

之丘하고 陰謀侵〈新羅〉하다. 我王知之하고 召群
지구　　음모침 신라　　　　아왕지지　　　소군

臣問策하니 「多美公」進曰, "令我民으로 詐爲〈百
신문책　　다미공 진왈　영아민　　　사위 백

濟〉之人하여 服其服하고 若欲委賊者하면 〈唐〉人
제 지인　　복기복　　약욕위적자　　　당 인

이 必擊之하리니 因與之戰이면 可以得志矣리다."
　　필격지　　　인여지전　　가이득지의

하니 「庾信」曰, "斯言可取하니 請從之하니다." 하
　　유신왈　사언가취　　청종지

니 王曰, "〈唐〉軍이 爲我滅敵이어늘 而反與之戰
　　왕왈　　당군　위아멸적　　　이반여지전

이면 天其祐我耶아?" 하니 「庾信」曰, "犬畏其主
　　천기우아야　　　　유신왈　견외기주

나 而, 主踏其脚이면 則, 咬之니 豈可遇難하여 而不
이 주 답 기 각　　즉 교 지　기 가 우 난　　이 부

自救乎아 請大王許之하소서." 하다. 〈唐〉人이 謀
자 구 호　청 대 왕 허 지　　　　　　당 인　첩

知我有備하고 虜〈百濟〉王及臣寮九十三人과 卒
지 아 유 비　　노 백 제 왕 급 신 료 구 십 삼 인　졸

二萬人하여 以, 九月三日에 自〈泗沘〉로 泛船而歸
이 만 인　이 구 월 삼 일　자 사 비　범 선 이 귀

하고 留, 郎將「劉仁願」等은 鎭守之하다. 「定方」이
유 낭 장 유 인 원 등　진 수 지　　정 방

旣獻俘하니 天子慰藉之曰, "何不因而伐〈新羅〉
기 헌 부　천 자 위 자 지 왈　하 불 인 이 벌 신 라

오?" 하니 「定方」曰, "〈新羅〉는 其君仁而愛民하
정 방 왈　신 라 는 기 군 인 이 애 민

며 其臣忠以事國하고 下之人事其上을 如父兄하
기 신 충 이 사 국　하 지 인 사 기 상　여 부 형

니 雖小나 不可謀也니이다." 하다.
수 소　불 가 모 야

▶ **어려운 낱말** ◀

[陰謀(음모)] : 몰래 꾀하다. [滅敵(멸적)] : 적을 섬멸하다. [踏其脚(답기각)] :
그 발을 밟다. [咬] : 물다(교). [鎭守(진수)] : 진영을 설치하여 수비하다. [獻
俘(헌부)] : 포로를 당 황제에게 바치니. [俘(부)] : 사로잡다. 포로(부). [慰藉
(위자)] : 위로하다.

▷ **본문풀이** ◁

〈당〉나라가 〈백제〉를 멸망시키자 〈사비〉 지역에 진영을 치고
〈신라〉에 대한 침공을 음모하였다. 우리 왕이 이를 알고 여러 신
하들을 불러 대책을 물었다. 「다미공」이 나서서 말하기를, "우리

나라 사람을 〈백제〉인으로 가장하여, 백제의 의복을 입혀서 역적행위를 하게 하면 〈당〉군이 반드시 이를 공격할 것입니다. 이때 그들을 공격하면 성공할 수 있을 것입니다." 하니, 「유신」이 말하기를, "이 의견이 취할 만하니 시행하기 바라나이다." 했다. 왕이 말하기를, "〈당〉군이 우리를 위하여 적을 격멸하였는데 도리어 그들과 싸운다면 하늘이 우리를 도와주겠는가?" 하니, 「유신」이 말하기를, "개가 주인을 두려워하지만, 주인이 자기의 다리를 밟으면 무는 법입니다. 국난을 당하여 어찌 자위책을 취하지 않겠습니까? 대왕께서 이를 허락하소서." 하니, 〈당〉나라가 우리의 대비책을 정탐하여 알고, 〈백제〉왕과 신하 93명, 군사 2만명을 사로잡아 9월 3일에 〈사비〉로부터 배를 타고 돌아가면서 낭장 「유인원」 등을 남겨두어 수비하게 하였다. 「정방」이 귀국하여 천자에게 포로를 바쳤다. 천자가 위로하며 말하기를, "어찌하여 뒤이어 〈신라〉를 치지 않았는가?" 하니, 「정방」이 말하기를, "〈신라〉왕은 인자한 마음으로 백성을 사랑하며, 신하들은 충성으로 임금을 섬기고, 아랫사람들은 웃사람을 부형과 같이 섬기고 있습니다. 따라서 나라는 비록 작지만 일을 도모할 수가 없었습니다."라고 했다.

○〈龍朔〉元年春(신라 文武王 元年, 서기, 611년)에 王은 謂〈百濟〉餘燼이 尚在하니 不可不滅이라 하여 以 伊湌「品日」과 蘇判『文王(태종무열왕의 아들)』과

大阿湌「良圖」等을 爲,將軍하여 往伐之나 不克하
다. 又遣,伊湌「欽純」[一作「欽春」]과 「眞欽」과 「天存」
과 蘇判「竹旨」等하여 濟師하다.〈高句麗〉와〈靺
鞨〉이 謂〈新羅〉銳兵이 皆在〈百濟〉하여 內虛可擣
하니 發兵하여 水陸幷進하여 圍〈北漢山城〉하다.
〈高句麗〉는 營其西하고〈靺鞨〉은 屯其東하여 攻擊
浹旬하니 城中危懼하다. 忽有大星이 落於賊營하고
又,雷雨震擊하니 賊等疑駭하여 解圍而遁하다. 初
에 「庾信」은 聞賊圍城曰, "人力이 旣竭하니 陰助
可資리라."하고 詣,佛寺하여 設壇祈禱하니 會에 有
天變하여 皆謂하되 至誠所感也라 하다.

▶ 어려운 낱말 ◀

[龍朔(용삭)]: 당나라 고종의 연호. [餘燼(여신)]: 남은 적들. [不可不滅(불가
불멸)]: 멸하지 않을 수 없다. [濟師(제사)]: 군사를 거느리고 가게 하다. [內
虛(내허)]: 속으로는 매우 허약함. [可擣(가도)]: 공격이 가능함. [幷進(병진)]
: 함께 진격함. [浹旬(협순)]: 열흘 동안. [危懼(위구)]: 위태로움과 두려움.
[震擊(진격)]: 우레와 벼락을 치다. [陰助(음조)]: 하늘의 도움을 청함.

　〈용삭〉 원년 봄에, 왕은 〈백제〉의 잔적이 아직 남아있으니 그 대로 둘 수 없다고 하여 이찬 「품일」·소판 「문왕」·대아찬 「양도」 등을 장군으로 삼아 백제로 가서 그들을 치게 하였으나 승리하지 못하였다. 이에 따라 이찬 「흠순」【흠춘으로도 쓴다.】·「진흠」·「천존」과 소판 「죽지」 등을 보내 우리 군사를 구원하게 하였다. 〈고구려〉와 〈말갈〉은 〈신라〉의 정예병이 모두 〈백제〉에 출병하여 국내가 비었으므로 신라를 공략할 수 있다고 판단하였다. 그들은 군사를 출동시켜 수로와 육로로 동시에 진격하여 〈북한산성〉을 포위하였다. 〈고구려〉는 성의 서쪽에 진을 치고 〈말갈〉은 성의 동쪽에 주둔하여 10일 동안 공격을 계속하자 성 안은 공포와 두려움에 싸였다. 그때 갑자기 큰 별이 적의 진지에 떨어지고 또한 뇌우와 함께 벼락이 쳤다. 그러자 적들은 당혹하고 놀라며 포위를 풀고 도주하였다. 처음에 「유신」은 적이 성을 포위하였다는 소문을 듣고 말하기를, "사람의 힘은 이미 다하였으나 하늘의 도움은 얻을 수 있다." 하고 그는 불사로 가서 제단을 쌓고 기도를 하였는데, 마침 천변이 일어나자 모든 사람이 유신의 지성에 감동된 결과라고 말하였다.

　○「庾信」이 嘗以⼄中秋夜에 領⼄子弟하고 立⼄大門
　　　유 신　　상 이 중 추 야　　영 자 제　　　　입 대 문
外러니 忽有人이 從西來하다. 「庾信」은 知〈高句
외　　　홀 유 인　　종 서 래　　　유 신　　지 고 구
麗〉諜者하고 呼使之前曰, "而國有⼄底事乎아?"하
려　첩 자　　　호 사 지 전 왈　　이 국 유 저 사 호

니 其人이 俯而不敢對하다. 「庾信」曰, "無畏也라
_{기 인   부 이 불 감 대   유 신 왈   무 외 야}

但以實告하라." 하니 又不言하다. 「庾信」이 告之
_{단 이 실 고   우 불 언   유 신   고 지}

曰, "吾國王은 上不違天意하고 下不失人心하니
_{왈   오 국 왕   상 불 위 천 의   하 불 실 인 심}

百姓欣然하여 皆樂其業이라 今爾見之하니 往告
_{백 성 흔 연   개 락 기 업   금 이 견 지   왕 고}

而國人하라!" 하고 遂慰送之하다. 〈麗〉人이 聞之
_{이 국 인   수 위 송 지   여 인   문 지}

曰, "〈新羅〉는 雖小國이나 「庾信」이 爲相하니 不
_{왈   신 라   수 소 국   유 신   위 상   불}

可輕也라." 하다.
_{가 경 야}

▶ 어려운 낱말 ◀

[諜者(첩자)] : 간첩. [呼使之(호사지)] : 그로 하여금 불러서. [而國(이국)] : 너
의 나라에. [底事(저사)] : 어떤 일, 무슨 일. [底] : 어찌(저). [不敢對(불감대)]
: 감히 대답을 하지 못함. [無畏也(무외야)] : 두려워하지 말라. [實告(실고)] :
사실대로 알림. [爲相(위상)] : 재상이 되다. [不可輕(불가경)] : 가히 가벼이
하지 못함.

▷ 본문풀이 ◁

「유신」이 일찌기 추석날 밤에 자제들을 데리고 대문 밖에 서있
었다. 그때 갑자기 어떤 사람이 서쪽에서 왔다. 「유신」은 그가 〈고
구려〉 첩자인 것을 알고 불러 앞으로 오게 하였다. 유신이 말했
다. "너희 나라에 무슨 일이 있느냐?" 그는 고개를 숙이고 감히
대답을 못하였다. 「유신」이 "두려워하지 말고 사실대로 말하라."

고 하였으나 역시 대답이 없었다. 「유신」이 "우리나라 임금은, 위로는 하늘의 뜻을 어기지 않고, 아래로는 인심을 잃지 않았기 때문에 백성들이 흔쾌히 각자의 생업을 즐기고 있다. 이제 네가 이것을 보았으니 가서 너희 나라 사람들에게 이를 전하라!" 하고는 곧 그를 위로하여 돌려 보냈다. 〈고구려〉인들이 이 말을 듣고 말했다. "〈신라〉가 비록 작은 나라지만 「유신」이 재상이 되었으니 경시할 수 없다."

○六月에 〈唐〉의 「高宗皇帝」가 遣,將軍「蘇定方」等하여 征,〈高句麗〉하다. 入〈唐〉宿衛〈金仁問〉이 受命하여 來告兵期하고 兼諭出兵,會伐하다. 於是에 『文武大王』은 率「庾信」과 「仁問」과 「文訓」等하여 發,大兵向〈高句麗〉하여 行次,〈南川州〉하다. 鎭守「劉仁願」이 以所領兵하여 自〈泗沘〉로 泛船하여 至〈鞋浦:위치 미상〉下陸하여 亦,營於〈南川州:위치 미상〉하다. 時에 有司,報하되 "前路에 有,〈百濟〉殘賊이 屯聚〈瓮山城:대덕군 회덕면 鷄足山城〉을 遮路하니 不可直前이라." 하다. 於是에 「庾

信」이 以 兵進而 圍城하고 使人으로 近 城下하여
신   이병진이위성   사인   근 성하

與 賊將語曰, "而國不襲하여 致 大國之討하며 順
여 적장어왈   이국불공   치 대국지토   순

命者賞하고 不順命者 戮하니라. 今 汝等이 獨守孤
명자상   불순명자 륙   금 여등   독수고

城하여 欲何爲乎리오? 終必塗地하리니 不如出降
성   욕하위호   종필도지   불여출항

이라. 非獨存命이어니와 富貴도 可期也리라." 하다.
      비독존명   부귀   가기야

▶ 어려운 낱말 ◀

[兵期(병기)] : 출병 날짜. [諭] : 깨우칠(유). 說諭하다. [鎭守(진수)] : 어느 지
역에 주둔하여 지키는 사람. [下陸(하륙)] : 배에서 육지에 내림. 상륙과 같
음. [有司(유사)] : 일의 담당자. [遮路(차로)] : 길을 막다. [不襲(불공)] : 공손
하지 못함. [討(토)] : 토벌하다. [戮] : 죽일(육). 죽이다. [塗地(도지)] : 죽음
을 당하다. 肝腦塗地에서 나옴.

▷ 본문풀이 ◁

6월, 〈당〉의 「고종황제」가 장군 「소정방」 등을 보내 〈고구려〉
를 정벌케 하였다. 〈당〉나라에 가서 숙위하던 「김인문」이 명을
받고 와서 출병 기일을 보고하는 동시에 신라에서도 군사를 출동
시켜 함께 고구려를 치라는 황제의 뜻을 전했다. 이에 따라 『문무
대왕』이 「유신」·「인문」·「문훈」 등을 대동하고 대군을 동원하
여 〈고구려〉로 가는 도중 〈남천주〉에 이르렀다. 진수하던 당장
「유인원」도 휘하의 군사를 거느리고 〈사비〉에서 배를 띄워 〈혜
포〉에 내려 역시 〈남천주〉에 진을 쳤다. 이때 유사가 와서 보고

하기를, "앞에 〈백제〉의 잔적이 있습니다. 그들은 〈옹산성〉에 주둔하면서 길을 차단하고 있으니 앞으로 전진해서는 안될 것입니다." 이에 「유신」이 군사를 동원하여 성을 포위하였다. 사신이 성 아래로 가까이 접근하여 적장에게 말하기를, "네 나라가 공손치 않았기 때문에 대국의 토벌을 받게 된 것이다. 명령에 따르는 자는 상을 받을 것이며, 명령에 따르지 않는 자는 죽음을 면치 못할 것이다. 이제 너희들이 홀로 고립된 성을 지켜서 무엇을 하겠느냐? 결국 비참하게 궤멸될 것이니 나와서 항복하는 것만 못하다. 이리하면 목숨을 보존할 뿐 아니라 부귀도 기대할 수 있으리라." 하다.

○賊이 高聲唱曰, "雖,叢爾小城이나 兵食俱足하고 士卒義勇이라. 寧爲死戰언정 誓不生降이라." 하다. 「庾信」笑曰, "窮鳥困獸도 猶知自救는 此之謂也니라." 하고 乃,揮旗鳴鼓攻之하다. 大王이 登高見,戰士하고 淚語激勵之하니 士皆奮突하여 鋒刃不顧하다. 九月二十七日에 城陷(옹산성)하여 捉,賊將戮之하고 放其民하다. 論功賞賚將士하니 「劉仁願」도 亦,分絹有差하다. 於是에 饗士秩馬하고

欲,往會〈唐〉兵하다. 大王은 前遣太監(職名)「文泉」
하여 移書〈蘇〉將軍하니 至是復命하고 遂傳「定
方」之言曰, "我受命萬里하고 涉滄海而討賊하여
艤舟海岸이 旣踰月矣니다. 大王軍士는 不至하고
糧道不繼하여 其危殆甚矣이니 王其圖之하소서."
하다. 大王이 問,群臣하되 如之何而可오? 하니 皆
言하되 "深入敵境輸糧은 勢不得達矣하다." 大王
이 患之하여 咨嗟하다. 「庾信」이 前對曰, "臣이 過
叨恩遇하고 忝辱重奇하니 國家之事라면 遂死不
避니이다. 今日은 是,老臣盡節之日也니 當向敵國
하여 以副〈蘇〉將軍之意하리다." 하다. 大王이 前
席,執其手,下淚曰, "得公賢弼하니 可以無憂라.
若今兹之役에 罔愆于素면 則,公之功德을 曷日可
忘하리요." 하다. 「庾信」이 旣,受命하고 至〈懸鼓岑:
위치 미상〉,之岫寺하여 齊戒卽靈室하여 閉戶獨坐하
여 焚香,累日夜而,後出하여 私自喜曰, "吾,今之

行에 得不死矣리라.”하다. 將行에 王이 以手書하
여 告「庾信」하되 “出疆之後는 賞罰專之가 可也
라.”하다.

▶ 어려운 낱말 ◀

[蕞爾小城(최이소성)] : 보잘것없는 작은 성. [寧爲(영위)] : 차라리 ~하더라도.
[誓不生降(서불생항)] : 맹세코 살아서는 항복 않겠다. [揮旗鳴鼓(휘기명고)] :
깃발을 휘두르고 북을 울리다. [淚語激勵(누어격려)] : 울면서 격려하다. [奮
突(분돌)] : 격분하여 돌진하다. [鋒刃不顧(봉인불고)] : 무서운 창칼을 무릅쓰
고. [饗士秣馬(향사질마)] : 사졸들을 먹이고 말도 먹이다. [秩(질)] : 차례. 녹
봉. [會唐兵(회당병)] : 당병과 합세하다. [涉滄海(섭창해)] : 푸른 바다를 건너
오다. [蟻舟(의주)] : 배를 대다. [蟻] : 배 댈(의). [殆甚(태심)] : 매우 심함.
[殆] : 위태할(태). [輸糧(수량)] : 양식을 수송하다. [咨嗟(자차)] : 탄식하다.
[過叨(과도)] : 과분하게. [恩遇(은우)] : 은혜를 입어. [忝辱重寄(첨욕중기)] : 욕
되게 중책을 맡다. [副蘇(부소)] : 소정방의 뜻에 부합되게. [罔愆(망건)] : 잊
지 않는다. [曷日(갈일)] : 잊을 날이 없음. [之岫寺(지수사)] : 수사에 가다.
[賞罰專之(상벌전지)] : 상벌에 관한 일을 전담함.

▷ 본문풀이 ◁

적이 큰 소리로 외치기를, “비록 하찮은 작은 성이지만 병기와
식량이 충족하며, 병사들이 의롭고 용감하니 차라리 목숨을 걸고
싸울지언정 맹세코 살아서 항복하지는 않겠다.” 하니, 「유신」이
웃으며 말하기를, “궁지에 몰린 새나 곤경에 처한 짐승은 자신을
위하여 싸운다는 것이 이를 두고 하는 말이로구나.” 하니, 그는

곧 깃발을 휘두르고 북을 울리며 공격하였다. 대왕이 높은 곳에 올라 전사들을 보며 눈물어린 말로 격려하니, 군사들이 모두 분격 돌진하여 창과 칼을 두려워하지 않았다. 9월 27일, 성이 함락되자 적장을 처형하고 백성들은 놓아 주었다. 공에 따라 장병들에게 상을 주었으며, 「유인원」도 역시 차등을 두어 비단을 나누어 주었다. 이리하여 군사들에게 잔치를 베풀고 말을 배불리 먹인 다음 〈당〉군과 합세하고자 하였다. 대왕은 이보다 앞서 태감 「문천」을 〈소〉장군에게 파견하여 편지를 보내니 그 「문천」이 이때 돌아와 복명하고 「소정방」의 말을 전했다. "내가 황제의 명을 받아 만리 밖에서 창해를 건너 적을 토벌하러 와서 해안에 배를 정박한 지 이미 한 달이 넘었습니다. 그러나 대왕의 군사가 오지 않고 군량의 수송이 계속되지 않아 심히 위태로우니 왕께서는 대책을 세워주소서." 하니, 왕이 군신들에게 어찌하면 좋은가를 물었다. 그들은 모두 말하기를, "적의 경내에 깊이 들어가 군량을 운반하는 것은 대세로 보아 불가능합니다." 했다. 대왕이 이를 걱정하며 한탄하자 「유신」이 앞으로 나아가 대답하기를, "제가 과분한 은총을 받아 외람스럽게 중책을 지니고 있으니, 나라의 일이라면 죽는 한이 있더라도 사양할 수 없습니다. 지금이야말로 늙은 몸이 충성을 다할 때이오니, 제가 적국으로 들어가 소장군의 뜻에 부응하도록 하겠습니다." 했다. 대왕은 자리를 앞으로 당겨 유신의 손을 잡고 눈물을 흘리면서 말하기를, "공 같은 어진 신하를 얻었으니 걱정할 일이 없오. 만약 이번 일을 성공시킨다면 그대의 공덕을 잊을 날이 없을 것이오." 했다. 「유신」은 명령을 받은 후 〈현고잠〉의 수사에 갔다. 그는 목욕재계하고 영실로 들어가 문을 닫고 홀로 앉아 향을 피운 지 며칠이 지나서야 나왔다. 그는 혼자 기뻐하며 말하기를, "이번 전투에서는 죽지 않는다."하며, 그가 떠나려 할 때 왕이 직접 「유신」에게 다음과 같은 글을 써주었다. "국경을 나선 뒤에는 상벌에 관한 상벌 권을 행사할 수 있는 것이 옳다."고 했다.

○十二月十日에 與,副將軍「仁問」과 「眞服」과
　십이월십일　　여 부장군　인문　　　　진복

「良圖」等,九將軍과 率兵載糧하여 入〈高句麗〉之
양도등 구장군　솔병재량　　　입 고구려 지

界하다. 壬戌(문무왕 2년)正月二十三日에 至,〈七重
계　　　임술　　　　　　정월이십삼일　　지 칠중

河〉하니 人皆恐懼하여 不敢先登하다.「庾信」曰,
하　　　인개공구　　　불감선등　　　유신왈

"諸君若,怕死면 豈合來此오?"하고 遂,先自上船
제군약 파사　　기합래차　　　　수 선자상선

而濟하니 諸,將卒이 相隨渡河하여 入〈高句麗〉之
이제　　제 장졸　　상수도하　　　입 고구려 지

境하다. 慮,〈麗〉人이 要於,大路하여 遂自,險隘以
경　　　여 여인　　요어대로　　　수자 험애이

行하여 至於〈蒜壤:위치 미상〉하다.
행　　　지어 산양

▶ 어려운 낱말 ◀

[怕死(파사)] : 죽음을 두려워하다. [豈合來此(개합래차)] : 어찌 여기에 왔는 가? [渡河(도하)] : 강물을 건너다. [險隘(험애)] : 험하고 좁아서 지나가기 어려운 곳. [蒜] : 마늘(산).

　　12월 10일, 부장군 「인문」, 「진복」, 「양도」 등 아홉 장군과 함께 군사를 거느리고 양곡을 싣고 〈고구려〉 경계로 들어갔다. 임술 정월 23일에, 〈칠중하〉에 이르렀다. 군사들은 모두 두려워하여 감히 먼저 승선하려는 자가 없었다. 「유신」이 말했다. "그대들이 죽음을 두려워한다면 왜 여기에 왔는가?" 유신이 마침내 스스로 먼저 배를 타고 건너가니, 모든 장졸이 그 뒤를 따라 강을 건넜다. 〈고구려〉 경내에 들어가서는, 큰 길에서 〈고구려〉군에게 요격 당할 것을 염려한 나머지 험하고 좁은 길로 행군하여 〈산양〉에 도착하였다.

　　○「庾信」이 與諸將士曰, "〈麗〉와 〈濟〉二國이
　　　　유신　　　여제장사왈　　여　　　제 이국

侵凌我疆場하여 賊害我人民하여 或虜丁壯하여
침능아강역　　　　적해아인민　　　혹로정장

以斬戮之하고 或俘幼少하여 以奴使之者가 久矣
이참륙지　　　혹부유소　　　이노사지자　　구의

라, 其可不痛乎아? 吾今에 所以不畏死赴難者는
　　기가불통호　　오금　　소이불외사부난자

欲藉大國之力하여 滅二城하여 以雪國讐하다. 誓
욕자대국지력　　　멸이성　　　이설국수　　　서

心告天하여 以期陰助하니 而, 未知衆心如何로 故,
심고천　　　이기음조　　　이 미지중심여하　　고

言及之니라. 若輕敵者는 必, 成功而歸요 若, 畏敵
언급지　　　약경적자　　필 성공이귀　　약 외적

이면 則豈, 免其禽獲乎이라? 宜同心協力하여 無不
　　즉기 면기금획호　　　　의동심협력　　　무불

以一當百을 是_,所望於諸公者也하노라." 하니 諸_,
이 일 당 백   시 소 망 어 제 공 자 야   제

將卒皆曰, "願奉將軍之命하여 不敢有_,偸生之心
장 졸 개 왈   원 봉 장 군 지 명   불 감 유 투 생 지 심

하리다." 하고 乃鼓行向〈平壤〉하다.
내 고 행 향   평 양

▶ 어려운 낱말 ◀

[侵凌(침능)] : 침략해서 유린하다. [欲藉(욕자)] : 빌려서. [二城(이성)] : 두 나
라의 도성. 즉, 羅濟의 두 나라. [雪國讐(설국수)] : 나라의 원수를 설분(원수
를 갚다)하다. [陰助(음조)] : 하늘의 도움. [禽獲(금획)] : 사로잡히다. [偸生
之心(투생지심)] : 구차하게 살아가는 마음. [鼓行向(고행향)] : 북을 치고 ~을
향해 가다.

▷ 본문풀이 ◁

「유신」이 여러 장병들에게 말하기를, "〈고구려〉, 〈백제〉 두 나
라가 우리 강토를 침노하여 우리 백성을 해쳤도다. 더러는 장정
들을 포로로 데려가 죽이기도 하였으며, 더러는 어린이들을 사로
잡아 노비로 부리기도 하였다. 이러한 일이 오래 계속되었으니,
어찌 통탄하지 않을 수 있겠는가? 내가 지금 죽음을 두려워하지
않고 어려운 일을 하려는 것은, 대국의 힘을 빌려 두 나라를 멸망
시켜 나라의 원수를 갚으려는 것이다. 마음에 맹세하고 하늘에
고하며 조국 영령의 가호를 기대하는데, 여러분의 심정이 어떠한
가를 알 수 없기에 말하는 것이다. 만약 적을 가벼이 여긴다면 필
히 공을 이루고 돌아갈 수 있을 것이나, 적을 두려워하면 어찌 사
로잡힘을 면할 수 있으랴? 마땅히 한마음으로 협력하여 누구나

일당백의 용기를 갖기를 여러분에게 기대하는 바이다."라고 했
다. 모든 장졸들이 말하기를, "장군의 명령을 받들어 구차하게 살
아갈 마음을 감히 갖지 않겠습니다."고 하고, 그들은 곧 북을 치
고 행진하여 〈평양〉으로 향했다.

○路逢賊兵하여 逆擊克之하고 所得甲兵 甚多
하다. 至,〈障塞〉之險하니 會,天寒烈하여 人馬疲憊
하여 往往僵仆하다. 「庾信」이 露肩執鞭하고 策馬
以,前軀하니 衆人見之하고 努力,奔走出汗이라도
不敢言寒하다. 遂,過險하니 距,〈平壤〉不遠이라
「庾信」曰, "〈唐〉軍,乏食窘迫하니 宜先報之라."
하고 乃喚,步騎監「裂起」曰, "吾少與,爾遊라 知爾
志節하니 今欲致意於〈蘇〉將軍하니 而難其人이라
汝可行否아?" 하니 「裂起」曰, "吾雖不肖나 濫,中
軍職하니 況辱,將軍使令이리오? 雖死之日이 猶生
之年이라." 하다. 遂與壯士「仇近」等,十五人과 詣,
〈平壤〉하여 見,〈蘇〉將軍曰, "「庾信」等이 領兵致

資糧하여 已達近境이라."하니, 「定方」이 喜以書
謝之하다. 「庾信」等이 行抵〈楊隩(양오:지금의 강동인
듯.)〉하니 見一老人하고 問之하니 具悉敵國消息
이어늘 賜之布帛하니 辭不受而去하다. 「庾信」이
營〈楊隩〉하고 遣解漢語者「仁問」과 「良圖」及,
子「軍勝」等, 達〈唐〉營하여 以王旨로 餽軍糧하
다. 「定方」은 以食盡兵疲하고 不能力戰하다가 及,
得糧하니 便廻〈唐〉하며 「良圖」도 以兵八百人으로
泛海還國하다. 時에 〈麗〉人이 伏兵하고 欲要擊,
我軍於歸路하다. 「庾信」이 以鼓及桴繫群牛腰
尾하니 使揮擊有聲이라 又積柴草燃之하여 使煙
火不絶하고 夜半에 潛行至〈瓢河:파주 임진강〉하여
急渡岸休兵하다. 〈麗〉人이 知之來追어늘 「庾信」
이 使萬弩俱發하다. 〈麗〉軍且退하니 率勵諸幢(陣
營)하고 將士分發하여 拒擊敗之하여 生禽將軍一
人하고 斬首一萬餘級하다. 王이 聞之하고 遣使勞

之하며 及至에 賞賜.封邑.爵位有差하다.
지　　　급지　　상사봉읍작위유차

▶ 어려운 낱말 ◀

[逆擊(역격)] : 되돌려 치다. 역습하다.　[障塞(장새)] : 지금의 수안.　[會(회)] :
때마침.　[天寒烈(천한열)] : 날씨가 매우 차서.　[疲憊(피비)] : 피로하여 쇠약
함.　[僵仆(강부)] : 쓰러지다.　[露肩執鞭(노견집편)] : 어깨를 걷어붙이고 말채
찍을 잡아.　[出汗(출한)] : 땀이 나다.　[過險(과험)] : 험난한 곳을 지나.　[乏食
窘迫(핍식군박)] : 먹을 것이 없어 몹시 군색함.　[致資糧(치자량)] : 양식을 운
반하여.　[桴繫(부계)] : 매달다.　[桴] : 뗏목(부).　[牛腰尾(우요미)] : 소의 허리
와 꼬리.　[柴草燃(시초연)] : 땔나무와 마른풀을 태우다.　[率勵諸幢(솔려제당)]
: 여러 당(幢)들을 인솔하고 독려하다.　[封邑爵位(봉읍작위)] : 작위와 식읍을
봉해주다.

▷ 본문풀이 ◁

　도중에 적병을 만나 역습하여 이기고, 많은 갑옷과 무기를 노
획하였다. 험준한 〈장새〉에 이르자, 때마침 날씨가 몹시 춥고 사
람과 말이 지쳐서 더러는 쓰러지기도 하였다. 그러나 「유신」은
어깨를 벗어 붙이고 말에 채찍을 가하여 앞으로 달려갔다. 여러
사람들이 이를 보고 힘껏 달리며 땀을 흘리면서 감히 춥다는 말
을 하지 못하였다. 이렇게 험한 곳을 지나 〈평양〉에서 멀지 않은
곳에 도착하였다. 「유신」이 말하기를, "〈당〉군이 식량 부족으로
궁색하여 절박한 처지에 놓여 있으니 먼저 소식을 알려야겠다."
고했다. 그는 보기감 「열기」를 불러 말하기를, "나는 젊어서부터
그대와 교유하여 그대의 지조와 절개를 알고 있다. 이제 〈소〉 장

군에게 우리의 뜻을 전달하려 하나 사람을 구하기 어렵다. 그대
가 갈 수 있겠는가?" 하니, 「열기」가 말하기를, "내가 비록 불초
한데도 중군직에 있는 것이 외람된 일인데, 황차 장군의 명령을
욕되게 하겠습니까? 내가 죽는 날이 바로 새롭게 태어나는 날이
될 것입니다." 했다. 그는 드디어 장사 「구근」 등 15명과 함께 〈평
양〉으로 가서 〈소〉 장군을 만나 말하기를, "「유신」 등이 군사를
거느리고 군량을 운반하여 이미 가까운 곳에 도달하였소." 하니,
「소정방」이 기뻐하여 편지를 주어 사례하였다. 「유신」 등이 〈양
오〉에 이르렀을 때 한 노인을 만나 여러 가지 상황을 물었는데,
노인은 적국의 소식을 자세히 말해주었다. 유신은 노인에게 포백
을 주었는데 사양하여 받지 않고 가버렸다. 「유신」이 〈양오〉에 진
을 치고 중국어를 아는 「인문」, 「양도」와 아들 「군승」 등을 〈당〉영
으로 파견하여 왕의 뜻으로 군량을 주게 하였다. 「소정방」은 식
량이 떨어지고 군사들이 피곤하여 힘껏 싸우지 못하다가 식량을
얻게 되자, 곧 〈당〉으로 돌아갔다. 「양도」도 병력 8백 명을 거느
리고 해로를 통하여 본국으로 돌아왔다. 이때 〈고구려〉인들이
병사를 매복시켜 우리 군사를 귀로에서 요격하려 하였다. 「유신」
은 북과 북채를 여러 마리의 소의 허리와 꼬리에 매달아서 후려
치면 소리가 나게 하고, 또한 섶과 나무를 쌓아놓고 불을 질러서
연기와 불이 끊이지 않게 한 다음, 밤에 몰래 행군하여 포하에 이
르자 급히 강을 건너 군사들에게 휴식을 취하도록 하였다. 〈고구
려〉인들이 이것을 알고 추격하자 「유신」은 만노를 일시에 쏘도
록 하였다. 〈고구려〉군이 퇴각하자, 여러 당(幢)의 장병들을 지휘

하여 여러 길로 출동하여 그들과 대항해 싸워 승리하고, 장군 한 명을 사로잡고 1만여 명의 머리를 베었다. 왕이 이 소식을 듣고 사신을 보내 위로하였다. 그들이 돌아오자, 왕은 공로를 세운 정도에 따라 봉읍과 작위를 상으로 주었다.

○〈龍朔〉三年癸亥(문무왕 3년)에 〈百濟〉諸城이 潛圖興復하여 其,渠帥가 據〈豆率城(두솔성)〉하고 乞師於〈倭〉하여 爲,援助하다. 大王이 親率「庾信」과 「仁問」과 「天存」과 「竹旨」等, 將軍하고 以,七月十七日에 征討하다. 次〈熊津州〉하여 與,鎭守「劉仁願」과 合兵하여 八月十三日에 至于〈豆率城〉하다. 〈百濟〉人이 與,〈倭〉人으로 出陣하니 我軍이 力戰,大敗之하다. 〈百濟〉與,〈倭〉人이 皆降하다. 大王이 謂〈倭〉人曰, "惟我與,爾國이 隔海分疆하여 未嘗交構하고 但結好,講和하여 聘問交通이라 何故로 今日與〈百濟〉로 同惡하여 以謀我國고? 今爾軍卒이 在我掌握之中어니와 不忍殺之하

니 爾其歸告爾王하라."하고 任其所之하여 分兵擊,
이 기 귀 고 이 왕   임 기 소 지   분 병 격

諸城降之하다. 唯〈任存城〉이 地險城固하고 而又
제 성 항 지   유 임 존 성   지 험 성 고   이 우

粮多하여 是以로 攻之三旬이나 不能下하니 士卒
양 다   시 이   공 지 삼 순   불 능 하   사 졸

이 疲困厭兵하다. 大王曰, "今雖,一城未下나 而,
  피 곤 염 병   대 왕 왈   금 수 일 성 미 하   이

諸餘城保,皆降하니 不可謂,無功이라."하고 乃,振
제 여 성 보 개 항   불 가 위 무 공   내 진

旅而還하다. 冬,十一月二十日에 至京하여 賜「庚
려 이 환   동 십 일 월 이 십 일   지 경   사 유

信」田,五百結하고 其餘將卒도 賞賜有差하다.
신 전 오 백 결   기 여 장 졸   상 사 유 차

▶ 어려운 낱말 ◀

[潛圖(잠도)] : 남몰래 도모하다. [渠帥(거수)] : 총 대장. [乞師(걸사)] : 군대를
요청해오다. [掌握(장악)] : 손바닥 안에. [地險城固(지험성고)] : 지역이 험하
고 성이 단단하여. [粮多(양다)] : 군량미가 넉넉히 있어서. [三旬(삼순)] : 30
일. [疲困厭兵(피곤염병)] : 피곤하여 전쟁을 싫어하다. [振(진)] : 거두다.

▷ 본문풀이 ◁

〈용삭〉3년 계해에, 〈백제〉의 여러 성에서 비밀리에 나라를
다시 세우고자 하여 그 두목은 〈두솔성〉에 웅거하면서 〈왜〉에게
병력의 원조를 요청하였다. 대왕이 직접 「유신」, 「인문」, 「천존」,
「죽지」 등 장군들을 거느리고 7월 17일에 토벌 길에 올랐다. 그
들은 〈웅진주〉에 가서 진수관 「유인원」의 군사와 합세하여 8월
13일 〈두솔성〉에 이르렀다. 〈백제〉인들은 〈왜〉인과 함께 진을

쳤는데, 우리 군사들이 힘껏 싸워 대파시키니 그들이 모두 항복하였다. 대왕이 〈왜〉인들에게 말하기로, "우리와 너희 나라가 바다를 경계로 하여 일찍이 싸운 적이 없을 뿐 아니라 우호 관계를 맺고 화친을 맺는 등 서로 예빙하고 교유하여 왔는데, 무슨 이유로 오늘날 〈백제〉와 악행을 함께 하여 우리나라를 치려 하는가? 이제 너희 군졸들의 생명이 나의 손안에 있으나 차마 죽이지 않는 것이니, 너희들은 돌아가서 너의 국왕에게 이 말을 고하라!' 그리고 왕은 그들 마음대로 돌아가게 한 후, 군사를 나누어 여러 성을 공격하여 항복시켰다. 다만 〈임존성〉만은 지리가 험준하고 성이 견고하며 더욱이 양식이 풍부했기 때문에 공격한 지 30일이 되어도 항복을 받지 못했다. 이리하여 군사들이 피로해지자 싸우고자 하지 않았다. 대왕은 "지금 성 하나가 함락되지 않았으나 다른 여러 성과 보루가 모두 항복하였으니 공이 없다고 할 수 없다."고 말하고 군사를 정비하여 돌아왔다. 겨울 11월 20일, 서울에 도착하여 「유신」에게 밭 5백 결을 하사하고 기타 장졸들에게는 공의 정도에 따라 상을 주었다.

3 | 金庾信(下) [김유신(하)] : 신라 장군, 태대각간

○〈麟德〉元年甲子(문무왕 4년, 서기 664)三月에 〈百濟〉餘衆이 又聚〈泗沘城〉하여 反叛하다. 〈熊州〉都督이 發, 所管兵士, 攻之나 累日霧塞하여 不辨人物이라 是故로 不能戰하다. 使「伯山」으로 來告之하니 「庾信」이 授之陰謀하여 以克之하다.

▷ **본문풀이** ◁

〈인덕〉 원년 갑자 3월, 〈백제〉의 잔적이 다시 〈사비성〉에 모여 반란을 일으켰다. 〈웅주〉 도독이 자기 소관의 병력으로 공격했으나, 여러 날 안개가 끼어서 사람과 물건을 분간할 수 없었기 때문에 싸움을 할 수 없었다. 「백산」으로 하여금 그 사정을 보고하게 하니, 「유신」이 비밀 계책을 알려 주어 이들을 이길 수가 있었다.

○〈麟德〉二年(문무왕 5년)에 「高宗(唐)」이 遣使 「梁冬碧」과 「任智高」等하여 來聘하고 兼冊「庾

信」하여 ‘奉常正卿〈平壤〉郡開國公’하니 食邑二
신　　　　봉상정경 평양 군개국공　　　식읍 이

千戶러라.
천 호

▷ 본문풀이 ◁

　〈인덕〉2년, 당나라「고종」이 사신「양동벽」과「임지고」등을
보내와 빙문하고, 동시에「유신」을 ‘봉상정경〈평양〉군 개국공’
에 책봉하고, 식읍 2천 호를 주었다.

　○〈乾封〉元年(문무왕 6년)에　皇帝(高宗)가　勅召「庾
　　　건봉 원년　　　　　　　　황제　　　　칙소 유

信」의　長子, 大阿湌「三光」으로　爲, ‘左武衛翊府,
신　　장자 대아찬 삼광　　　　위 좌무위익부

中郞將’하고 仍令宿衛하다.
중랑장　　잉령숙위

▶ 어려운 낱말 ◀

　[勅召(칙소)] : 황제의 칙명으로. [宿衛(숙위)] : 당시에 당나라에 가서 현장학
　습을 하던 일.

▷ 본문풀이 ◁

　〈건봉〉원년, 황제가 칙명으로「유신」의 장자 대아찬「삼광」을
불러 ‘좌무위익부 중랑장’으로 삼고 궁전에서 숙위하게 하였다.

　○〈摠章〉元年戊辰(문무왕 8년:668년)에　〈唐〉의「高
　　　총장 원년무진　　　　　　　　　　　당　　고

宗」皇帝가 遣.英國公「李勣」하여 興師.伐〈高句
麗〉에 遂.徵兵於我하다.『文武大王』이 欲出兵應之
하여 遂命「欽純」과 「仁問」하여 爲.將軍하다.「欽
純」이 告王曰, "若不與「庾信」同行이면 恐有後悔
하리다." 하니 王曰, "公等三臣(欽純,仁問,庾信)은 國
之寶也라. 若.摠向敵場하여 儻有不虞之事하여 而
不得歸하면 則.其如國何오? 故로 欲留「庾信」守
國이면 則.隱然若長城하여 終無憂矣리라." 하다.
「欽純」은 「庾信」之弟요, 「仁問」은 「庾信」之外甥
이라. 故로 尊事之하고 不敢抗하다. 至是에 告「庾
信」曰, "吾等不材로 今從大王하여 就不測之地하
니 爲之奈何오? 願.有所指誨하나이다." 하니 答曰,
"夫爲將者는 作國之干城과 君之爪牙로 決勝否
於.矢石之間이니 必.上得天道하고 下得地理하며
中得人心.然後에야 可得成功이리라. 今.我國은 以
忠信而存하고 〈百濟〉는 以傲慢而亡하고 〈高句

麗〉는 以驕滿而殆하니 今若以我之直으로 擊彼之
　　　이교만이태　　　금약이아지직　　　격피지

曲이면 可以得志어늘 況憑大國의 明.天子之威稜
곡　　　가이득지　　　황빙대국　　　명천자지위릉

哉아? 往矣勉焉하여 無墮乃事하라!" 하니 二公이
재　　　왕의면언　　　무타내사　　　　　이공

拜曰, "奉以周旋하여 不敢失墮하리다." 하다. 『文
배왈　봉이주선　　　불감실타　　　　　　　　문

武大王』이 旣與英公으로 破〈平壤〉하고 還到〈南
무대왕　　기여영공　　　파평양　　　　환도　남

漢州:漢山州〉하여 謂群臣曰, "昔者에 〈百濟〉의 『明
한주　　　　　　위군신왈　석자　　백제　　　명

禮王:성왕의 이름』이 在〈古利山:管山,즉 沃川〉하여 謀
농왕　　　　　　재　고리산　　　　　　　　　모

侵我國이어늘 「庾信」之祖「武力」角干이 爲將하여
침아국　　　　유신지조　무력　각간　　위장

逆擊之하고 乘勝하여 俘其王及宰相四人과 與士
역격지　　　승승　　　부기왕급재상사인　　여사

卒하여 以折其衝하며 又其父「舒玄」은 爲〈良州:梁
졸　　　이절기충　　　우기부서현　　위양주

山〉摠管하여 屢與〈百濟〉戰하여 挫其銳하여 使不
　총관　　　누여백제전　　　좌기예　　　사부

得,犯境이라 故로 邊民은 安.農桑之業하고 君臣은
득범경　　　고　변민　　안농상지업　　　군신

無宵旰之憂하다. 今에 「庾信」이 承祖考之業하여
무소간지우　　　금　유신　　승조고지업

爲,社稷之臣하고 出將入相으로 功績茂焉이라. 若,
위사직지신　　　출장입상　　　공적무언　　　약

不倚賴公之一門이면 國之興亡을 未可知也니 其
불의뢰공지일문　　　국지흥망　　미가지야　기

於職賞을 宜,如何也오." 하다. 群臣曰, "誠如王旨
어직상　의여하야　　　　　군신왈　성여왕지

니이다." 하다. 於是에 授.太大舒發翰之職(太大角干)
어시 수 태대서발한지직

하고 食邑五百戶하며 仍賜輿杖하고 上殿不趨(:趨
식읍오백호 잉사여장 상전불추

蹡)하며 其諸寮佐에 各賜位一級하다.
기제료좌 각사위일급

▶ 어려운 낱말 ◀

[儻有(당유)] : 만약 ~한다면. [不虞之事(불우지사)] : 불의의 일. [其如國何(기
여국하)] : 나라는 어떻게 될 것인가? [隱然(은연)] : 확실하게 겉으로 나타나
지는 않으나 얕볼 수 없는 힘이 있어 보이는 모양. [外甥(외생)] : 생질. [不材
(부재)] : 부족한 자질로. [願有所指誨(원유소지회)] : 원하옵건대 가르쳐 주시
기 바랍니다. [誨] : 가르칠(회). [作國(작국)] : 나라를 지키다. [爪牙(조아)] :
손톱과 어금니처럼 매우 요긴한 존재. [矢石之間(시석지간)] : 싸움터, 전쟁
터. [殆] : 위태로울(태). [得志(득지)] : 뜻대로 될 수 있음. [憑大國(빙대국)] :
대국에 기대어. [威稜(위릉)] : 임금의 위엄과 권위. [宵旰(소간)] : 宵衣旰食의
준말. 임금이 정사에 부지런함을 비유한 말. [出將入相(출장입상)] : 전쟁에
나가서는 장수가 되고, 조정에 와서는 재상이 됨. [倚賴(의뢰)] : 의지하고 힘
입다. [誠(성)] : 진실로. [趨蹡(추창)] : 조심해서 빨리 걷는 것.

▷ 본문풀이 ◁

〈총장〉 원년 무진에, 〈당〉나라 「고종」 황제가 영국공 「이적」
에게 군사를 주어 〈고구려〉를 공격하게 하고, 마침내 우리에게
도 군사를 징발케 하였다. 『문무대왕』이 군사를 출동시켜 이에
호응하고자 「흠순」과 「인문」을 장군으로 임명하였다. 「흠순」이
왕에게 말하기를, "만일 「유신」과 함께 가지 않는다면 아마도 후
회할 일이 생길 것입니다." 하니, 왕이 말하기를, "공 등 세 신하

는 국가의 보배이니, 만약 한꺼번에 적지로 갔다가 불의의 일이 있어 돌아오지 못한다면 나라 일을 어떻게 하겠는가? 그러하니 「유신」을 이곳에 남아있게 하면 은연 중 나라의 장성과 같아 종내 근심이 없으리라." 하니, 「흠순」은 「유신」의 동생이었으며, 「인문」은 「유신」의 생질이었다. 그들은 유신을 높이 섬기고 있었다. 이 때문에 그들은 감히 왕의 뜻을 거역하지 못하고 「유신」에게 말하기를, "자질이 부족한 우리가 지금 대왕의 뜻에 따라 앞날을 예측할 수 없는 땅으로 갑니다. 어떻게 하면 좋을지 가르쳐주기 바랍니다." 하니, 유신이 대답하기를, "무릇 장수란 나라의 간성과 임금의 손발이 되어 전쟁터에서 승부를 결정내는 것이다. 반드시 위로는 천도를 얻고, 아래로는 지리를 얻으며 중간으로는 민심을 얻은 뒤에야 성공할 수 있다. 지금 우리나라는 충신으로 인하여 존재하게 되었고, 〈백제〉는 오만으로 인하여 멸망했으며, 〈고구려〉는 교만으로 인하여 위태롭게 되었다. 이제 우리의 올바름으로 저편의 그릇됨을 친다면 뜻대로 될 것이다. 하물며 큰 나라의 현명하신 천자의 위엄에 힘입고 있으니, 무엇이 문제가 되겠는가! 가서 노력하여 너희들의 일을 그르치지 않도록 하라!' 이에 두 사람이 절을 하면서 말하기를, "공의 뜻을 두루 받들어 감히 실패가 없도록 노력하겠습니다." 했다.『문무대왕』이 영공과 함께 〈평양〉을 격파하고 〈남한주〉에 돌아와서 여러 신하들에게 말하기를, "옛날 〈백제〉의『명농왕』이 〈고리산〉에서 우리나라를 침략하려 했을 때, 「유신」의 조부 「무력」각간이 장수가 되어 그들을 맞아 싸워 이겼으며, 승세를 타고 그 왕과 재상 네

명과 사졸들을 사로잡아 그들의 세력을 꺾었다. 또한 유신의 부친 「서현」은 〈양주〉 총관이 되어 여러 차례 백제와 싸워서 예봉을 꺾음으로써 그들이 우리 변경을 침범하지 못하게 하였다. 이로써 변경의 백성들은 편안히 농상에 종사하였고, 임금과 신하는 나라에 대한 근심이 없게 되었다. 지금은 「유신」이 조부와 부친의 유업을 계승하여 사직을 맡는 신하가 되었다. 그는 나가면 장수의 일을 하였고, 들어오면 정승의 일을 하였으니 그 공적이 매우 크다. 만일 공의 한 가문에 의지하지 않았더라면 나라의 흥망을 알 수 없었을 것이다. 그의 직위와 상을 어떻게 해야 되겠는가!' 하니, 여러 신하들이 말하기를, "저희들의 생각이 실로 대왕의 뜻과 같습니다." 이에 유신에게 태대서발한의 직위를 제수하고, 식읍을 5백 호로 하였다. 또한 수레와 지팡이를 하사하고, 전상에 오를 때도 빨리 오르지 않게 하였으며, 그의 속관들에게도 각각 위계를 한 급씩 올려 주었다.

○〈摠章〉元年에 〈唐〉皇帝도 旣策,英公之功하고 遂,遣使宣慰하며 濟師助戰하여 兼賜金帛하다. 亦 授詔書於「庾信」하여 以,褒奬之하고 且諭入朝하나 而,不果行하다. 其,詔書傳於家하였으나 至,五世孫하여 失焉하다.

[宣慰(선위)] : 위로함. [濟師(제사)] : 군사를 보내다. [助戰(조전)] : 전투를 도와주다. [金帛(금백)] : 황금과 비단. [褒奬(포장)] : 장려하기 위해 표창하다. [諭(유)] : 유시하다.

▷ 본문풀이 ◁

〈총장〉 원년에 〈당〉나라 황제가 영공의 전공을 책명하고 바로 사자를 보내 그를 위로하는 동시에 군사를 보내 싸움을 돕게 하였다. 그리고 황금과 비단을 상으로 주었다. 황제는 「유신」에게도 조서를 내려 그의 전공을 표창하고, 또한 입조를 하라고 유시하였으나 그러나 이를 실행에 옮기지는 못하였다. 이 조서는 그의 집안에 전하여 오다가 5세손 때 잃어버렸다.

○〈咸寧〉四年癸酉는 是『文武大王』十三年이라. 春에 妖星,見하고 地震하여 大王이 憂之하다. 「庾信」進曰, "今之變異는 厄在老臣이요 非,國家之災也니 王은 請勿憂하소서." 하다. 大王曰, "若此則,寡人이 所深憂也니라." 하고 命有司하여 祈禳之하다. 夏六月에 人이 或見戎服으로 持,兵器數十人이 自「庾信」宅으로 泣而去하다가 俄而不

見하다.「庾信」聞之曰, "此는 必 陰兵으로 護我者
이니 見我福盡으로 是以去하니 吾其死矣리라." 하

다. 後에 旬有餘日하여 寢疾하여 大王親臨慰問하

니「庾信」曰, "臣이 願竭 股肱之力하여 以奉元首

(王)러니 而犬馬(신하인 자신)之疾이 至此하니 今日之

後에는 不復再見龍顔矣리다." 하니 大王이 泣曰,

"寡人之有卿은 如 魚有水라. 若有不可諱라면 其

如人民何며 其如社稷何오?" 하니「庾信」對曰,

"臣이 愚不肖하여 豈能有益於國家하리요? 所幸

者는 明上이 用之不疑하시고 任之勿貳하시니 故로

得攀附 王明하여 成尺寸功이니다. 三韓이 爲 一家

하고 百姓이 無 二心하며 雖未至太平이라도 亦可

謂小康이니다. 臣觀하니 自古로 繼體之君이 靡不

有初나 鮮克有終이니 累世功績이 一朝에 隳廢하

니 甚可痛也니이다. 伏願 殿下는 知成功之不易

하시고 念守成之亦難하시어 疏遠小人하시고 親近

君子하시어 使朝廷和於上하고 民物安於下하시어
군자　　　사조정화어상　　　민물안어하

禍亂不作하고 基業無窮이면 則.臣은 死且無憾하
화란부작　　　기업무궁　　　즉신　　　사차무감

리이다." 하니 王이 泣而受之하다. 至秋七月一日에
　　　　　　왕　읍이수지　　　지추칠월일일

薨于私第之正寢하니 享年七十有九러라. 大王이
홍우사제지정침　　　향년칠십유구　　　대왕

聞訃하고 震慟하여 贈賻彩帛一千匹과 租.二千石
문부　　　진통　　　증부채백일천필　　조이천석

을 以供喪事하고 給.軍樂鼓吹一百人하다. 出葬于
　이공상사　　　급군악고취일백인　　　출장우

〈金山〉原하고 命有司立碑하여 以紀功名하고 又.
금산 원　　　명유사입비　　　이기공명　　　우

定入民戶하여 以.守墓焉하다.
정입민호　　　이수묘언

▶ 어려운 낱말 ◀

[變異(변이)] : 이상한 징조. [祈禳(기양)] : 기도. [戎服(융복)] : 군복. [陰兵(음
병)] : 神兵. [寢疾(침질)] : 병으로 앓아눕다. [元首(원수)] : 왕을 뜻함. [犬馬
(견마)] : 신하인 자신을 일러 하는 말. [不可諱(불가휘)] : 피하지 못하는 일이
라면. [諱(휘)] : 꺼리다, 피하다. 죽은 사람의 이름. [如,人民何(여,인민하)] :
백성들을 어떻게 하며. [攀附(반부)] : 붙잡아 매달리다. [隳廢(휴폐)] : 무너뜨
려 없어짐. [私第(사제)] : 자기 집. [正寢(정침)] : 집의 큰 채. [聞訃(문부)] : 부
음을 듣고. [震慟(진통)] : 매우 애통히 여기다. [守墓(수묘)] : 묘를 관리함.

▷ 본문풀이 ◁

〈함녕〉 4년 계유는, 곧 『문무대왕』 13년이다. 그 해 봄에 요성
이 나타나고 지진이 발생하자 대왕이 이를 걱정하였다. 「유신」이

나아가 말하기를, "오늘의 변괴는 그 죄가 노신에게 있는 것이지 국가의 재앙이 아닙니다. 왕께서는 걱정 마시기 바랍니다." 하니, 대왕이 말하기를, "그렇다면 이는 과인에게 큰 걱정거리요." 하고, 왕은 기도를 하여 재액을 물리치도록 유사에게 명령하였다. 여름 6월에, 난데없이 융복을 입고 병기를 든 수십 명이 「유신」의 집으로부터 나와 울며 가다가 갑자기 사라지는 것을 본 사람이 간혹 있었다. 「유신」은 이 말을 듣고 말하기를, "이는 필시 나를 보호하던 음병이 나의 복이 다한 것을 보았기 때문에 가는 것이니, 나는 곧 죽을 것이다." 했다. 그 후 십여 일 지나서 유신이 병들어 눕게 되자, 왕이 직접 행차하여 그를 위문하였다. 「유신」이 말하기를, "신이 모든 힘을 다하여 원수를 모시려 하였으나 소신의 몸에 병이 들어 이렇게 되었으니, 오늘 이후로 다시는 용안을 뵈옵지 못하겠습니다." 하니, 대왕은 울면서 말하기를, "과인에게 경이 있음은 마치 물고기에게 물이 있는 것과 같았오. 만일 피치 못할 일이 생긴다면 백성들을 어떻게 하며 사직을 어떻게 하리오?" 했다. 「유신」이 대답하기를, "신은 우둔하고 못났으니 어찌 국가에 도움이 되었겠습니까? 오직 다행스럽게도 현명하신 임금께서 의심 없이 등용하였고, 의심 없이 임무를 맡겼기에, 대왕의 밝은 덕에 힘입어 약간의 공로를 이루게 된 것입니다. 지금 삼한이 한 집안이 되고 백성들이 두 마음을 가지지 아니하니 비록 태평무사하다고는 할 수 없으나, 그저 편안하게 되었다고는 할 수 있습니다. 신이 보건대, 예로부터 대통을 잇는 임금들이 처음에는 잘못하는 일이 없지만, 유종의 미를 거두는 경우는 드물었습니다. 그래서 여러 대의 공적이 하루아침에 무너져 없어지니 심히 통탄할 일입니다. 바라옵건대 전하께서는 공을 이루는 것이 쉽지 않음을 아시며, 수성하는 것 또한 어렵다는 것을 생각하시고, 소인배를 멀리하며 군자를 가까이 하시어, 위로는 조정이 화목하고 아래로는 백성과 만물이 편안하여 화란이 일어나지 않고 나라의 기틀이 무궁하게 된다면 저는 죽어도 여한이 없겠습니다." 하니, 왕이 울면서 그 말을 받아들였다. 가을 7월 1일, 유신이 자기 집의 침실에서 죽으니, 향년 79세였다. 대왕이 부음을 듣고 매우 애통하게 생각하여 채색 비단 1천 필과 벼 2천 석을 부의로 보내 상사에 쓰게 하고 군악의 고취대의 수 1백 명을 보내 주었다. 〈금산〉원에 장사하고 유사에게 명하여 비를 세워서 그의 공명을 기록하게 하였으며, 또한 민가의 집들을 지정하여 무덤을 지키게 하였다.

○妻는「智炤」夫人이니『太宗大王』第三女也
라. 生子五人하니 長曰,「三光」伊飡이요, 次는
「元述」蘇判이요, 次는「元貞」海干(波珍飡)이요, 次
는「長耳」大阿飡이요, 次는「元望」大阿飡이라. 女
子四人이요, 又庶子「軍勝」은 阿飡이니 失其母
姓氏하다. 後에「智炤」夫人은 落髮衣褐하고 爲比

丘尼하니 時에 大王이 謂,夫人曰, "今에 中外平
구니　　시　　대왕　　위부인왈　금　　중외평

安하고 君臣,高枕而無憂者는 是,太大角干之賜也
안　　　군신고침이무우자　시　태대각간지사야

요. 惟,夫人이 宜其室家하여 儆誠相成하여 陰功
　　유부인　의기실가　　　경계상성　　　음공

茂焉하며 寡人이 欲報之德을 未嘗一日,忘于心이
무언　　과인　욕보지덕　미상일일망우심

라. 其餽〈南城〉租,每年一千石하리라." 하다. 後에
기궤　남성　조 매년일천석　　　　　　　후

『興德大王』을 封公爲『興武大王』하다.
홍덕대왕　　봉공위　홍무대왕

▶ 어려운 낱말 ◀

[落髮衣褐(낙발의갈)] : 머리를 깎고 베옷을 입다. [比丘尼(비구니)] : 여승. [中
外(중외)] : 나라의 안팎. [陰功茂(음공무)] : 숨은 공로가 많음.

▷ 본문풀이 ◁

　아내「지소」부인은『태종대왕』의 셋째 딸이다. 아들 다섯을
낳았는데, 맏아들은「삼광」이찬이요, 다음은「원술」소판이요,
다음은「원정」해간이요, 다음은「장이」대아찬이요, 다음은「원
망」대아찬이다. 딸이 넷이었으며, 또한 서자로서 아찬「군승」이
있는데 그 어머니의 성씨는 전해지지 않는다. 후일,「지소」부인
은 머리를 깎고 베옷을 입고 비구니가 되었다. 이때 대왕이 부인
에게 이르기를, "지금 나라 안팎이 편안하고 임금과 신하가 베개
를 높이 베고 근심이 없는 것은 바로 태대 각간이 우리에게 내려
준 것이오. 이는 부인이 집안을 잘 다스려 태대 각간을 성심으로

도와준 숨은 공로가 컸던 결과였소. 과인은 이러한 덕에 보답하려는 생각을 하루도 잊어본 적이 없다오. 그런즉 〈남성〉에서 받는 조를 매년 1천 석씩을 줄 것이오."라고 하였다. 그 뒤에 『흥덕대왕』이 공을 『흥무대왕』에 봉했다.

○初에 『法敏王:문무왕』이 納〈高句麗〉叛衆(:의용군)하고 又據〈百濟〉故地有之하니 〈唐〉의 「高宗」이 大怒하여 遣師來討하니 〈唐〉軍與〈靺鞨〉이 營於〈石門:황해도 서흥?〉之野하니 王이 遣將軍「義福」과 「春長」等하여 禦之하고 營於〈帶方:황해도 평산?〉之野하다. 時에 長槍幢獨別營이라가 遇〈唐〉兵三千餘人하여 捉送大將軍之營하다. 於是에 諸幢共言하되 "長槍營이 獨處成功하니 必得厚賞하리라. 吾等은 不宜屯聚하여 徒自勞耳라."하며 遂各別兵分散하다. 〈唐〉이 兵與〈靺鞨〉로 乘其未陣擊之하니 吾人大敗하여 將軍「曉川」과 「義文」等이 死之하다. 「庾信」子「元述」이 爲裨將하여 亦欲戰死하

니 其佐「淡凌」이 止之曰, "大丈夫는 非死之難이

라, 處死之爲,難也이니 若死而無成이면 不若生而

圖後效니이다." 하니 答曰, "男兒不苟生이니 將何

面目으로 以見吾父乎리오?" 하고 便欲策馬而走하

니 「淡凌」이 攬轡不放하니 遂不能死하고 隨,上將

軍하여 出〈蕪荑嶺:지금 金川 靑石峴?〉하니 〈唐〉兵이

追及之하다. 〈居烈州:지금의 居昌〉, 大監「阿珍含」

一吉干(:一吉?)이 謂,上將軍曰, "公等은 努力速去

하라. 吾年이 已七十이니 能得幾時活也리오? 此時

是,吾死日也라." 하고 便橫戟,突陣而死하니 其子

亦隨而死하다. 大將軍,等이 微行入京하다. 大王이

聞之하고 問,「庾信」曰, "軍敗如此하니 奈何오?"

하니 對曰, "唐人之謀를 不可測也니 宜使將卒로

各守要害하리다. 但「元述」은 不惟辱,王命이요 而

亦負家訓하니 可斬也니이다." 하다. 大王曰, "「元

述」은 裨將으로 不可獨施重刑이라!" 하고 乃,赦之

하다. 「元述」이 慙懼하여 不敢見父하고 隱遁於田
　　　원술　　참구　　　　불감견부　　　　은둔어전

園이라가 至父薨後에 求見母氏하니 母氏曰, "婦
원　　　지부훙후　　구견모씨　　　모씨왈　부

人은 有三從之義하니 今旣寡矣라. 宜從於子하나
인　유삼종지의　　　금기과의　　　의종어자

若「元述」者는 旣不得爲子於先君하니 吾焉得爲
약　원술　자　기부득위자어선군　　　오언득위

其母乎아?"하고 遂不見之하다. 「元述」이 慟哭擗
기모호　　　　수불견지　　　　원술　　통곡벽

踊而不能去나 夫人이 終不見焉하다.「元述」嘆曰,
용이불능거　부인　종불견언　　　원술　탄왈

"爲〈淡凌〉으로 所誤가 至於此極하다."하고 乃入
위　담릉　　　소오　지어차극　　　　내입

〈太伯山〉하다. 至乙亥年(문무왕 15년, 서기 675년)에
　태백산　　　지을해년

〈唐〉兵來하여 攻〈買蘇川城:楊州 沙川廢縣?〉하니 「元
당　병래　　　공 매소천성　　　　　　　　　원

述」聞之하고 欲死之하여 以雪前恥로 遂力戰有
술　문지　　　욕사지　　　이설전치　수역전유

功賞하다. 以不容於父母를 憤恨하여 不仕하고 以
공상　　　이불용어부모　분한　　　불사　　　이

終其身하다.
종기신

▶ 어려운 낱말 ◀

　[納] : 받아들일(납), 드리다(납). [叛衆(반중)] : 반란의 무리들. [營(영)] : 군인

들이 주둔하여 지키다. [長槍幢(장창당)] : 장창부대를 말함. [獨別營(독별영)]

: 홀로 營을 달리하고 있음. [自勞(자로)] : 자기 수고, 헛된 수고. [未陣擊(미

진격)] : 진을 치지 아니한 상태. [處死之爲(처사지위)] : 죽을 경우를 택하는

것. [圖後效(도후효)] : 살아서 후에 공을 도모하다. [不苟生(불구생)] : 구차하

게 살지 않음. [攬轡(람비)] : 말고삐를 잡고. [努力速去(노력속거)] : 힘을 다하여 빨리 가라. [此時是(차시시)] : 이때야말로. [橫戟(횡극)] : 창을 비스듬히 가로 들고. [微行(미행)] : 남모르게. [要害(요해)] : 요격해 올 수 있는 곳. [慙懼(참구)] : 부끄럽고 두려워서. [擗踊(벽용)] : 땅에서 뛰며 구르다.

▷ 본문풀이 ◁

처음에 『법민왕』이 〈고구려〉 반군의 무리를 받아들이고 또한 〈백제〉의 옛 땅을 차지하여 소유하였다. 〈당〉「고종」은 크게 노하여 군사를 파견하여 그들을 치게 하였다. 〈당〉군이 〈말갈〉과 함께 〈석문〉 들판에 진을 치자, 왕은 장군 「의복」, 「장춘」 등을 보내 이를 방어하게 하여 〈대방〉 들판에 진을 쳤다. 이때 장창당만은 별도로 진을 치고 있다가 〈당〉병 3천여 명과 싸워 그들을 잡아서 대장군의 진영으로 보냈다. 이에 여러 당들이 함께 말하기를, "장창영은 홀로 있다가 공을 세웠으니, 반드시 큰 상을 받을 것이다. 우리도 한데 모여서 헛되이 수고만 할 필요가 없다." 라고 하면서, 마침내 각자 군대를 나누어 분산하였다. 〈당〉병이 〈말갈〉과 함께 우리 군사가 아직 진을 치지 못한 틈을 타서 공격해오자 우리 군사가 대패하여 장군 「효천」, 「의문」 등이 여기서 죽었다. 「유신」의 아들 「원술」이 비장으로서 역시 나아가 전사하려고 하니, 그의 보좌관 「담릉」이 만류하여 말하기를, "대장부는 죽기가 어려운 것이 아니라 죽을 경우를 택하는 것이 어려운 것이다. 죽어서 성과를 얻지 못할 바에는 차라리 살아서 뒷날의 공적을 도모하느니만 못하다." 하니, 원술이 대답하기를, "남아는 구차하게 살지 않는 법이거늘 장차 무슨 면목으로 우리 아버지를 뵙겠는가?" 하고 그는 곧 말을 채찍질하여 달려가려 하였으나, 「담릉」이 말고삐를 붙잡고 놓지 않는 바람에 마침내 죽지 못하고 상장군을 따라 〈무이령〉으로 나왔다. 그러자 〈당〉병이 뒤를 추격하여 왔다. 〈거열주〉 대감 「아진함」 일길간이 상장군에게 말하기를, "공들은 힘을 다하여 빨리 가라! 내 나이 벌써 70이니 앞으로 얼마나 더 살겠는가? 오늘이 내가 죽을 날이다." 하고 그가 창을 비껴들고 진중으로 달려들어 전사하자 그의 아들도 따라서 죽었다. 대장군 등이 다른 사람들 모르게 서울로 들어 왔다. 대왕이 이 소식을 듣고 「유신」에게 물으니, "군사가 이렇게 패하였으니 어찌하랴?" 유신이 대답하기를, "당인들의 모략을 예측할 수 없사오니 장졸들로 하여금 제각기 요충지대를 지키게 해야 합니다. 다만 「원술」은 왕명을 욕되게 하였을 뿐만 아니라 가훈까지도 저버렸으니 목을 베어야 합니다."고 하니, 대왕이 말하기를, "「원술」비장에게만 유독 중형을 줄 수 없다."하고는 「원술」의 죄를 용서하였다. 「원술」이 부끄럽고 두려워서 감히 아버지를 만나지 못하고 전원에 은둔하다가 아버지가 죽은 뒤에야 어머니를 만나려 하였다. 어머니가 말하기를, "부인에게는 삼종의 의리가 있다. 이제 내가 과부가 되었으니 응당 아들을 좇아야 하겠으나 「원술」과 같은 자는 이미 돌아가신 아버지에게 아들 노릇을 못하였으니, 내가 어찌 그의 어미가 될 수 있겠느냐?"라 말하고 만나보지도 않았다. 「원술」이 통곡하며 가슴을 치고 발을 구르면서 떠나지 못하였으나 부인은 끝내 만나주지 않았다. 「원술」이 탄식하여 말하기를, "〈담릉〉 때문에 그르친 것이 이 지경에 이르렀다."

하고는, 곧 〈태백산〉으로 들어갔다. 을해년에 〈당〉병이 와서 〈매소천성〉을 치니 「원술」이 이 소문을 듣고 이 기회에 죽음으로써 전일의 치욕을 씻고자 드디어 힘껏 싸워서 공을 세우고 상을 받았으나, 부모에게 용납되지 못한 것을 한스럽게 여겨 벼슬을 하지 않고 일생을 마쳤다.

○嫡孫「允中」은 仕『聖德大王』하여 大阿湌하고
적손 윤중 사 성덕대왕 대아찬

屢承恩顧하여 王之親屬이 頗嫉妬之하다. 時에
누승은고 왕지친속 파질투지 시

屬仲秋之望에 王登〈月城〉岑頭하여 眺望하고 乃
속중추지망 왕등월성잠두 조망 내

與侍從官으로 置酒以娛할새 命喚「允中」하라 하
여시종관 치주이오 명환윤중

다. 有諫者曰, "今에 宗室戚里에 豈無好人하여 而
유간자왈 금 종실척리 기무호인 이

獨召疎遠之臣하니 豈所謂親親者乎아?"하니 王
독소소원지신 기소위친친자호 왕

曰, "今에 寡人이 與卿等으로 安平無事者는 「允
왈 금 과인 여경등 안평무사자 윤

中」의 祖之德也니 若如公言으로 忘棄之면 則非
중 조지덕야 약여공언 망기지 즉비

善善及子孫之義也라."하다. 遂賜「允中」密坐하고
선선급자손지의야 수사 윤중 밀좌

言及其祖平生하여 日晚하여 告退하니 賜〈絶影
언급기조평생 일만 고퇴 사 절영

山〉馬一匹하니 群臣觖望而已러라.
산 마일필 군신결망이이

[嫡孫(적손)] : 맏손자. [允中(윤중)] : 김유신의 적손. [恩顧(은고)] : 은혜를 입음. [岑頭(잠두)] : 고개 머리. [眺望(조망)] : 바라보다. [親親者(친친자)] : 친한 사람을 더욱 친하게 함. [善善(선선)] : 선한 이를 선하게 여김. [日晩(일만)] : 날이 저물어. [觖望(결망)] : 서운한 눈빛으로 바라보다.

▷ 본문풀이 ◁

유신의 적손「윤중」은『성덕대왕』때 벼슬이 대아찬에 이르고, 여러 차례 왕의 은총을 입게 되자, 왕의 친족들이 그를 몹시 시기하였다. 때는 8월 보름날이었는데, 왕이 〈월성〉 꼭대기에 올라 경치를 바라보며 시종관들과 함께 주연을 베풀고 즐기면서「윤중」을 불러오라 하니, 어떤 자가 간언하기를, "지금 종실과 척리들 중에 좋은 사람이 없지 않은데, 어찌하여 유독 먼 신하를 부르십니까? 이것이 어찌 소위 가까운 사람을 친하게 여겨야 한다는 도리에 맞는 것이겠습니까?" 하니, 왕이 말하기를, "지금 과인이 경들과 함께 평안무사하게 지내는 것은「윤중」의 조부의 덕이다. 만일 공의 말대로 그를 잊어버린다면 선한 이를 선하게 대우하여 그의 자손에게도 덕이 미쳐야 한다는 도리에 어긋난다." 하고, 왕은 마침내「윤중」에게 가까운 자리를 주어 앉게 하고 그 조부의 평생에 대하여 이야기 하였다. 날이 저물어 윤중이 물러가기를 고하니 〈절영산〉 말 한 필을 하사하였다. 여러 신하들은 서운한 표정으로 바라볼 뿐이었다.

○〈開元:唐玄宗 연호〉二十一年(성덕왕 32년, 서기 733
　　　개　원　　　　　　　　　　이십일년

년)에 大〈唐〉이 遣使하여 敎諭曰, "〈靺鞨〉과 〈渤
　　　대　당　　　견사　　　　교유왈　　　말갈　　　발

海〉가 外稱蕃翰하고 内懷狡猾하여 今欲出兵問罪
해　　　외칭번한　　　내회교활　　　금욕출병문죄

하니 卿亦發兵하여 相爲犄角하라 聞有舊將「金庾
　　　경역발병　　　상위의각　　　문유구장　김유

信」의 孫「允中」이 在하니 須差此人으로 爲將하
신　　손　윤중　　재　　　수차차인　　　　위장

라." 하고 仍賜「允中」에 金帛若干하다. 於是에 大
　　　잉사　윤중　　금백약간　　　어시　　대

王命은 「允中」과 弟「允文」等, 四將軍으로 率兵
왕명　　윤중　　제　윤문등　　사장군　　　솔병

會.〈唐〉兵하여 伐〈渤海〉하다.「允中」의 庶孫「巖」
회　당　병　　　벌발해　　　윤중　　서손　암

은 性聰敏하고 好習方術이라. 少壯爲伊湌하여 入
　　성총민　　호습방술　　　소장위이찬　　　입

〈唐〉宿衛할새 間.就師하여 學.陰陽家法한대 聞.一
　당　숙위　　　간취사　　　학음양가법　　　문일

隅면 則.反之以三隅하여 自述遁甲.立成之法하여
우　　즉반지이삼우　　　자술둔갑입성지법

呈於其師하니 師.憮然曰, "不圖.吾子之明達이 至
정어기사　　　사무연왈　　　부도오자지명달　　지

於此也니라." 하며 從是而後로 不敢以.弟子待之하
어차야　　　　　　종시이후　　　불감이제자대지

다.〈大曆:唐 代宗의 연호〉中에 還國하여 爲『司天大
　　　대력　　　　　　　　　　중　　환국　　　위　사천대

博士』하고 歷.〈良〉과〈康〉과〈漢〉의 三州太守하고
박사　　　역양　　강　　한　　　삼주태수

復爲.執事侍郞과〈浿江鎭〉頭上하다. 所至.盡心
부위집사시랑　　　패강진두상　　　소지진심

列傳(열전) | 99

撫字하며 三務之餘에 敎之以,六陣兵法하니 人皆
무자 삼무지여 교지이육진병법 인개

便之하다. 嘗有蝗蟲하여 自,西入〈浿江〉之界어늘
편지 상유황충 자서입패강지계

蠢然蔽野하니 百姓憂懼하다.「巖」이 登,山頂하여
준연폐야 백성우구 암 등산정

焚香祈天하니 忽,風雨大作하며 蝗蟲盡死하다.
분향기천 홀풍우대작 황충진사

〈大曆〉十四年,己未(혜공왕 15)에 受命聘〈日本國〉
대력십사년기미 수명빙일본국

하다. 其國王이 知其賢하고 欲勒留之하다. 會에 大
기국왕 지기현 욕늑유지 회 대

〈唐〉使臣「高鶴林」이 來하여 相見甚歡하니〈倭〉
당사신고학림 래 상견심환 왜

人이 認,「巖」爲大國所知하니 故로 不敢留,乃還하
인 인암위대국소지 고 불감류내환

다. 夏,四月에 旋風坌起하여 自,「庾信」墓로 至,始
하사월 선풍분기 자유신묘 지시

祖大王之陵히 塵霧暗冥하여 不辨人物하다. 守陵
조대왕지릉 진무암명 불변인물 수능

人이 聞其中에 若有,哭泣悲嘆之聲하니『惠恭大
인 문기중 약유곡읍비탄지성 혜공대

王』이 聞之하고 恐懼하여 遣,大臣「金敬信」으로 致
왕 문지 공구 견대신김경신 치

祭謝過하고 仍於〈鷲仙寺〉에 納田,三十結하여 以
제사과 잉어취선사 납전삼십결 이

資冥福하다. 是寺는「庾信」이 平,〈麗〉〈濟〉二國하
자명복 시사 유신 평여제이국

고 所營立也니라.
소영입야

[敎諭(교유)] : 권유하다. [蕃翰(번한)] : 어떤 지방을 맡아 다스리면서 큰 나라의 울타리 역할을 한다는 뜻. [蕃(번)] : 울타리. [翰(한)] : 줄기. 기둥을 의미함. [狡猾(교활)] : 약삭빠르다. [犄角(의각)] : 앞뒤에서 적을 견제하는 형세. [須差(수차)] : 뽑아서. 차출하여. [聰敏(총민)] : 총명하고 민첩하다. [遁甲(둔갑)] : 즉, 둔갑법을 말함. 사물을 다른 상태로 변화시키는 방법. [憮然(무연)] : 깜짝 놀라서. [吾子(오자)] : 그대, 吾君. [明達(명달)] : 명석하고 통달함. [撫字(무자)] : 보살피며 사랑하다. 字는 慈와 같음. [三務之餘(삼무지여)] : 바쁜 3계절의 여가에. 즉, 春·夏·秋. [蝗蟲(황충)] : 메뚜기 떼. [蠢然(준연)] : 꿈틀거림. [蔽野(폐야)] : 들판을 덮다. [憂懼(우구)] : 근심하고 두려워하다. [坌起(분기)] : 먼지처럼 일어나다. [坌(분)] : 먼지(분). [塵霧暗冥(진무암명)] : 먼지와 안개가 덮여 깜깜 어둡다.

〈개원〉 21년에, 대〈당〉에서 사신을 보내 권유하기를, "〈말갈〉과 〈발해〉가 겉으로는 번신이라 일컬으면서도 속으로는 교활한 음모를 품고 있으므로, 이제 군사를 출동시켜 문죄하려 하니, 경도 군사를 출동시켜 앞뒤에서 서로 견제하도록 하라! 듣건대, 옛 장수 「김유신」의 손자 「윤중」이 있다고 하니, 반드시 이 사람을 차출하여 장수로 삼으라!" 하고, 동시에 「윤중」에게 약간의 황금과 비단을 주었다. 이에 대왕이 「윤중」과 그의 아우 「윤문」 등 네 장군에게 군사를 주어 〈당〉병과 합세하여 〈발해〉를 공격하게 하였다. 「윤중」의 서손인 「암」은 천성이 총민하고 방술 익히기를 좋아하였다. 젊었을 때 이찬이 되어 〈당〉에 들어가 숙위하면서 이따금 스승을 찾아가서 음양가의 술법을 배웠는데, 한 가지를 배우면 세 가지를 이해하였다. 스스로 둔갑입성법을 지어 스승에게 바치니 스승이 깜짝 놀라서 말하기를 "그대의 명석하고 통달함이 여기에까지 이른 줄은 생각하지 못하였다."고 하면서, 이로부터는 감히 제자로 대하지 못하였다. 〈대력〉 연간에 본국으로 돌아와 [사천대박사]가 되었고, 〈양주〉, 〈강주〉, 〈한주〉 세 주의 태수를 역임하고 다시 집사 시랑, 〈패강진〉 두상이 되었다. 그는 이르는 곳마다 진심으로 백성을 사랑하고 돌봐주며, 봄, 여름, 가을 세 계절의 농사 때는 여가를 이용하여 육진병법을 가르치니 사람마다 이를 편하게 배웠다. 일찍이 메뚜기 떼가 발생하여 서쪽으로부터 〈패강〉 지역으로 만연되어 모든 평야를 뒤덮자 백성들이 근심하고 두려워하였다. 이때, 「암」이 산정에 올라가 향을 피우고 하늘에 기도하니 갑자기 풍우가 크게 일어 메뚜기 떼가 모두 죽었다. 〈대력〉 14년 기미에, 그는 왕명을 받고 〈일본국〉에 사신으로 갔는데 그 국왕이 그의 현명함을 알고 억류하려 하였다. 그때 마침 대〈당〉 사신 「고학림」이 와서 서로 만나 매우 기뻐하니, 〈왜〉인들이 이를 보고 「암」이 대국에까지 알려진 인물임을 알았다. 그리고는 감히 억류하지 못하고 돌려 보냈다. 여름 4월에, 회오리바람이 뭉쳐 일어나 「유신」의 무덤에서 시조 대왕의 능에 이르렀는데, 먼지와 안개가 자욱하여 사람과 물건을 분간할 수 없었다. 능지기가 들으니 그 속에서 울면서 슬피 탄식하는 소리가 나는 듯하였다. 『혜공대왕』이 이 말을 듣고 두려워서 대신을 보내 제사를 드려 사과하고, 이어서 〈취선사〉에 밭 30결을 주어 명복을 비는 자산으로 삼게 하였다. 취선사는 「유신」이 〈고구려〉, 〈백제〉 두 나라를 평정한 뒤에 세운 절이다.

○「庾信」玄孫으로 〈新羅〉執事郎「長淸」이 作, 行
　　유신　현손　　　　신라　집사랑　장청　　작　행

錄十卷하여 行於世하니 頗多釀辭라 故로 刪落之
록십권　　　행어세　　　파다양사　　고　　산락지

하고 取其可書者하여 爲之傳하다.
　　취기가서자　　　위지전

▶ 어려운 낱말 ◀

[釀辭(양사)] : 만들어낸 말. [刪落(산락)] : 삭제하여 간추리다.

▷ 본문풀이 ◁

「유신」의 현손으로서 〈신라〉의 집사랑인 「장청」이 행록 10권
을 지어 세상에 전해지고 있다. 여기에는 날조해 넣은 말이 아주
많기 때문에 이를 간추려 쓸만한 것만을 취하여 전으로 삼았다.

○論曰, 〈唐〉「李絳」이 對「憲宗」曰, "遠邪佞하
　논왈　당　이강　　대헌종왈　　원사녕

고 進忠直하며 與大臣言하되 敬而信하여 無使小
　진충직　　　여대신언　　　경이신　　　무사소

人參焉하며 與賢者遊에 親而禮하여 無使不肖預
인참언　　　여현자유　　친이례　　　무사불초예

焉하라." 하다. 誠哉라, 斯言也여! 實爲君之要道
언　　　　　성재　　사언야　　　실위군지요도

也니라. 故로『書』曰, "任賢勿貳하여 去邪勿疑하
야　　고　　서왈　임현물이　　　거사물의

列傳(열전) | 103

라."하다. 觀夫〈新羅〉之待「庾信」也에 親近而無
　　　　　관부 신라 지대 유신 야　친근이무

間하고 委任而不貳하며 謀行言聽을 不使怨乎不
간　　위임이불이　　모행언청　불사원호불

以하니 可謂得,六五童蒙之吉이니라. 故로「庾信」
이　　가위득 육오동몽지길　　고　　유신

이 得以行其志하여 與,上國協謀하여 合,三土爲一
　득이행기지　　여 상국협모　　합 삼토위일

家하고 能以功名終焉이라. 雖有「乙支文德」之智
가　　능이공명종언　　수유 을지문덕 지지

略과「張保皐」之義勇이라도 微,〈中國〉之書면 則,
략　　장보고 지의용　　　미 중국 지서 즉

泯滅而無聞이니 若「庾信」은 則,鄕人稱頌之하여
민멸이무문　　약 유신　　즉 향인칭송지

至今不亡하니 士大夫가 知之可也니라. 至於,蒭童
지금불망　　사대부　지지가야　　지어 추동

牧竪도 亦能知之하니 則其,爲人也, 必有以,異於
목수　 역능지지　　즉기 위인야　필유이 이어

人矣니라.
인 의

▶ 어려운 낱말 ◀

[邪佞(사녕)] : 간사하고 아첨하는 사람. [預(예)] : 참여, 간여. 미리(예). [勿貳
(물이)] : 의심하지 않음. 두 마음이 아니다. [上國(상국)] : 여기서 상국은 중
국을 말함. [微] : 아니다, 없다. 작다(미). [泯滅(민멸)] : 망해 없어지다. [蒭
童牧竪(추동목수)] : 꼴 베는 아이와 목동.

〖 저자의 견해 〗

　　〈당〉의 「이강」이 「헌종」에게 말하기를, "간사하고 아첨하는

자를 멀리하고, 충성스럽고 정직한 자를 등용하며, 대신과 대화할 때는 공경스럽고 믿음직하게 하여 소인이 끼어들지 못하게 하며, 어진 사람과 어울리는 경우에는 친하게 지내되 예절을 갖추어 불초한 자가 끼어들지 못하게 하소서." 하니, 성실하도다, 이 말이여! 이는 실로 임금이 갖추어야 할 요긴한 도리이다. 그러므로 [상서]에서 말하기를, "어진 이에게 일을 맡길 때는 의심하지 말며, 간사한 자를 버릴 때도 의심하지 말라."고 하였다. 〈신라〉가 「유신」을 대우한 것을 보면 친근히 하여 간격을 두지 않았고, 임무를 맡길 때도 의심하지 않았으니, 그의 계책은 실행되고 그의 말은 채용되어, 그로 하여금 자신의 계책이나 의견이 받아들여지지 않았다는 원망을 품지 않게 하였다. 그러므로 가히 육오동몽의 길함[六五童蒙之吉]을 얻었다고 할 만하다. 그러므로 유신은 자신의 뜻한 바를 행할 수 있어 중국과 협력하여 삼국을 합쳐서 한 나라로 만들었고, 능히 공명으로써 일생을 마칠 수 있었던 것이다. 비록 「을지문덕」의 지략과 「장보고」의 의용이 있었어도 〈중국〉의 서적이 없었다면, 그들에 대한 사적이 없어져서 후세에 알려지지 못하였을 것이다. 그러나 「유신」 같은 사람은 온 나라 사람들의 칭송이 지금까지도 계속되고 있다. 사대부가 그를 아는 것은 그럴 수 있는 일이거니와 꼴 베는 아이나 소 먹이는 아이에 이르기까지도 능히 그를 알고 있으니, 그 사람됨이 반드시 일반 사람과 다른 점이 있었을 것이다.

4 乙支文德(을지문덕) : 고구려의 명장

○高句麗의 「乙支文德」은 未詳其世系니라. 資
沈鷙有智數하며 兼解屬文하다. 〈隋〉〈開皇:수文帝
의 연호〉中에 「煬帝」가 下詔征〈高句麗〉하다. 於是
에 左翊衛大將軍「于文述」은 出〈扶餘〉道하고 右
翊衛大將軍「于仲文」은 出〈樂浪〉道하여 與九軍
으로 至〈鴨綠水〉하다. 「文德」이 受王命하여 詣其
營詐降하니 實欲觀其虛實하다. 「述」與「仲文」이
先奉密旨하니 若遇王及「文德」來어든 則執之하라.
「仲文」等이 將留之하나 尚書右丞「劉士龍」이 爲
慰撫使하여 固止之로 遂聽「文德」歸하니 深悔之하
여 遣人紿「文德」曰, "更欲有議하니 可復來하라."
하니 「文德」不顧하고 遂濟〈鴨綠〉而歸하다. 「述」이
與〈仲文〉으로 旣失「文德」하고 内自不安하다. 「述」
은 以粮盡欲還하니 「仲文」이 謂以精銳追「文德」하

면 可以有功이라 하다. 「述」이 止之하니 「仲文」怒曰, "將軍이 仗十萬兵으로 不能破小賊이면 何顔以見帝오?"하니 「述」等이 不得已而從之하여 度〈鴨綠水〉追之하다. 「文德」이 見〈隋〉軍士有饑色하고 欲疲之하여 每戰輒北하니, 「述」等이 一日之中, 七戰皆捷에 旣恃驟勝하고 又逼群議하여 遂進東하여 濟〈薩水:청천강〉하니 去〈平壤城〉三十里하여 因山爲營하다.

▶ 어려운 낱말 ◀

[世系(세계)] : 조상의 계보. [沈鷙(침지)] : 침착하고 강하고 용맹스럽다. [屬文(속문)] : 글도 지을 줄 알다. [詐降(사항)] : 거짓으로 하는 항복. [紿] : 속일 (태). [不得已(부득이)] : 마지못하여. [輒北(첩배)] : 번번이 패배하여. [旣恃驟勝(기시취승)] : 자주 이기는데 대해 이미 자신을 가지고. [驟] : 말 달릴(취), 자주(취). [逼] : 강제로. 협박할(핍). [因山(인산)] : 산을 등지고.

▷ 본문풀이 ◁

「을지문덕」은 가문의 내력이 자세히 전해지지 않는다. 그는 자질이 침착하고 용맹스러우며 지모가 있었고 동시에 글도 지을 줄 알았다. 〈수〉나라 〈개황〉 연간에 「양제」가 조서를 내려 〈고구려〉

를 공격하자, 좌익위 대장군 「우문술」은 〈부여〉도로 나오고 우익위 대장군 「우중문」은 〈낙랑〉도로 나와서 9군과 함께 〈압록강〉에 이르렀다. 「문덕」이 왕의 명을 받들고 적진으로 가서 항복하는 체하였으나, 이는 사실 그들의 허실을 보려는 것이었다. 「술」과 「중문」은 이보다 앞서 황제의 비밀 교지를 받았었다. 이에는 고구려의 왕이나 「문덕」을 만나거든 체포하라고 쓰여 있었다. 이에 따라 「중문」 등은 문덕을 억류하려 하였는데, 위무사로 있던 상서 우승 「유사룡」이 굳이 말리는 바람에 결국 「문덕」이 돌아가는 것을 허락하였다. 그 뒤에 이를 깊이 후회하여 사람을 보내 「문덕」을 속여서 말하기를, "재차 의논할 일이 있으니 다시 오라."고 하였으나, 「문덕」은 돌아보지도 않은 채 〈압록강〉을 건너왔다. 「술」과 「중문」은 「문덕」을 놓친 뒤에 마음속으로 불안하게 생각하였다. 「술」은 군량이 떨어졌다 하여 돌아가려 하는데, 「중문」은 정예부대로 「문덕」을 추격하면 공을 이룰 수 있다고 주장하였다. 「술」이 이를 말렸다. 「중문」이 화를 내어 말하기를, "장군이 10만의 병력을 가지고 와서 조그마한 적을 격파하지 못하고 무슨 낯으로 황제를 뵈옵겠는가?" 「술」 등은 마지못하여 그 말을 따라 〈압록강〉을 건너서 문덕을 추격하였다. 「문덕」은 〈수〉군에게 굶주린 기색이 있음을 보고, 그들을 피로하게 하기 위하여 싸울 때마다 매번 패배한 척하며 도주하였다. 이렇게 하여 「술」은 하루 동안에 일곱 번을 싸워 모두 승리하였다. 그들은 갑작스러운 승리에 뱃심이 생기기도 하고, 또한 중의에 몰리기도 하여, 마침내 동쪽으로 나아가 〈살수〉를 건너 〈평양성〉 30리 밖에서 산을 등지고 진을 쳤다.

○「文德」이 與「仲文」詩曰,

"神策究天文하고 妙算窮地理라.

戰勝功旣高하니 知足願云止오."

−(與,隋將,于仲文,詩)

「仲文」이 答書諭之하다.「文德」又遣使하여 詐降하고 請於「述」曰, "若旋師者면 當奉王朝行在所하리라."하다.「述」은 見士卒疲弊하여 不可復戰하고 又〈平壤城〉險固하여 難以猝拔하여 遂,因其,詐而還하며 爲,方陣而行하다.「文德」이 出軍하여 四面鈔擊之하니 「述」等이 且戰且行하여 至〈薩水〉하여 軍半濟에 「文德」이 進軍하여 擊其後軍하여 殺右屯衛將軍「辛世雄」하니 於是에 諸軍俱潰하여 不可禁止러라. 九軍將士, 奔還하니 一日一夜에 至〈鴨綠水〉하니 行,四百五十里하다. 初에 渡

〈遼〉엔 九軍이 三十萬五千人이러니 及還至〈遼東
　　요　　구군　　삼십만오천인　　　　급환지요동
城〉하니 唯二千七百人이러라.
성　　　유이천칠백인

▶ 어려운 낱말 ◀

[書諭(서유)] : 글을 보내어 효유하다. [行在所(행재소)] : 수나라 황제의 臨時
居所. [險固(험고)] : 험하고 견고함. [猝拔(졸발)] : 갑자기 함락하다. [方陣
(방진)] : 네모지게 친 陣. [且戰且行(차전차행)] : 싸우면서 행군하다.

▷ 본문풀이 ◁

「문덕」이 「중문」에게 다음과 같은 시를 보냈다.

　　"신기한 계책은 천문에 통달했고,
　　묘한 계략은 땅의 이치를 알았도다.
　　전투마다 이겨 공이 이미 높았으니,
　　만족한 줄 알았으면 돌아가는 것이 어떠하리." -

　　　　　　　　　　　　　　　　　　- 여,수장,우중문,시

　「중문」이 답서를 보내 효유하였다. 「문덕」이 또한 사자를 보내
항복을 가장하고 「술」에게 요청하기를, "만일 군사를 철수한다
면 틀림없이 왕을 모시고 행재소로 가서 조건하겠다." 「술」은 군
사들이 피곤하고 기운이 쇠진하여 더 이상 싸울 수 없을 뿐만 아
니라, 〈평양성〉은 험하고 견고하여 갑자기 함락시키기는 어려울
것이라고 판단하여, 거짓 항복이라도 받은 상태에서 돌아가기로

결정하고 방어진을 만들며 행군하였다. 「문덕」이 군사를 출동시켜 사면으로 공격하니 「술」 등이 한편으로 싸우며 한편으로는 쫓겨 갔다. 그들이 〈살수〉에 이르러 군사가 절반쯤 강을 건너갔을 때, 「문덕」이 군사를 몰아 그들의 후군을 맹공하여 우둔위장군 「신세웅」을 죽였다. 이렇게 되자 모든 적군이 한꺼번에 허물어져 걷잡을 수가 없었다. 9군 장졸이 달려서 패주하였는데, 하루 낮 하룻밤 사이에 〈압록강〉에 이르니, 그들은 4백50리를 간 셈이다. 처음 〈요수〉를 건너올 때 그들은 9군 30만5천 명이었는데, 〈요동성〉에 돌아갔을 때는 다만 2천7백 명뿐이었다.

○論曰, 「煬帝」의 〈遼東〉之役은 出師之盛이 前古未之有也라. 〈高句麗〉가 一偏方 小國으로 而能拒之하여 不唯自保而已라 滅其軍幾盡者는 「文德」 一人之力也라. 『傳』曰, "不有君子면 其能國乎이랴?" 信哉인져.

[저자의 견해]

「양제」의 〈요동〉 전역은, 출동 병력이 전례가 없을 만큼 거대하였다. 〈고구려〉가 한 모퉁이에 있는 조그마한 나라로서 능히 이를 방어하고 스스로를 보전하였을 뿐만 아니라 그 군사를 거의 섬멸해버릴 수 있었던 것은 「문덕」 한 사람의 힘이었다. [춘추좌전]에 이르기를, "군자가 없으면 어찌 나라를 다스릴 수 있으리오?"라고 하였는데, 믿을 만한 말이로구나.

5│ 居柒夫(거칠부) : 국사편찬

○ 新羅의 「居柒夫」[或云「荒宗」.]는 姓이 金氏니 『奈勿王』의 五世孫이라. 祖는 「仍宿」角干이요, 父는 「勿力」伊湌이라. 「居柒夫」는 少에 跅弛有遠志하여 祝髮爲僧하여 遊觀四方하니 便欲覘〈高句麗〉하여 入其境하다가 聞,法師「惠亮」이 開堂說經하고 遂,詣聽講經하다. 一日은 「惠亮」問曰, "沙彌從何來오?"하니 對曰, "某는〈新羅〉人也라."하다. 其夕에 法師가 招來相見하고 握手密言曰, "吾閱人多矣나 見汝容貌하니 定,非常流라 其殆有,異心乎

아?"하다. 答曰, "某生於偏方하여 未聞道理하다가
　　　　　답왈　　모생어편방　　　미문도리

聞師之德譽하고 來伏下風하니 願師不拒하시고 以
문사지덕예　　　내복하풍　　　원사불거　　　　　이

卒發蒙하소서." 하니 師曰, "老僧이 不敏이나 亦能
졸발몽　　　　　　　사왈　　노승　불민　　역능

識子하니 此國雖小나 不可謂無知人者라. 恐子見
식자　　　차국수소　　불가위무지인자　　공자견

執하여 故密告之하니 宜疾其歸하라." 하다.「居柒
집　　　고밀고지　　　의질기귀　　　　　　　거칠

夫」欲還에 師又語曰, "相汝燕頷鷹視이니 將來
부욕환　　사우어왈　　　상여연함응시　　　장래

必爲將帥니라. 若以兵行이어든 無貽我害하라." 하
필위장수　　　약이병행　　　무이아해

다.「居柒夫」曰, "若如師言이면 所不與師同好者
　　거칠부왈　　약여사언　　　소불여사동호자

이니 有如曒日이리다." 하고 遂還國하여 返本從仕
　　　유여교일　　　　　수환국　　　반본종사

하니 職至大阿湌하다.
　　　직지대아찬

▶ 어려운 낱말 ◀

[跅弛(척이)] : 방자하고 맺힌대가 없음. [祝髮(축발)] : 머리를 깎다. [遊觀(유
관)] : 유람하여 관광함. [覘] : 엿볼(점). [沙彌(사미)] : 사미승. 범어로 불문에
들어가 수행 중인 미숙한 중. [偏方(편방)] : 치우친 한쪽에. [德譽(덕예)] : 덕
망과 명성. [下風(하풍)] : 말석. [發蒙(발몽)] : 계몽하다. [曒日(교일)] : 밝게
빛나는 태양.

「거칠부」【혹은 「황종」이라고도 한다.】의 성은 김씨이고, 『나물왕』
의 5세손이며, 조부는 「잉숙」 각간이요, 아버지는 「물력」 이찬이
었다. 「거칠부」는 젊었을 때 사소한 일에 마음을 쓰지 않고 원대
한 뜻을 품었다. 그는 머리를 깎고 중이 되어 사방을 유람하였는
데, 문득 〈고구려〉를 정탐하고 싶은 생각이 들어 그 나라 경내로
들어 갔다가 법사 「혜량」이 강당을 열고 불경을 강설한다는 말을
듣고 마침내 그곳으로 가서 불경 강의를 들었다. 하루는 「혜량」
이 묻기를, "사미는 어디서 왔는가?" 하니, 거칠부가 대답하기를,
"저는 〈신라〉인입니다." 했다. 그날 밤에 법사가 그를 불러 놓고
손을 잡으며 은밀히 말하기를, "내가 사람을 많이 보았는데 너의
용모를 보니 분명 보통 사람이 아니다. 아마 다른 마음을 품고 있
을테지?" 하니, 「거칠부」가 대답하기를, "제가 외딴 지방에서 성
장하여 참된 도리를 듣지 못하였는데, 스님의 높으신 덕망과 명
성을 듣고 와서 말석에 참여하였습니다. 스님께서는 거절하지 마
시고 끝까지 어리석음을 깨우치게 하여 주소서." 하니, 법사가 말
하기를, "노승이 불민하지만 그대가 어떤 인물이라는 것을 알아
볼 수 있다네. 이 나라가 비록 작지만 그대가 하려는 일을 아는
사람이 없다고 할 수는 없을 것이야. 그대가 잡힐까 염려되어 일
부러 은밀히 일러주는 것이니, 그대는 빨리 돌아가는 것이 좋으
리라." 했다. 「거칠부」가 돌아가려 하니, 법사가 다시 말하기를,
"그대의 상을 보니 제비턱에 매눈이로다. 앞으로 반드시 장수가
될 것이다. 만일 군사를 거느리고 오거든 나에게 해를 끼치지 말

라!」하니,「거칠부」가 말하기를, "만일 스님의 말씀과 같은 일이 생긴다면, 이는 스님과 제가 모두 바라지 않는 일이니, 밝은 해를 두고 그런 일이 없도록 맹세하겠습니다." 했다. 그는 마침내 귀국하여 본심대로 벼슬길에 나아가 직위가 대아찬에 이르렀다.

○『眞興大王』六年乙丑(:서기 554년)에 承朝旨하여
진흥대왕 육년을축 승조지
集諸文士하여 修撰國史하고 加官波珍飡하다. 十
집제문사 수찬국사 가관파진찬 십
二年辛未(서기 560년)에 王이 命「居柒夫」及〈仇珍〉
이년신미 왕 명 거칠부 급 구진
大角飡과 〈比台〉角飡과 〈耽知〉匝飡과 〈非西〉匝
대각찬 비태각찬 탐지잡찬 비서잡
飡과 〈奴夫〉波珍飡과 〈西力夫〉波珍飡과 〈比次
찬 노부파진찬 서력부 파진찬 비차
夫〉大阿飡과 〈未珍夫〉阿飡等, 八將軍하여 與〈百
부 대아찬 미진부 아찬등 팔장군 여백
濟〉로 侵〈高句麗〉하다.〈百濟〉人은 先攻,破〈平
제 침 고구려 백제인 선공파 평
壤〉하고「居柒夫」等은 乘勝하여 取〈竹嶺〉以外와
양 거칠부등 승승 취죽령이외
〈高峴:鐵嶺?〉以内十郡하다. 至是에「惠亮」法師가
고현 이내십군 지시 혜량 법사
領其徒하고 出路上하니「居柒夫」下馬하여 以,軍
영기도 출노상 거칠부 하마 이군
禮揖拜하고 進曰, "昔에 遊學之日에 蒙法師之恩
예읍배 진왈 석 유학지일 몽법사지은
하여 得保性命이어늘 今에 邂逅相遇하니 不知何
득보성명 금 해후상우 부지하

以爲報하니다." 하니 對曰, "今에 我國政亂하여 滅
이위보   대왈 금   아국정란   멸

亡無日하니 願致之貴域하노라." 하다. 於是에 「居
망무일   원치지귀역   어시   거

柒夫」同載以歸하여 見之於王하니 王以爲僧統하
칠부 동재이귀   견지어왕   왕이위승통

고 始置百座講會及八關之法하다. 『眞智王』元年,
   시치백좌강회급팔관지법   진지왕 원년

丙申(576)에 「居柒夫」는 爲上大等하여 以軍國事
병신   거칠부   위상대등   이군국사

務를 自任하다가 至老終於家하니 享年七十八이
무   자임   지노종어가   향년칠십팔

러라.

▶ 어려운 낱말 ◀

[承朝旨(승조지)] : 왕의 명령을 받들어. [修撰(수찬)] : 저술과 편찬. [揖拜(읍
배)] : 읍을 하며 예의를 갖추어 절을 하다. [邂逅(해후)] : 오래 만에 우연히
만남. [無日(무일)] : 얼마 남지 않음. [僧統(승통)] : 승려의 最高職.

▷ 본문풀이 ◁

『진흥대왕』 6년 을축에, 그는 왕명을 받들어 여러 문사들을 소
집하여 신라의 국사를 편찬하였고, 파진찬 벼슬을 더 받았다. 진
흥왕 12년 신미에, 왕이 「거칠부」와 〈구진〉 대각찬, 〈비태〉 각찬,
〈탐지〉 잡찬, 〈비서〉 잡찬, 〈노부〉 파진찬, 〈서력부〉 파진찬, 〈비
차부〉 대아찬, 〈미진부〉 아찬 등 여덟 장군으로 하여금 〈백제〉와
협력하여 〈고구려〉를 공격하도록 명령하였다. 〈백제〉인들이 먼
저 〈평양〉을 격파하고, 「거칠부」 등은 승세를 몰아 〈죽령〉 이북

〈고현〉 이내의 10개 군을 빼앗았다. 이때 「혜량」 법사가 무리를 이끌고 길가에 나와 있었다. 「거칠부」가 말에서 내려 군례로써 읍배하고 앞으로 나아가 말하기를, "옛날 유학할 때 법사님의 은혜를 입어 성명을 보전하였는데, 오늘 우연히 만나게 되니 무엇으로 은혜를 갚아야할지 모르겠습니다." 했다. 법사가 대답하기를, "지금 우리나라는 정사가 어지러워 멸망할 날이 얼마 남지 않았으니, 너의 나라로 데려가 주기를 바란다."고 했다. 이에 「거칠부」가 그를 말에 태워 함께 돌아와서 왕에게 배알시키니, 왕이 그를 승통으로 삼고 처음으로 백좌강회를 열고 팔관법을 실시하였다. 『진지왕』 원년 병신년에 「거칠부」가 상대등이 되어 스스로 군국사무를 담당하다가 늙은 뒤에 자기 집에서 죽으니, 향년 78세였다.

6 | 居道(거도) : 신라 장군

○新羅.居道는 失其族姓하여 不知.何所人也라.
신라 거도   실기족성   부지하소인야

仕.〈脱解〉尼師今하여 爲干하다. 時에 〈于尸山國:
사 탈해 이사금   위간   시   우시산국

지금의 蔚山〉과 〈居柒山國:지금의 東萊〉이 介居隣境하
거칠산국   개거인경

여 頗爲國患이러니 「居道」가 爲, 邊官하여 潛懷,幷
탄지지 거도 위변관 잠회병

吞之志하다. 每年一度에 集,群馬於〈張吐〉之野하
탄지지 매년일도 집군마어 장토 지야

고 使,兵士騎之하여 馳走以爲戲樂하니 時人이 稱
사 병사기지 치주이위희락 시인 칭

爲 「馬叔」이라 하다. 兩國人이 習見之하니 以爲
위 마숙 양국인 습견지 이위

〈新羅〉常事라 하며 不以爲怪하다. 於是에 起,兵馬
신라 상사 불이위괴 어시 기 병마

하여 擊其不意하여 以滅二國하다.
격기불의 이멸이국

▶ 어려운 낱말 ◀

[干(간)] : 신라 官職 칭호에 붙는 '飡(尺干), 翰'과 같은 말. [介居(개거)] : 끼어
있음. [國患(국환)] : 나라의 근심거리. [邊官(변관)] : 변방의 관장. [潛懷(잠
회)] : 몰래 마음속에 품고 있음. [幷吞(병탄)] : 합병을 시키다. [馳走(치주)] :
말을 타고 달리기하는 놀이. [戲樂(희락)] : 즐겁게 놀이하다.

▷ 본문풀이 ◁

거도는 성이 전해지지 않고 어느 곳 사람인지도 알 수 없다. 〈탈
해〉 이사금 때 벼슬을 하여 간이 되었는데, 이때 〈우시산국〉과
〈거칠산국〉이 이웃 국경에 끼어 있으면서 자못 나라의 근심거리
가 되었다. 〈거도〉가 변경 관장으로서 은근히 그 나라들을 병합
하려는 뜻을 품고 매년 한 차례씩 〈장토〉 들판에 말 떼를 모아 놓
고 군사들로 하여금 말을 타고 달리면서 즐기게 하니, 당시 사람
들이 그를 「마숙」이라고 불렀다. 두 나라 사람들은 이를 항상 보

아 왔으므로 〈신라〉인들의 일반적인 행사라고 여기고 이상하게
생각하지 않았다. 이에 거도가 병마를 출동시켜 그들을 불의에
공격하여 두 나라를 멸하였다.

7 異斯夫(이사부) : 신라 장군

○「異斯夫」[或云「苔宗」.]는 姓이 金氏이니 『奈勿王』
　　이 사 부　　　　　　　　성　김 씨　　　　나 물 왕

四世孫이라. 『智度路王:지증왕』時에 爲沿邊官하여
사 세 손　　　　지 증 로 왕　　　시　위 연 변 관

襲「居道」權謀하여 以,馬戲로 誤〈加耶國〉[或云〈加
습 거 도 권 모　　　이 마 희　　오 가 야 국

羅〉.]을 取之하다. 至,十三年,壬辰(512)에 爲〈阿瑟羅
취 지　　지 십 삼 년 임 진　　　위 아 슬 라

州〉軍主하여 謀幷〈于山國:지금의 울릉도〉하다. 謂其
주 군 주　　　모 병 우 산 국　　　　　　위 기

國人이 愚悍하여 難以威降하고 可以計服하리라 하
국 인　우 한　　난 이 위 항　　가 이 계 복

고 乃,多造,木偶獅子하여 分載戰舡하고 抵,其國海
내 다 조 목 우 사 자　　분 재 전 강　　저 기 국 해

岸하여 詐告曰, "汝若不服이면 則,放此猛獸하여
안　　사 고 왈　여 약 불 복　　즉 방 차 맹 수

踏殺之하리라." 하니 其人이 恐懼則降하다. 『眞興
답 살 지　　　　기 인　공 구 즉 항　　진 흥

王』在位,十一年(서기 550년), 〈太寶〉元年에 〈百濟〉
왕 재위 십일년   태보 원년   백제

가 拔.〈高句麗〉〈道薩城:지금의 天安〉하고 〈高句麗〉
발 고구려 도살성   고구려

는 陷〈百濟〉〈金峴城:지금 全義郡 金城山?〉하다. 王이
함 백제 금현성   왕

乘兩國兵疲하여 命「異斯夫」로 出兵擊之하여 取.
승양국병피   명 이사부   출병격지   취

二城하여 增築하고 留.甲士하여 戌之하다. 時에 〈高
이성   증축   유갑사   수지   시   고

句麗〉가 遣兵來攻〈金峴城:지금 金城山?〉하다가 不克
구려   견병내공 금현성   불극

而還이어늘 「異斯夫」追擊之하여 大勝하다.
이 환   이사부 추격지   대승

▶어려운 낱말◀

[沿邊官(연변관)] : 변방을 지키는 장관. [馬戱(마희)] : 말을 타고 놀이하는 것.
[誤] : 속이다(오). [愚悍(우한)] : 어리석고 사납다. [戰舡(전강)] : 전함. [踏殺
(답살)] : 밟아 죽이다. [甲士(갑사)] : 군사. [戌之(수지)] : 그곳을 지키다.

▷본문풀이◁

「이사부」【혹은 「태종」이라고도 한다.】의 성은 김씨이고, 『나물왕』
의 4세 손이다. 『지도로왕』 때 변경 관장이 되어 「거도」의 권모를
모방하여 마희로써 〈가야국〉【혹은 〈가라〉라고도 한다.】을 속여서 빼
앗았다. 지증왕 13년 임진에, 그는 〈아슬라주〉의 군주가 되어 〈우
산국〉을 병합하려고 계획하였다. 그는 그 나라 사람들이 미련하
고 사나워서 힘으로 항복받기는 어려우나 전략으로 항복시킬 수

는 있다고 생각하였다. 이에 나무로 사자를 많이 만들어 전함에 나누어 싣고 그 나라 해안으로 가서 거짓으로 말하기를, "너희들이 만일 항복하지 않으면 이 맹수들을 풀어 놓아서 밟아 죽이겠다."고 하니, 우산국 사람들이 두려워하여 즉시 항복하였다. 『진흥왕』 재위 11년인 〈태보〉 원년에 〈백제〉는 〈고구려〉의 〈도살성〉을 빼앗고, 〈고구려〉는 〈백제〉의 〈금현성〉을 함락시켰다. 왕은 두 나라 군사가 피로한 틈을 이용하여 「이사부」에게 명하여 군사를 출동시켜 그들을 쳐서 두 개의 성을 빼앗은 다음 성을 증축하고 군사들을 남겨 두어 수비하게 하였다. 이때 〈고구려〉가 군사를 보내 〈금현성〉을 치다가 승리하지 못하고 돌아가자 「이사부」가 이들을 추격하여 대승하였다.

8 | 金仁問(김인문) : 신라의 정치인, 전략가

○新羅, 「金仁問」의 字는 「仁壽」니 『太宗大王』
  신라   김인문   자   인수   태종대왕
의 第二子也니라. 幼而就學하여 多讀儒家之書하
  제이자야   유이취학   다독유가지서
고 兼涉 『莊』 『老』와 浮屠之說하다. 又善隸書射御
  겸섭 장 노   부도지설   우선예서사어
鄕樂하여 行藝純熟하고 識量宏弘하여 時人推許
향악   행예순숙   식량굉홍   시인추허

하다. 〈永徽〉二年(서기 651년)에 「仁問」年이 二十三
歲로 受王命으로 入〈唐〉宿衛에 「高宗」이 謂涉
海來朝하니 忠誠可尙이라 하여 特授左領軍衛將
軍하다. 四年(永徽)에 詔許歸國觀省하니 『太宗大
王』이 授以〈押督州:지금의 경산군〉摠管하다. 於是에
築〈獐山城:경산군 경산읍〉하여 以設險하니 「太宗」이
錄其功하고 授食邑三百戶하다. 〈新羅〉가 屢爲〈百
濟〉所侵하니 願得〈唐〉兵爲援助하여 以雪羞恥하
여 擬諭宿衛「仁問」으로 乞師하다. 會에 「高宗」이
以「蘇定方」으로 爲「神丘」道大摠管하여 率師討
〈百濟〉하다. 帝徵「仁問」하여 問道路險易와 去就
便宜하므로 「仁問」이 應對尤詳하니 帝悅制授「神
丘」道副大摠管하여 勅赴軍中하다. 遂與「定方」
으로 濟海하여 到〈德物島:지금의 德積島〉하다. 王이
命太子(법민)하여 與將軍「庾信」과 「眞珠」와 「天
存」等을 以巨艦一百艘하여 載兵迎하다. 延之至

〈熊津:錦江 입구〉口하니 賊이 瀕江屯兵하여 戰破之하고 乘勝入其,都城하여 滅之하다.「定方」이 俘王,「義慈」及,太子「孝」와 王子「泰」,等을 廻〈唐〉하다.

▶ 어려운 낱말 ◀

[就學(취학)] : 학문에 나아가다. [儒家之書(유가지서)] : 유학에 관한 서적. [浮屠之說(부도지설)] : 불교에 관한 서적. [隷書(예서)] : 글씨의 한 유체. [射御鄕樂(사어향악)] : 활쏘기와 말 타기와 향악. [識量宏弘(식량굉홍)] : 식견과 도량이 넓음. [推許(추허)] : 추앙하다. [涉海(섭해)] : 바다를 건너서. [覲省(근성)] : 귀국하여 부모를 만나보는 일. [設險(설험)] : 방어 시설을 설치함. [擬諭(의유)] : 유시를 내려. [制授(제수)] : 制書를 내려 除授하다. [濟海(제해)] : 바다를 건너.

▷ 본문풀이 ◁

「김인문」의 자는 「인수」이고, 『태종대왕』의 둘째 아들이다. 그는 어려서부터 공부를 하여 유가의 서적을 많이 읽었으며, 동시에 [장자], [노자] 및 불교 서적을 널리 섭렵하였다. 또한 예서를 잘 쓰고, 활쏘기, 말타기, 향악을 잘하였는데, 이처럼 기예에 익숙하고 식견과 도량이 넓어 당시 사람들이 그를 추앙하였다. 〈영휘〉 2년 「인문」의 나이 23세 때, 왕명을 받들고 〈당〉나라에 가서 숙위하였다. 「고종」은 그가 바다를 건너와 내조하자 충성이 가상하다 하여 특별히 〈좌령군 위장군〉을 제수하였고, 4년에 조칙을 내려 본국으로 돌아가 부모를 만나게 하였다. 『태종대왕』이 그에게

〈압독주〉 총관을 제수하였다. 이에 그가 장산성을 쌓아 요새를 설치하였으므로 「태종」이 그의 공로를 기록하고 식읍 3백 호를 주었다. 〈신라〉가 여러 번 〈백제〉의 침공을 받게 되자, 태종은 〈당〉나라 군대의 원조를 얻어 원수를 갚고자 하여, 숙위하러 가는 「인문」으로 하여금 당의 원군을 청하려 하였다. 때마침 「고종」이 「소정방」을 「신구」도 대총관으로 삼아 군사를 거느리고 〈백제〉를 치도록 하였다. 황제가 「인문」을 불러 도로의 험난한 사정과 행군의 편의에 대하여 물었는데, 「인문」이 일일이 소상하게 대답하니 황제가 기뻐하여 인문에게 「신구」도 부대총관의 관직을 주어 정방의 병영으로 가라고 명령하였다. 인문은 마침내 「정방」과 함께 바다를 건너 〈덕물도〉에 이르렀다. 왕은 태자에게 명령하여 장군 「유신」, 「진주」, 「천존」 등을 데리고 큰 전함 1백 척에 군사를 싣고 당군을 맞이하게 하였다. 〈웅진〉 어귀에 이르니, 적이 강가에 집결하여 있었으므로 그들과 싸워서 격파하고, 승세를 몰아 백제의 서울에 들어가 그들을 격파하였다. 「정방」은 백제의 왕 「의자」와 태자 「효」, 왕자 「태」 등을 사로잡아 〈당〉나라로 돌아갔다.

○大王이 嘉尙「仁問」功業하여 授.波珍湌하고 又
　　대왕　　가상　인문　공업　　　　수　파진찬　　　우
加.角干(제1위)하다. 尋入〈唐〉.宿衛如前하다. 〈龍朔:
가　각간　　　　　　심입　당　숙위여전　　　　용삭
당 고종의 연호〉元年에(문무왕 원년, 서기 661년) 「高宗」이
　　　　　　원년　　　　　　　　　　　　　　　고종

召謂曰, "朕이 旣滅〈百濟〉하여 除爾.國患이나 今에
소위왈 짐 기멸 백제 제이국환 금

〈高句麗〉負固하여 與「穢貊」으로 同惡하여 違.事大
고구려부고 여예맥 동악 위사대

之禮하고 棄.善隣之義하니 朕이 欲遣兵.致討하니
지례 기선린지의 짐 욕견병치토

爾歸告.國王하여 出師同伐하여 以殲.垂亡之虜하
이귀고국왕 출사동벌 이섬수망지로

리라." 하다.「仁問」이 便.歸國하여 以致帝命하니 國
인문 변귀국 이치제명 국

王이 使「仁問」與「庾信」等으로 練兵以待하다. 皇
왕 사인문여유신등 연병이대 황

帝가 命.邢國公「蘇定方」하여 爲〈遼東〉道, 行軍
제 명형국공소정방 위요동도 행군

大摠管하여 以.六軍으로 長驅萬里하여 迂〈麗〉人
대총관 이육군 장구만리 오여인

於〈浿江:지금의 대동강〉하여 擊破之하고 遂圍〈平
어 패강 격파지 수위평

壤〉하니 〈麗〉人이 固守어늘 故로 不能克하다. 士
양 여인 고수 고 불능극 사

馬多.死傷하고 糧道不繼하다.「仁問」이 與.留鎭
마다사상 양도불계 인문 여유진

「劉仁願」과 率兵兼.輸米四千石과 租二萬餘斛하
유인원 솔병겸수미사천석 조이만여곡

고 赴之하니 〈唐〉人이 得食이나 以.大雪로 解圍還
부지 당인 득식 이대설 해위환

하다.

▶ 어려운 낱말◀

[嘉尙(가상)] : 한 일이 장하여 아름답게 여김. [尋(심)] : 얼마 아니하여. [負固

(부고)] : 단단함을 믿고. [致討(치토)] : 토벌하다. [殲垂亡(섬수망)] : 다 죽여 없앰. [殲] : 다 죽여 없앨(섬). [虜] : 오랑캐(로). [邢] : 땅 이름(형), 周公의 아들을 封한 나라 이름(형). [長驅萬里(장구만리)] : 먼 길을 군사를 이끌고 가다. [迕] : 만날(오). [斛] : 휘(곡), 곡식을 대는 단위(곡).

▷ **본문풀이** ◁

대왕이 「인문」의 공적을 가상히 여겨 파진찬을 제수하고, 또한 각간 벼슬을 더 주었다. 그는 얼마 후 〈당〉에 들어가서 전과 같이 숙위하였다. 〈용삭〉 원년에 「고종」이 불러 말하기를, "내가 이미 〈백제〉를 격멸하여 너희 나라의 근심을 제거하였으나, 지금 〈고구려〉가 견고한 요새를 믿고 「예맥」과 더불어 악한 짓을 하여 사대의 예를 어기고 선린의 의리를 저버리고 있다. 내가 군사를 파견하여 토벌코자 하니, 너도 돌아가서 국왕에게 이 말을 고하여 군사를 출동시켜 우리와 함께 거의 망하게 된 적을 섬멸케 하라." 했다. 「인문」은 즉시 본국으로 돌아와 황제의 명령을 전달하였다. 왕은 「인문」으로 하여금 「유신」 등과 함께 군사를 정비하여 기다리게 하였다. 황제는 형국공 「소정방」을 〈요동〉도 행군 대총관으로 삼았다. 소정방은 6군을 거느리고 만리길을 달려 〈패강〉에서 〈고구려〉 군사와 조우하여 이를 격파하고, 그 길로 〈평양〉을 포위하였다. 그러나 〈고구려〉 군사가 굳게 수비하자 승리하지 못하고, 도리어 많은 병마가 부상당하거나 사망하였다. 그뿐 아니라 군량미의 운송로도 확보하지 못하였다. 「인문」은 유진장 「유인원」과 함께 군사를 거느리고 쌀 4천 석과 벼 2만여 곡을 싣고 평양으로 가니, 이에 〈당〉군이 식량을 얻었으나 눈이 크게 내려서 포위를 풀고 돌아갔다.

○〈羅〉人,將歸에 〈高句麗〉가 謀,要擊於半塗하
니「仁問」與「庾信」이 詭謀夜遁하다.〈麗〉人이 翌
日에 覺而追之하니「仁問」等이 廻擊大敗之하여
斬首,一萬餘級하고 獲人,五千餘口而歸하다.「仁
問」은 又入〈唐〉하니 以〈乾封:당고종의 연호〉元年에
(문무왕 6년, 서기 666년)扈駕登封〈泰山:山東省〉하여 加
授,右驍衛大將軍하고 食邑四百戶하다.〈摠章:唐高
宗의 연호〉元年(문무왕 8년)戊辰에「高宗」이 皇帝遣,
英國公「李勣」하여 帥師伐〈高句麗〉하고 又遣「仁
問」하여 徵兵於我하다.『文武大王』이 與「仁問」
으로 出兵,二十萬하여 行至〈北漢山城〉하니 王은
住此하고 先遣「仁問」等하여 領兵會,〈唐〉兵하여
擊〈平壤〉하여 月餘에 執王「臧:보장왕」하다.「仁問」
이 使王으로 跪於,英公前하고 數其罪하니 王이 再
拜하고 英公,禮答之하다. 卽以王及「男産」과「男

建」과「男生」等으로 還하다.『文武大王』은 以「仁
問」의 英略勇功이 特異常倫으로 賜故.大琢角干
「朴紐」에 食邑五百戶하다.「高宗」이 亦聞「仁問」
이 屢有戰功하고 制曰, "爪牙良將이요, 文武英材
라 하여 制爵疏封하고 尤宜嘉命이라."하다. 仍.加
爵秩하고 食邑二千戶하다. 自後로 侍衛宮禁하여
多歷年所하다.

▶어려운 낱말◀

[半塗(반도)] : 돌아오는 중도에. [詭謀(궤모)] : 적을 속이는 꾀. [夜遁(야둔)] :
밤에 몰래 도망가다. [翌日(익일)] : 이튿날. [廻擊(회격)] : 되돌아서 공격하
다. [扈駕(호가)] : 황제의 수레를 뒤따라가다. [登封(등봉)] : 제왕이 태산에
올라 단을 만들고 하늘에 제사 드리는 일. [制(제)] : 制書를 말함. 제서는 詔
勅의 한 가지. 制는 임금을 말함. [爪牙(조아)] : 손톱과 어금니 같이 매우 요
긴한 신하를 말함. [制爵疏封(제작소봉)] : 작위를 제정하여 새로운 封邑을 주
는 것. [爵秩(작질)] : 작록. [秩] : 녹봉(질).

▷본문풀이◁

〈신라〉군이 돌아가려 했을 때, 〈고구려〉군이 돌아오는 길목을
막고 공격하려 하자,「인문」은「유신」과 함께 꾀를 내어 야음을 기
하여 도망하였다. 〈고구려〉인이 다음날에야 이를 알고 추격해오

자「인문」등이 반격하여 대파하고, 1만여 명의 목을 베고 5천여 명을 생포하여 돌아왔다. 「인문」은 다시 〈당〉에 갔다. 그가 〈건봉〉 원년에 거가를 따라 〈태산〉에 올라가 봉선의 의식을 행하였다 하여, 추가로 우효위 대장군을 제수하고 식읍 4백 호를 더 주었다. 〈총장〉 원년 무진에 「고종」 황제가 영국공 「이적」에게 군사를 주어 〈고구려〉를 치게 하고, 또한 「인문」을 보내 우리에게도 군사의 징발을 요구하였다. 『문무대왕』은 군사 20만을 출동시켜 「인문」과 함께 〈북한산성〉으로 갔다. 왕은 그곳에 머무르며 먼저 「인문」 등에게 군사를 주어 〈당〉군과 회합하여 〈평양〉을 공격하도록 하였다. 그들은 한달 남짓 만에 『보장왕』을 생포하였다. 「인문」이 고구려 왕을 영공 앞에 꿇어앉히고 그의 죄를 따지니, 고구려 왕이 재배하고 영공이 그에 답례를 하였다. 영공은 곧 왕과 「남산」, 「남건」, 「남생」 등을 데리고 돌아갔다. 『문무대왕』은 「인문」의 지략이 훌륭하고 공로가 뛰어나다 하여 대탁 각간 「박유」에게 식읍 5백 호를 주었다. 「고종」도 「인문」이 여러 차례 전공을 세웠다는 말을 듣고 제서를 내려 "조아의 양장이요, 문무의 영재이다. 작위를 제정하여 새로운 봉읍을 주는 것이 좋을 것이다."라 하고, 작위를 더하고 식읍 2천 호를 더 주었다. 그 뒤로 그는 궁궐에서 황제를 시위하며 많은 해를 보냈다.

○〈上元:고종의 연호〉元年(문무왕 13년, 서기 673년)에
　　상 원　　　　　원 년

『文武王』이　納〈高句麗〉叛衆하고　又據〈百濟〉故
문 무 왕　　납　고 구 려 반 중　　우 거 백 제 고

地하다. 〈唐〉皇帝大怒하여 以「劉仁軌」를 爲〈鷄
林〉道,大摠管하여 發兵來討하고 詔削王官爵하다.
時에 「仁問」은 爲,右驍衛,員外大將軍〈臨海郡〉
公으로 在京師(唐의 長安)하여 立以爲王하고 令歸國
하여 以代其兄하고 仍策爲〈鷄林州〉大都督開府
儀同三司하다.「仁問」이 懇辭不得命하여 遂,上道
하다. 會에 王이 遣使하여 入貢하고 且,謝罪하니 皇
帝赦之하고 復王官爵하다.「仁問」이 中路而還하
여 亦復前銜하다.〈調露:당고종의 연호〉元年(문무왕 19
년)에 轉,鎭軍大將軍,行,右武威衛,大將軍하고 〈載
初:唐 武后의 연호〉元年(신문왕 10년, 서기690)에 授,輔國
大將軍,上柱國〈臨海郡〉,開國公,左羽林,軍將軍하
다.〈延載:中宗 연호〉元年(효소왕 3년, 서기694년) 四月二
十九日에 寢疾薨於,帝都하니 享年六十六이러라.
訃聞하고 上(上唐主)이 震悼하며 贈襚加等하고 命,朝
散大夫,行,司禮寺大醫署令「陸元景」과 判官,朝散

郎,直司禮寺,某等하여 押送靈柩하다.『孝昭大王』
랑 직사례시 모등 　　 압송영구 　　 효소대왕

은 追贈太大角干하고 命,有司하여 以〈延載〉二年
　 추증태대각간 　 명유사 　　 이 연재 이년

十月二十七日에 窆于,京〈西原:경주 서악서원 구내〉하
시월이십칠일 　 폄우 경 서원

다.「仁問」이 七入,大〈唐〉하여 在朝宿衛하니 計月
　 인문 　 칠입대당 　　 재조숙위 　 계월

日하면 凡,二十二年이라. 時에 亦有〈良圖〉海湌(파
일 　 범이십이년 　　 시 　 역유 양도 해찬

진찬, 職官志에는 '或云海干' 이라 하였다)도 六入唐하고 死
　　 　　 　　 　　 　　 육입당 　 사

于〈西京〉하니 失其,行事始末하다.
우 서경 　　 실기 행사시말

▶ 어려운 낱말 ◀

[叛衆(반중)] : 반란군. [懇辭(간사)] : 간곡히 사퇴하다. [上道(상도)] : 귀국 길
에 오르다. [入貢(입공)] : 조공을 바치다. [亦復前衛(역복전함)] : 전처럼 다시
회복하여 받게 됨. [寢疾(침질)] : 병을 앓아눕게 되다. [帝都(제도)] : 당나라
황제가 있는 京都. [襚加(수가)] : 襚衣(염습하는 옷). [押送(압송)] : 호송. [靈
柩(영구)] : 시체가 든 관. [窆] : 하관할(폄).

▷ 본문풀이 ◁

〈상원〉 원년에 『문무왕』은 〈고구려〉의 반군을 받아들이고, 또
한 〈백제〉의 고토를 차지하였다. 〈당〉나라 황제는 크게 노하여
「유인궤」를 〈계림〉도 대총관으로 삼아 군사를 출동시켜 신라를
공격케 하고, 조서로써 왕의 관작을 박탈하였다. 이때 「인문」은
우효위 원외 대장군, 〈임해군〉공이 되어 당나라 서울에 있었다.

황제는 그를 임금으로 삼아 본국으로 돌아가서 그의 형을 대신하게 하고, 〈계림주〉대도독개부의동삼사로 책봉하였다. 「인문」은 이를 간곡히 사양하였으나 황제의 허락을 얻지 못하여 길을 떠났다. 그때 마침 왕이 사신을 보내 공물을 바치며 사죄하였으므로 황제는 죄를 용서하고 왕의 관작을 회복시켰으며, 「인문」은 중도에서 돌아가 역시 이전의 관직을 다시 맡게 되었다. 〈조로〉 원년에, 진군 대장군 행우무위위 대장군에 전임되었고, 〈재초〉 원년에는 보국 대장군 상주국 〈임해군〉 개국공 좌우림 장군에 제수되었다. 〈연재〉 원년 4월 29일, 당나라 서울에서 병으로 죽었다. 향년 66세였다. 부음을 듣고 황제가 놀라고 슬퍼하며 수의를 주고 관등을 더 높여 주었다. 그리고 조산대부, 행, 사례시대의서령 「육원경」과 판관 조산랑, 직사례시 모 등에게 명하여 영구를 호송하게 하였다. 『효소대왕』은 그에게 태대각간을 추증하고, 유사에게 명령하여 〈연재〉 2년 10월 27일 서울 〈서원〉에 장사지내게 하였다. 「인문」은 일곱 번이나 당에 들어갔으니, 당의 조정에서 숙위한 월일을 계산하면 22년이나 된다. 그 당시 〈양도〉 해찬도 역시 여섯 번 당에 들어갔다가 〈서경〉에서 죽었는데, 그 행적이나 시말은 남아 있는 것이 없다.

9 金陽(김양) : 신라의 정치가

○「金陽」의 字는「魏昕」이니『太宗大王』의 九
世孫也니라. 曾祖는「周元」伊湌이요, 祖는「宗基」
蘇判이요, 考는「貞茹」波珍湌이니 皆 以世家爲,將
相하다.「陽」은 生而英傑하여〈太和:당고종 연호〉二
年과『興德王』三年에 爲〈固城郡〉太守하고 尋拜
〈中原:지금의 충주〉大尹에 俄轉〈武州:지금의 光州〉都
督으로 所臨에 有政譽하다.〈開成:唐文宗의 연호〉元
年丙辰(희강왕 원년, 서기 836)에『興德王』이 薨하고
無嫡嗣라 王之堂弟「均貞」과 堂弟之子「悌隆」이
爭嗣位하다.「陽」이 與「均貞」之子阿湌「祐徵」과
「均貞」妹壻「禮徵」이 奉「均貞」爲王하고 入〈積板
宮〉하여 以族兵으로 宿衛하다.「悌隆」之黨「金
明」과「利弘」等이 來圍하다.「陽」이 陳兵宮門하여
以拒之曰, "新君在此한대 爾等이 何敢兇逆如此

리오?"하고 遂,引弓射殺,十數人하다.「悌隆」下,
　　　　　　　　수 인 궁 사 살 십 수 인　　　　제 륭 하

「裵萱伯」이 射「陽」하여 中股하다.「均貞」曰,"彼
　배 훤 백　　사 양　　　중 고　　　균 정 왈　 피

衆我寡하고 勢不可遏하니 公이 其,佯退하여 以爲
　중 아 과　　세 불 가 알　　　공　　기 양 퇴　　　이 위

後圖하라!"하다.「陽」이 於是에 突圍而出하여 至
　후 도　　　　　　　양　　어 시　　돌 위 이 출　　　지

〈韓岐:北川北,栢栗寺 부근 일대〉[一作〈漢祇〉]市하고「均
　한 기　　　　　　　　　　　　　　　　　　시　　　균

貞」은 沒於亂兵하다.「陽」이 號泣旻天하여 誓心
　정　　 몰 어 난 병　　　양　　호 읍 민 천　　　서 심

白日하며 潛藏山野하여 以,俟時來하다.
　백 일　　잠 장 산 야　　　이 사 시 래

▶ **어려운 낱말** ◀

[生而(생이)] : 태어난 이후로. [英傑(영걸)] : 영웅 호걸적인 기질. [尋(심)] : 이어서. [俄(아)] : 얼마 후에. [嫡嗣(적사)] : 대를 이을 적자. [堂弟(당제)] : 사촌 동생. [堂弟之子(당제지자)] : 당제의 아들이니까, 4촌의 아들이다. [爭嗣位(쟁사위)] : 임금의 자리를 놓고 다투다. [族兵(족병)] : 私兵. [陳兵(진병)] : 군사를 배치하다. [兇逆(흉역)] : 흉적으로 거역하다. [遏] : 막을(알). [沒] : 죽을(몰). [旻天(민천)] : 하늘.

▷ **본문풀이** ◁

　「김양」의 자는 「위흔」이니, 『태종대왕』의 9세 손이다. 증조는 「주원」 이찬이오, 조부는 「종기」 소판이오, 부친은 「정여」 파진 찬이니 대대로 모두가 장상이었다. 「양」은 태어날 때부터 영특하였다. 〈태화〉 2년, 『홍덕왕』 3년에 〈고성군〉 태수가 되었으며,

얼마 뒤에 〈중원〉 대윤으로 임명되었다가, 곧 〈무주〉 도독으로 전직되었는데, 가는 곳마다 정치를 잘한다는 칭송을 들었다. 〈개성〉 원년 병진에 『흥덕왕』이 죽고 그를 계승할 적장자가 없자, 왕의 당제 「균정」과 당제의 아들 「제륭」 간에 왕위 쟁탈전이 벌어졌다. 이때 「양」은 「균정」의 아들인 아찬 「우징」과 「균정」의 매부인 「예징」과 함께 「균정」을 왕으로 세워 〈적판궁〉에 들어가 사병으로 숙위케 하였다. 그때 「제륭」의 도당인 「김명」, 「이홍」 등이 적판궁을 포위하였다. 「양」은 군사들을 궁문에 배치하여 그들을 막으면서 말하기를, "새 임금이 여기 계시는데 너희들이 어찌 이토록 흉악하게 거역할 수 있느냐?" 그는 드디어 활을 당겨 10여 명을 쏘아 죽였는데, 「제륭」의 부하 「배훤백」이 「양」을 쏘아 다리를 적중시켰다. 「균정」이 말하기를, "저쪽은 군사가 많고 우리는 군사가 적으므로 그 세력을 막을 수 없다. 공은 물러나는 체하여 후일을 도모하라!" 이에 「양」이 포위를 뚫고 나와서 〈한기(韓岐)〉【〈한기(漢祇)〉라고도 한다.】시에 이르렀고, 「균정」은 반란군에게 살해되었다. 「양」은 하늘을 향하여 통곡하면서 해를 두고 결심을 다진 다음, 아무도 모르게 산야에 숨어서 때가 오기를 기다렸다.

○ 至〈開成:唐武宗의 연호〉二年八月에 前侍中「祐徵:均貞의 아들」이 收殘兵하여 入〈淸海鎭〉하여 結大使「弓福:張保?」하여 謀報不同天之讐하다. 「陽」이

聞之하고 募集,謀士兵卒하여 以三年二月에 入海
하여 見「祐徵」하고 與謀擧事하다. 三月에 以勁卒,
五千人으로 襲〈武州〉하여 至城下(:지금의 광주)하니
州人悉降하다. 進次〈南原〉하여 〈新羅〉兵하여 與
戰克之하나 「祐徵」은 以,士卒久勞하여 且歸「海
鎭」하여 養兵秣馬하다. 冬에 彗孛見,西方하여 芒角
指東하니 衆賀曰, "此,除舊布新하며 報,冤雪恥之
祥也라." 하다. 「陽」은 號爲,平東將軍이라 하다. 十
二月에 再出하여 「金亮詢」이 以〈鵡洲〉軍來하고
「祐徵」은 又遣驍勇「閻長」과 「張弁」과 「鄭年」과
「駱金」과 「張建榮」과 「李順行」, 六將統兵하니 軍
容甚盛이라 鼓行至〈武州〉〈鐵冶縣:지금의 羅州郡 南平
面〉北州하니 〈新羅〉大監「金敏周」가 以,兵逆之하
다. 將軍「駱金」과 「李順行」이 以,馬兵三千으로 突
入彼軍하여 殺傷殆盡하다.

[不同天之讐(불동천지수)] : 하늘을 함께 이고 살 수 없는 원수. [養兵秣馬(양병말마)] : 군사들을 먹이고 말들에겐 꼴을 먹이다. [秣] : 말먹이 풀(말). 꼴. [芒角(망각)] : 별의 광채 나는 꼬리. [除舊布新(제구포신)] : 옛것은 걷어치우고 새것을 편다. [報冤(보원)] : 원수를 갚다. [驍勇(효용)] : 날래고 용맹 있는. [殺傷殆盡(살상태진)] : 거의 다 살상하다.

▷ 본문풀이 ◁

　〈개성〉 2년 8월이 되자 전 시중 「우징」이 남은 군사를 수습하여 〈청해진〉으로 가서 대사 「궁복(장보고)」과 손을 잡고 불공대천의 원수를 갚고자 하였다. 「양」은 이 말을 듣고 참모와 병졸들을 모집하여 3년 2월에 해중으로 들어가 「우징」을 만나 그와 함께 거사할 것을 모의하였다. 3월에, 정예군 5천 명을 거느리고 〈무주〉를 습격하여 성 밑에 다다르니, 고을 사람들이 모두 항복하였다. 그들은 계속 진군하여 〈남원〉에 이르러 〈신라〉군과 싸워 승리했다. 「우징」은 군사들이 오랫동안 싸워서 피로해졌다 하여 다시 「해진」으로 돌아가서 병마를 휴양시켰다. 겨울에, 혜성이 서쪽에 나타났는데 광채 나는 꼬리가 동쪽을 가리키니 여러 사람들이 서로 축하하며 말하기를, "이는 낡은 것을 없애고 새것을 펴며, 원수를 갚고 치욕을 씻을 좋은 징조이다." 「양」을 평동장군이라 하였다. 12월에, 재차 출동하자 「김양순」이 〈무주〉 군사를 거느리고 왔으며, 「우징」이 또한 용사들인 「염장」, 「장변」, 「정년」, 「낙금」, 「장건영」, 「이순행」 등 여섯 장수를 보내 군사를 거느리고 오자 군사의 위풍이 막강하였다. 북을 치며 행군하여 〈무주〉 〈철야현〉 북쪽에 도착하니, 〈신라〉 대감 「김민주」가 군사를 출동시켜 대항하였다. 장군 「낙금」과 「이순행」이 기병 3천 명을 거느리고 상대 군중으로 뛰어들어 그들을 모두 살상하였다.

○開成四年(閔哀王 2년)正月十九日에 軍至〈大丘〉하니 王이 以兵迎拒하니 逆擊之하여 王軍敗北하고 生擒斬獲하니 莫之能計러라. 時에 王이 顚沛逃入離宮하니 兵士尋害之하다. 「陽」이 於是에 命左右將軍,領騎士하고 徇曰, "本爲報讐어늘 今에 渠魁就戮하니 衣冠(상류층)士女百姓은 宜各安居하여 勿妄動하라!"하다. 遂收復王城하니 人民安堵하다. 「陽」이 召「萱伯:悌隆의 부하」曰, "犬各吠非其主하고 爾는 以其主射我하니 義士也라. 我勿校이니 爾는 安無恐하라!"하다. 衆聞之曰, "「萱伯」이 如此하니 其他何憂이리오?"하여 無不感悅이러라. 四月에 淸宮하고 奉迎侍中「祐徵」하여 卽位하니 是爲『神武王』이니라. 至七月二十三日에 大王薨

하고 **太子嗣位**하니 **是爲『文聖王』**이니라. **追錄功,**
　　　태 자 사 위　　　시 위 문 성 왕　　　　　　　추 록 공

授蘇判兼倉部令하고 **轉侍中兼兵部令**하다. **〈唐〉**
수 소 판 겸 창 부 령　　　전 시 중 겸 병 부 령　　　당

聘問하고 **兼授公檢校衛尉卿**하다.
빙 문　　　겸 수 공 검 교 위 위 경

▶ 어려운 낱말 ◀

[大丘(대구)] : 현재의 大邱. [生擒斬獲(생금참획)] : 생포하여 사로잡고 죽이고
노획하다. [顚沛(전패)] : 허겁지겁. [尋害(심해)] : 찾아서 살해하다. [徇曰(순
왈)] : 널리 알려 말하기를. [渠魁(거괴)] : 여러 적의 우두머리. [妄動(망동)] :
경거망동. [勿校(물교)] : 앙갚음을 하지 않음. [校(교)] : 갚다. 학교. 고치다
등의 뜻이 있음.

▷ 본문풀이 ◁

　개성 4년 정월 19일, 양의 군사가 〈대구〉에 도착하자, 왕이 군
사를 보내 항거하였다. 양의 군사가 이들을 역습하니, 왕의 군사
가 패배하여 양에게 생포되거나 죽고 노획 당한 것이 헤아릴 수
없이 많았다. 이때 왕은 정신을 차리지 못하고 이궁으로 도망쳐
갔으나 군사들이 곧 찾아서 살해하였다. 「양」이 이에 좌우 장군
에게 명하여 기사를 인솔하게 하고 널리 알리기를, "이 싸움은 본
래 원수를 갚기 위한 것이었다. 이제 그 괴수가 죽었으니 의관,
사녀, 백성 모두는 각자 안심하고 살 것이며 망동하지 말라!" 했
다. 그가 드디어 서울을 수습 정돈하니, 백성들이 마음을 놓고 살
게 되었다. 「양」이 「훤백」을 불러 말하기를, "개는 저마다 제 주
인이 아니면 짖는 법이다. 네가 네 주인을 위하여 나를 쏘았으니

의사로다. 내가 탓하지 않을 것이니, 너는 안심하고 두려워하지 말라!' 여러 사람들이 이 말을 듣고 말하기를, "「휜백」에게도 저렇게 하니 다른 사람이야 무엇을 근심하랴?" 했다. 그들은 감복하며 기뻐하지 않는 자가 없었다. 4월에, 왕궁을 깨끗이 정리하고 시중 「우징」을 맞아들여 왕위에 오르게 하니, 이가 『신무왕』인데, 신무왕이 7월 23일에 죽고 태자가 뒤를 이으니, 이가 『문성왕』이다. 양의 공로를 추가로 기록하여 소판 겸 창부령을 제수하고, 다시 시중 겸 병부령으로 전임시켰다. 〈당〉에서 빙문하고 동시에 공에게 검교 위위경을 제수하였다.

○〈大中:唐宣宗의 연호〉十一年(문성왕 19년, 서기 857
년)八月十三日에 薨于私第하니 享年五十이러라.
訃聞하니 大王이 哀慟하여 追贈,舒發翰(大角干)하고
其贈賻殮葬을 一依「金庾信」舊例하여 以其年,十
二月八日에 陪葬于『太宗大王』之陵하다. 從父兄
(:4촌)「昕」의 字는 「泰」요, 父는 「璋如」인데 仕至,侍
中波珍湌하다. 「昕」은 幼而聰悟하고 好,學問하다.
〈長慶:唐穆宗의 연호〉二年에 『憲德王:14년, 822』이 將,
遣人入〈唐〉하니 難其人이라 或薦「昕」이어늘, "「太

宗」之裔로 精神朗秀하고 器宇深沈하니 可以當選
종 지예 정신랑수 기우심침 가이당선

이라." 하거늘 遂令入朝宿衛하다. 歲餘請還하니 皇
수령입조숙위 세여청환 황

帝詔로 授.金紫光祿大夫.試大常卿(太常卿)하다.
제조 수금자광록대부시태상경

及歸에 國王은 以不辱命이라 하여 擢授〈南原:소
급귀 국왕 이불욕명 탁수남원

경〉太守하고 累遷至〈康州:진주〉大都督이러니 尋
태수 누천지 강주 대도독 심

加.伊湌兼.相國하다.
가 이찬겸 상국

▷ 본문풀이 ◁

〈대중〉 11년 8월 13일에, 양이 자기 집에서 죽으니 향년 50세
였다. 부음이 알려지니 왕이 슬퍼하며 서발한을 추중하고, 부의
와 염장을 모두 「김유신」의 장례 때와 같게 하여, 그해 12월 8일
에 『태종대왕』의 능에 배장하였다. 양의 종부형 「흔」은 자가
「태」이며, 부친 「장여」는 벼슬이 시중 파진찬에 이르렀다. 「흔」
은 어려서부터 총명하고 영특하였으며 학문을 좋아하였다. 〈장
경〉 2년에 『헌덕왕』이 〈당〉에 사신을 보내려 했으나 적당한 사
람이 없었다. 어떤 사람이 「김흔」을 추천하면서 말하기를, "이는

「태종」의 후예요, 두뇌가 총명하며, 도량이 깊고 침착하니 뽑아 보낼 만하다."고 하므로, 드디어 그를 당에 보내 숙위하게 하였다. 그가 한 해 남짓 당에 있다가 귀국하기를 청하니, 황제가 조서로써 금자광록대부 시태상경을 제수하였다. 그가 귀국하자, 국왕이 그가 왕명을 욕되게 하지 않았다 하여 특별히 〈남원〉 태수를 제수하였고, 그 후 여러 번 자리를 옮겨 〈강주〉 대도독에 이르렀으며, 얼마 안 되어 이찬 겸 상국 벼슬을 더 주었다.

○〈開成:당 태종의 연호〉己未(신무왕원년, 839) 閏正月에 爲,大將軍하여 領軍十萬하고 禦〈淸海〉兵於〈大丘〉하다가 敗績하다. 自以敗軍하고 又不能,死綏라 하여 不復仕官하고 入〈小白山〉하여 葛衣蔬食하며 與浮圖遊하다가 至〈大中:문성왕 11년〉三年 八月二十七日에 感疾終於山齋하니 享年四十七歲러라. 以其年,九月十日에 葬於〈奈靈郡:지금의 영주〉之,南原하다. 無,嗣子하고 夫人이 主喪事하고 後에 爲,比丘尼하다.

[大丘(대구)] : 현재의 대구. [敗績(패적)] : 패전. [死綏(사수)] : 죽음. [綏] : 편
안할(수). [葛衣(갈의)] : 베옷. [感疾(감질)] : 병으로 인하여. [山齋(산재)] : 산
골 집. [南原(남원)] : 남쪽의 언덕.

▷ 본문풀이 ◁

　그는 〈개성〉 기미 윤 정월에 대장군이 되어 군사 10만을 거느
리고 〈대구〉에서 〈청해진〉의 군사를 방어하다가 패전하였다. 그
는 스스로 생각하기를 전쟁에서 패하였고, 또한 전사하지도 못하
였다 하여 다시는 벼슬을 하지 않았다. 그리고 〈소백산〉에 들어가
칡옷을 입고 나물밥을 먹으며 중들과 함께 지내다가 〈대중〉 3년
8월 27일에 병으로 인하여 산재에서 죽었다. 향년 47세였다. 그
해 9월 10일에 〈나령군〉 남쪽 언덕에 장사하였다. 아들이 없어서
그의 부인이 상사를 주관하였는데, 그녀는 후에 비구니가 되었다.

10 ┃ 黑齒常之(흑치상지) : 백제인, 당나라 장수가 됨.

ㅇ〈百濟〉西部人으로 長七尺餘하고 驍毅有謀略
　　백 제 서 부 인　　　장 칠 척 여　　　효 의 유 모 략
하다. 爲〈百濟〉達率兼〈風達郡 : 위치 미상〉將하니 猶.
　　위 백 제 달 솔 겸 풍 달 군　　　　　　장　　유

〈唐〉刺史云이라.「蘇定方」이 平〈百濟〉하니「常
之」는 以,所部로 降하니 而「定方」이 囚老王하고
縱兵大掠하다.「常之」懼하여 與,左右酋長,十餘人
과 遯去하여 嘯合逋亡하여 依〈任存山:예산 대흥면〉
自固하니 不旬日하여 歸者三萬하다.「定方」이 勒
兵攻之하여 不克하니 遂復二百餘城하다.〈龍朔
:661-3〉中에「高宗」이 遣使招諭어늘 乃詣「劉仁軌」
降하다. 入〈唐〉하여 爲,左領軍,員外將軍〈祥州〉刺
史하여 累從征伐積功하고 授爵賞殊等하다. 久之
에 爲〈燕然道〉大摠管하여 與「李多祚」等으로 擊
〈突厥〉破之하다.〈左監門衛〉中郞將「寶璧:성은 爨
(찬)」이 欲窮追邀功하여 詔與「常之」共討하니「寶
璧」이 獨進하다가 爲虜所覆하여 擧軍沒하다.「寶
璧」은 下吏誅하고「常之」坐,無功하다. 會에「周
興」等이 誣其與,鷹揚將軍「趙懷節」叛하여 捕繫詔
獄하더니 投繯死하다.「常之」는 御下有恩하니 所,

乘馬爲士所箠하여 或請罪之하니 答曰, "何遽以
승 마 위 사 소 추　　혹 청 죄 지　　답 왈　　 하 거 이

私馬로 鞭,官兵乎아?" 前後賞賜,分麾下하고 無,
사 마　 편 관 병 호　　　전 후 상 사 분 휘 하　　무

留貲하다. 及死에 人皆哀,其枉하다.
류 자　　　급 사　　인 개 애 기 왕

▶ 어려운 낱말 ◀

[驍毅(효의)] : 날래고 굳세며 지혜가 있음. [遁去(둔거)] : 도망가다. [嘯合(소
합)] : 불러 모으다. [逋亡(포망)] : 달아남. 도망침. [勒兵(늑병)] : 군사를 다스
려 정돈함. [招諭(초유)] : 불러서 타이름. [捕繫(포계)] : 잡아 묶다. [詔獄(조
옥)] : 황제의 명을 받아 중죄인을 가두는 옥사. [箠] : 채찍(추). [貲] : 재물
(자). [其枉(기왕)] : 그의 억울한 죄.

▷ 본문풀이 ◁

　혹치상지는 〈백제〉의 서부 사람인데 신장이 7척이 넘었으며,
동작이 빠르고 힘이 강하였고 지략이 훌륭하였다. 그는 〈백제〉
의 날솔로서 〈풍달군〉의 장수를 겸하였는데, 이 직위는 〈당〉의
자사와 동일하다. 「소정방」이 〈백제〉를 평정하였을 때, 그는 자
기 부하와 함께 항복하였다. 「정방」은 늙은 왕을 가두고 군사를
풀어 놓아 크게 노략질을 하였다. 「상지」가 겁을 내어 좌우 관장
10여 명과 함께 도주하여, 흩어져 도망한 사람들을 불러 모아 〈임
존성〉에 웅거하며 굳게 수비하니 열흘이 못되어 그에게 귀순한
자가 3만이나 되었다. 「정방」이 군사를 독려하여 그를 공격하였
으나 이기지 못했다. 상지는 마침내 2백여 성을 회복하였다. 〈용

삭〉 연간에「고종」이 사신을 파견하여 그를 불러 타이르자, 그는「유인궤」에게 가서 항복하였다. 그는 〈당〉에 들어가서 좌령군 원외 장군 〈양주〉자사가 되었으며, 수차례의 정벌에 종사하여 많은 공을 세우고 특별한 작위와 상을 받았다. 오랜 뒤에는 〈연연도〉대총관이 되어「이다조」등과 함께 〈돌궐〉을 격파하였다. 이때 〈좌감문위〉 중랑장「보벽」이 돌궐을 끝까지 추격하여 공을 세우려 하자, 황제가「상지」와 함께 공격하라고 명령하였으나,「보벽」이 혼자 진공하다가 오랑캐에게 패하여 전군이 패배하였다.「보벽」은「옥리」에게 보내져 처형되고,「상지」도 공을 세우지 못한 죄를 짓게 되었다. 그때 마침「주흥」등이 그가 응양 장군「조회절」과 함께 반란을 음모한다고 무고하였으므로,「상지」는 조옥에 갇혔다가 교형을 당하였다. 상지는 아랫사람들을 은덕으로 다스렸다. 병졸들이 그의 말을 때린 적이 있었다. 어떤 자가 그 병졸을 처벌하자고 하자 상지가 대답하기를, "어찌 사사로운 개인의 말에 대한 일로, 관병을 매로 때릴 수 있는가?" 그는 자기가 받은 상을 휘하의 부하들에게 나누어주어 남겨두는 것이 없었다. 그가 죽게 되자, 사람들은 모두 그의 억울함을 슬퍼하였다.

11 | 張保皐(장보고) : 해상 왕 장보고

○「張保皐」[『羅紀』作「弓福」]와「鄭年」[〈年〉或作〈連〉.]
장보고   정년
은 皆,〈新羅〉人이나 但,不知鄕邑父祖하다. 皆善鬪
   개 신라 인   단 부지향읍부조   개선투
戰하니〈年〉은 復能沒,海底하여 行,五十里,不噎하
전   년   부능몰해저   행 오십리불열
다. 角其勇壯은「保皐」와 差不及也하나「年」이 以
   각기용장   보고   차불급야   연   이
兄呼「保皐」하다.「保皐」以齒로「年」은 以藝(무예)
형호보고   보고 이치 연   이예
로 常,齟齬不相下하다. 二人,如〈唐〉하여 爲,武寧
   상 저어불상하   이인 여당   위 무녕
軍,小將하여 騎而用槍에 無,能敵者하다. 後에「保
군 소장   기이용창 무 능적자   후   보
皐」還國하여 謁,大王曰, "遍〈中國〉이나 以,吾人
고 환국   알 대왕왈 편 중국   이 오인
爲,奴婢니다 願得鎭〈淸海〉하여 使賊으로 不得掠
위 노비   원득진 청해   사적   부득략
人西去하나이다." 하니〈淸海〉는〈新羅〉海路之要
인서거   청해   신라 해로지요
로 今謂之〈莞島〉하다. 大王이 與「保皐」萬人하여
   금위지 완도   대왕   여 보고 만인
此後로 海上無鬻鄕人者하다.「保皐」旣貴하나
차후   해상무육향인자   보고 기귀
「年」은 去職饑寒하며 在,〈泗水:회수의 한 지류〉之〈漣
 연   거직기한   재 사수   지 연
水縣:지금의 江蘇省 漣水〉하다. 一日은 言於戍將「馮
수현   일일 언어수장 풍

元規」曰, "我欲東歸하여 乞食於「張保皐」하리라."
원규왈 아욕동귀 걸식어 장보고

하니 「元規」曰, "若與「保皐」所負如何오? 奈何
원규왈 약여 보고 소부여하 내하

去.取死其手아?" 하다. 「年」曰, "饑寒死가 不如.
거 취사기수 연왈 기한사 불여

兵死快이니 況死故鄕耶아?" 하고 遂去謁하니 「保
병사쾌 황사고향야 수거알 보

皐」飮之極歡이라 飮未卒에 聞王弑(민애왕)國亂無
고 음지극환 음미졸 문왕시 국난무

主라 「保皐」分兵.五千人하여 與「年」하며 持「年」
주 보고 분병오천인 여연 지연

手泣曰, "非子면 不能平禍難이라." 하다. 「年」이
수읍왈 비자 불능평화난 연

入國하여 誅叛者하고 立王(祐徵, 즉 神武王)하다. 王이
입국 주반자 입왕 왕

召「保皐」하여 爲相하고 以「年」으로 代守〈淸海〉
소 보고 위상 이 연 대수 청해

하다.[此與〈新羅〉傳記頗異하니 以「杜牧」言傳이라 故로 兩存之

하다.]

▶ 어려운 낱말 ◀

　[噎] : 목멜(열). [角(각)] : 싸움. 다툼. [齟齬(저어)] : 서로 어긋나다. 서로 맞
지 않음. [不相下(불상하)] : 서로 지지 않음. [鬻] : 팔다(육). [若] : 그대(약).
[所負(소부)] : 믿는 바.

▷ 본문풀이 ◁

　「장보고」【[신라 본기]에는 「궁복」으로 되어 있다.]와 「정년」【년(年)은 연

(連)으로도 쓴다.]은 모두 〈신라〉인이다. 그들의 고향과 조상은 알 수 없다. 두 사람은 모두 전투를 잘하였으며, 「정년」은 또한 바닷물 밑으로 들어가 50리를 잠수하여 다녀도 숨이 차지 않았다. 그 용맹과 씩씩함을 비교하면 「보고」가 연에게 약간 모자랐으나 「연」은 「보고」를 형으로 불렀다. 그러나 「보고」는 나이로, 「연」은 기예로 항상 맞수가 되어 서로 지려고 하지 않았다. 두 사람이 〈당〉나라에 가서 무녕군 소장으로 있을 때, 말을 달리며 창을 쓰는 데 있어서 대적할 자가 없었다. 그 뒤에 「보고」가 귀국하여 대왕에게 말하기를, "〈중국〉을 두루 돌아다녀 보니, 우리나라 사람들을 노비로 삼고 있었습니다. 〈청해〉에 진영을 설치하여 해적들이 사람들을 약취하여 서쪽으로 데려가지 못하게 하시기 바랍니다." 했다. 〈청해〉는 〈신라〉 해로의 요충지로서, 지금은 〈완도〉라고 부른다. 대왕이 「보고」에게 군사 1만 명을 주어 〈청해〉에 진영을 설치케 하니, 이 뒤로는 바다에서 우리나라 사람들을 노비로 파는 자가 없어졌다. 「보고」는 이미 귀한 자리에 올랐으나, 「연」은 직업을 잃고 굶주림 속에서 〈사수〉의 〈연수현〉에서 살았다. 하루는 수비하는 장수 「풍원규」에게 말하기를, "내가 동쪽으로 돌아가서 「장보고」에게 걸식하려 한다." 하니, 「원규」가 말하기를, "그대와 「장보고」의 사이가 어떠한가? 어찌하여 그곳에 가서 그의 손에 죽으려 하는가?"라고 하였다. 「연」이 말하기를, "배고픔으로 죽는 것은 싸우다가 죽는 것만큼 통쾌하지 못하다. 더구나 고향에서 죽으니 좋은 일이 아닌가?"라 하고 드디어 그곳을 떠나 「장보고」를 만났다. 그가 「보고」와 함께 술을 마시면서 마

음껏 즐기는데 술자리가 끝나기 전에 왕이 시해되고 나라가 어지러워져서 임금이 없다는 소문이 들렸다. 「보고」가 군사 5천 명을 나누어 「연」에게 주면서 그의 손을 잡고 울면서 말하기를, 그대가 아니면 나라의 화란을 평정할 수 없다. 「연」이 국도에 들어가 배반한 자를 죽이고 왕을 세웠다. 왕은 「장보고」를 불러 재상으로 삼고, 「연」으로 하여금 「보고」를 대신하여 〈청해〉를 지키게 하였다.【이것은 신라의 전기와는 매우 다르지만, 「두목」이 말하여 전해오는 것이므로 두 가지를 그대로 기록해둔다.】

○論曰: 「杜牧」言하되 "〈天寶:당현종 연호〉 「安祿山」亂에 〈朔方〉節度使「安思順」을 以「祿山」으로 從弟賜死하고 詔「郭汾陽」代之하다. 後旬日에 復詔「李臨淮」에 持節分〈朔方〉半兵하여 東出〈趙〉·〈魏〉하다. 當〈思順〉時에는 「汾陽」과 「臨檜」가 俱爲牙門都將으로 二人不相能하여 雖同盤飮食이라도 常睨相視하며 不交一言하다. 及「汾陽」이 代「思順」하니 「臨淮」는 欲亡去라가 計未決하니 詔「臨淮」하여 分「汾陽」半兵으로 東討하다. 「臨淮」가 入請曰, "一死固甘하나 乞免妻子라." 하다. 「汾

陽」趨下하여 持手上堂하여 偶坐曰, "今國亂主遷
에 非公不能東伐이라. 豈懷私忿時耶아?"하다. 及
別에 執手泣涕하며 相勉以忠義하니 訖平巨盜는
實,二公之力이라. 知其心不叛하고 知其材可任한
然後에야 心不疑하고 兵可分이라 平生積憤하니
知其心을 難也라. 忿必見短하니 知其材를 益難也
라. 此「保皋」가 與「汾陽」之賢等耳니라.「年」이 投
「保皋」에 必曰, "彼貴我賤하니 我降下之하면 不
宜以舊忿殺我리라."하다.「保皋」果不殺하니 人
之常情也라,「臨淮」가 請死於「忿陽」은 亦人之常
情也라.「保皋」가 任「年」事는 出於己이며「年」이
且饑寒으로 易爲感動이라.「汾陽」과「臨淮」가 平
生抗立이나「臨淮」之命은 出於天子하니 權於「保
皋」하면「汾陽」爲優하니 此는 乃聖賢遲疑成敗之
際也라. 彼無他也라 仁義之心이 與雜情竝植하여
雜情勝則仁義滅하고 仁義勝則雜情消니라. 彼二

人은 仁義之心이 旣勝하고 復資之以明이라, 故로
卒,成功하다. 世稱「周」와「召」를 爲百代之師하나
「周公」이 擁孺子는 而「召公」疑之니라. 以「周公」
之聖과「召公」之賢으로 少事『文王』하고 老佐『武
王』하여 能平天下나「周公」之心을「召公」도 亦且
不知之라. 苟有仁義之心이라도 不資以明이면 雖
「召公」도 尙爾어늘 況其下哉아? 語曰,"國有一
人하면 其國不亡이라."하다. 夫,亡國은 非,無人也
라, 丁其亡時하여 賢人不用이라. 苟能用之하면 一
人足矣리라." 하다.「宋祁」曰,"嗟乎라! 不以怨毒
相甚하고 而先國家之憂는〈晉〉有「祁奚」하고〈唐〉
有「汾陽」과「保皐」하니 孰謂〈夷〉에 無人哉아?"
하다.

▶ 어려운 낱말 ◀

[賜死(사사)] : 죽음을 주다. 즉 사형. [牙門都將(아문도장)] : 本陣도장. [相能
(상능)] : 서로 용납하지 못함. [睄相視(제상시)] : 눈으로 흘겨보다. [一死固甘
(일사고감)] : 죽음을 달게 받다. [饑寒(기한)] : 춥고 배고픔. 어려울 때. [權] :

탱자나무(곽), 견주다(곽). [〈周〉와 〈召〉]: 周公과 召公.

[저자의 견해]

「두목」은 다음과 같이 말하기를, "〈천보〉 연간의 「안녹산」의 난 때, 〈삭방〉 절도사 「안사순」은 「녹산」의 종제라는 이유로 처형당하였다. 그리고 「곽분양」에게 조서를 주어 그를 대신하게 하였다. 열흘 후에는 다시 「이임회」에게 조서를 내려 부절을 가지고 가서 〈삭방〉 군사의 절반을 나누어 동으로 〈조〉, 〈위〉 지방에 나가게 하였다. 「사순」 때는 「분양」과 「임회」가 모두 아문 도장으로 있었는데, 두 사람은 서로 사이가 좋지 않았기 때문에 한자리에서 음식을 먹으면서도 항상 서로 눈을 흘기고 한 마디 말도 주고 받지 않았었다. 「분양」이 「사순」의 직무를 대신하게 되자, 「임회」는 도망하려 하였으나 미처 결행하지 못하고 있었는데, 「분양」은 「임회」에게 병력의 절반을 나누어 주고 동쪽을 정벌하라고 명령했던 것이다. 「임회」가 들어가 「분양」에게 청하기를, "이 한몸이 죽는 것은 실로 달게 받겠으나 처자만은 죽음을 면하게 해 주시오." 하면서, 「분양」은 내려가서 임회의 손을 잡고 당상으로 올라와 마주 앉아 말하기를, "지금 나라가 어지러워 임금이 파천하였는데, 그대가 아니면 동쪽의 적을 평정할 수 없네. 어찌 사사로운 원한을 생각할 때란 말인가?" 하고 그들은 작별할 때 손을 잡고 눈물을 흘리면서 충성과 의리로써 서로 격려하였으니, 나라의 큰 도적을 평정하게 된 것은 실로 두 사람의 힘이었다. 배반할 마음이 없음을 알고, 재능이 일을 맡길 만한 인물임을 안 뒤에야 비로소 의심하지 않고 군사를 나누어 줄 수 있는 법이다. 평생토록 상대에 대하여 분한 심정을 가지고 있으면서 그 상대의 마음을 알기는 어렵다. 왜냐하면 분노를 가지고 있으면 반드시 상대의 단점이 먼저 보이게 되므로 상대의 재능을 알아보기가 더욱 어렵기 때문이다. 이러한 면으로 보면 「장보고」와 「분양」의 현명한 정도는 비슷하다. 「정년」이 「보고」에게 갈 때 틀림없이, "저 사람은 귀하게 되었고 나는 천하니, 내가 자신을 낮춘다면 응당 옛날의 분노로 말미암아 나를 죽이지는 않으리라."라고 하였을 것이다. 「보고」는 과연 그를 죽이지 않았으니 이는 인지상정이오, 「임회」가 「분양」에게 죽기를 청한 것도 역시 인지상정이었다. 「장보고」가 「정년」에게 임무를 맡긴 것은 자기 자신에게서 우러나온 것이다. 「정년」은 또한 굶주린 상황에 있었으므로 감동되기도 쉬운 일이었다. 「분양」과 「임회」는 평생 대립하였지만, 「임회」에게 내린 명령은 천자에게서 전권을 받은 분양에게서 나왔으니, 「장보고」와 비교하자면 「곽분양」이 더욱 훌륭한 편이다. 이것이 바로 성현들이 성패를 속단하지 못하는 대목이다. 그것은 다름이 아니라 인의의 마음이 잡스런 감정과 함께 존재하여, 잡스런 감정이 이기면 인의가 사라지고, 인의가 이기면 잡스런 감정이 사라지는 이치이다. 「장보고」와 「곽분양」, 두 사람은 인의의 마음이 이긴 데다가 총명함이 바탕을 이루었기 때문에 마침내 성공하였던 것이다. 세상 사람들이 「주공」과 「소공」을 백대의 스승으로 칭송하지만, 「주공」이 어린 임금을 보좌할 때 「소공」이 그를 의심했었다. 「주공」의 성스러움과 「소공」의 현명함으로 젊어서는 『문왕』을 섬겼고, 늙어서는 『무왕』을 보좌하여 천하를 평정할 수 있었지만, 「주공」의 마음을 「소공」도 알지 못하였다. 그러므로 만약 인의의 마음이 있다 할지라도 바탕에 총명함이 없으면, 비록 소공일지라도 의심할 수 밖에 없었으니, 하물며 그보다 못한 사람들이야 어떠하겠는가? '나라에 군자 한 사람만 있으면, 그 나라는 망하지 않는다.'는 말이 있다. 대개 나라가 망하는 것은 사람이 없어서가 아니라, 망할 때를 당하여 어진 사람을 쓰지 않기 때문이다. 진실로 어진 사람을 쓸 줄 안다면 한 사람으로도 족한 것이다." 「송기」는 말하기를, "아아! 개인적인 원망으로 상호 해치지 않고, 나라 일을 먼저 걱정한 사람으로는 〈진〉에 「기해」가 있었고, 〈당〉에 「분양」과 「장보고」가 있었으니, 누가 〈이〉에 사람이 없다고 할 것인가?" 했다.

12 | 斯多含(사다함) : 신라 화랑

○「斯多含」은 系出 '眞骨'로 『奈密王』七世孫也
라, 父는 「仇梨知」級湌이다. 本 高門華冑로 風標
淸秀하고 志氣方正으로 時人이 請.奉爲花郎不得

已爲之하다. 其徒가 無慮.一千人으로 盡得其.歡心
이 위 지   기 도   무 려 일 천 인   진 득 기 환 심

하다.『眞興王』이 命.伊湌「異斯夫」하여 襲〈加羅
진 흥 왕   명 이 찬   이 사 부   습 가 라

國:대가야국〉하다. 時에「斯多含」年이 十五六이라
국   시   사 다 함 년   십 오 육

請.從軍하되 王이 以.幼少不許러니 其.請勤而志確
청 종 군   왕   이 유 소 불 허   기 청 근 이 지 확

이라 遂命爲.貴幢禆將하니 其徒從之者.亦衆하다.
수 명 위 귀 당 비 장   기 도 종 지 자 역 중

及.抵其國界하니 請於元帥하여 領.麾下兵하여 先
급 저 기 국 계   청 어 원 수   영 휘 하 병   선

入〈旃檀梁〉하다. [〈旃檀梁〉은 城門名이라.〈加羅〉語에 謂門
입 전 단 량

하여 爲梁云이라.] 其國人이 不意兵.猝至하고 驚動.不
기 국 인   불 의 병 졸 지   경 동 불

能禦하니 大兵이 乘之하여 遂滅其國하다. 泪師還
능 어   대 병   승 지   수 멸 기 국   계 사 환

하니 王이 策功하여 賜〈加羅〉人口三百하니 受已
왕   책 공   사 가 라 인 구 삼 백   수 이

皆放하고 無.一留者하다. 又賜田하니 固辭어늘 王
개 방   무 일 류 자   우 사 전   고 사   왕

이 强之하므로 請賜〈閼川:경주시 북천〉不毛之地.而
강 지   청 사 알 천   불 모 지 지 이

已하다.「含」이 始與「武官郎」으로 約爲死友하다.
이   함   시 여 무 관 랑   약 위 사 우

及「武官」이 病卒에 哭之慟甚하여 七日에 亦卒하
급 무 관   병 졸   곡 지 통 심   칠 일   역 졸

니 時年이 十七歲러라.
시 년   십 칠 세

[系出(계출)]: ~계열의 출신. [高門華胄(고문화주)]: 높은 가문의 귀한 자손.
[風標(풍표)]: 풍체. [志氣方正(지기방정)]: 기운과 의지가 올바름. [洎師還(계
사환)]: 군사가 돌아오다. [死友(사우)]: 함께 생사를 같이하기로 약속한 친구.

▷ 본문풀이 ◁

「사다함」은 그 계통이 진골 출신으로 『나밀왕』의 7세손이요,
부친은 「구리지」 급찬이다. 본래 높은 가문의 귀한 자손으로서
풍채가 청수하고 지기가 방정하여 당시 사람들이 그를 화랑으로
받들기를 청하므로 마지못하여 화랑이 되었다. 그를 따르는 무리
가 무려 1천 명이나 되었는데, 사다함은 그들 모두의 환심을 얻었
다. 『진흥왕』이 이찬 「이사부」에게 명하여 〈가라국〉【〈가야〉라고
도 한다.】을 습격하게 하였는데, 이때 「사다함」은 나이가 십 오륙
세로서 종군하기를 청하였다. 왕은 나이가 어리다 하여 처음에는
허락하지 않았다. 그러나 그의 요청이 간절하고 의지가 확고하므
로 마침내 그를 귀당비장으로 임명하니, 그의 낭도로서 그를 따
라 나서는 자가 많았다. 국경에 이르자 원수에게 청하여 그 휘하
의 병사를 거느리고 먼저 〈전단량〉【〈전단량〉은 성문 이름이다. 〈가라〉
의 말로 문을 양(돌)이라 하였다.】으로 들어갔다. 그 나라 사람들은 뜻
밖에도 군사들이 갑자기 들이닥치자 놀란 나머지 방어를 하지 못
했으므로, 대군이 이 틈을 이용하여 마침내 그 나라를 멸하였다.
군사가 돌아오자 왕은 그의 전공을 책정하여 〈가라〉 인구 3백을
주었다. 그러나 그는 받는 즉시로 전부 석방하여 한 명도 남겨두

지 않았다. 그에게 또한 토지를 주었으나 굳이 사양하므로 왕이
받을 것을 강권하니 〈알천〉에 있는 불모지만을 요청하였다. 「사
다함」은 애초에 「무관랑」과 목숨을 같이하는 벗이 되기를 약속
하였는데, 「무관」이 병들어 죽자 너무나 슬프게 울다가 7일 만에
자기도 죽으니, 당시 나이가 17세였다.

13 │ 乙巴素(을파소) : 고구려의 정치가

○「乙巴素」는 〈高句麗〉人也라. 『故國川王』時
에 沛子「於畀留」와 評者「左可慮」等이 皆以外戚
擅權하고 多行不義하니 國人이 怨憤하다. 王이 怒
欲誅之하니 「左可慮」等이 謀反이어늘 王이 誅竄
之하다. 遂下令曰, "近者에 官이 以寵授하고 位
가 非德進하여 毒流百姓하고 動我王家하니 此는
寡人이 不明所致也라. 今에 汝四部는 各擧賢良

在下者하라!"하다. 於是에 四部가 共擧〈東部〉의
　　　재하자　　　　　　어시　　사부　　공거　동부
「晏留」하니 王이 徵之하여 委以國政하다.
　안류　　　왕　징지　　　위이국정

▶ 어려운 낱말 ◀

[沛者(패자)] : 職名. [評者(평자)] : 職名. [擅權(천권)] : 마음대로 권력을 흔든
다. [誅竄(주찬)] : 죽이고 귀양 보냄. [寵授(총수)] : 총애로 벼슬을 제수함.
[在下(재하)] : 在野. [四部(사부)] : 국내 5부(동, 서, 남, 북, 중)에서 중앙 행정
부를 제외한 재야를 말함.

▷ 본문풀이 ◁

　「을파소」는 〈고구려〉인이다. 『국천왕』 때의 패자 「어비류」와
평자 「좌가려」 등이 모두 왕의 외척으로서 권세를 부리고 그릇된
행동을 많이 하자 백성들이 원망하고 분개하였다. 왕이 노하여
그들을 죽이려 하자 「좌가려」 등이 모반하거늘, 왕이 그들을 죽
이고 귀양 보내었다. 드디어 명을 내려 말하기를, "근자에 벼슬이
측근에게 주어지고, 지위가 덕행에 따라 올라가지 못하는 일이
많아 그 해독이 백성에게 미치고 왕실을 동요시켰다. 이는 과인
이 총명치 못한 탓이었다. 이제 너희들 4부에서는 각기 재야에
있는 현량을 천거토록 하라!' 하니, 이에 4부에서 모두 〈동부〉의
「안류」를 천거하자 왕이 그를 불러서 국정을 맡기려 하였다.

○「晏留」가 言於王曰, "微臣은 庸愚하여 固,不
　안류　　언어왕왈　　미신　　용우　　　고부

足以參大政하오니 西〈鴨淥谷〉〈左勿村〉의「乙巴
족이참대정　　　서압록곡　　좌물촌　　을파

素」者는『琉璃王』大臣인「乙素」之孫也니다. 性
소자　　유리왕　대신　　을소　지손야　　　성

質剛毅하고 智慮淵深한대 不見用於世하고 力田
질강의　　지려연심　　　불견용어세　　　역전

自給하니다. 大王이 若欲理國이면 非此人則不可
자급　　　대왕　　약욕이국　　비차인즉불가

이니다." 하다. 王이 遣使하여 以卑辭重禮聘之하여
　　　　　　왕　견사　　　이비사중예빙지

拜中畏大夫하고 加爵爲于台하며 謂曰, "孤가
배중외대부　　　가작위우태　　위왈　　고

承先業하여 處臣民之上하나 德薄材短하여 未濟
승선업　　처신민지상　　　덕박재단　　　미제

於理로다. 先生은 藏用晦明하여 窮處草澤者久矣
어리　　　선생　장용회명　　　궁처초택자구의

나 今不我棄하고 幡然而來하니 非獨孤之喜幸이
금불아기　　번연이래　　　비독고지희행

며 社稷과 生民之福也로다. 請安承敎하니 公其盡
사직　생민지복야　　　청안승교　　공기진

心하라." 다.
심

▶어려운 낱말◀

[剛毅(강의)] : 의지가 강함. [智慮(지려)] : 지혜가 있고 생각이 깊음. [于台(우
태)] : 職名. [德薄材短(덕박재단)] : 덕이 박하고 재주가 짧아서. [未濟(미제)] :
바르게 하지 못함. [幡然(번연)] : 선뜻 태도를 바꾸는 모양.

▷본문풀이◁

「안류」가 왕에게 말하기를, "미천한 저는 용렬하고 어리석어

실로 중대한 정사에 참여할 수 없사오니 서쪽 〈압록곡〉 〈좌물촌〉에 사는 「을파소」라는 사람은 『유리왕』의 대신이었던 「을소」의 후손입니다. 그는 의지가 강하고 지혜가 깊은데 세상에 쓰이지 못하여 농사를 지어 스스로 생계를 유지하고 있습니다. 대왕께서 만일 나라를 다스리려면 이 사람이 아니면 안 될 것입니다." 했다. 왕이 사신을 보내 겸손한 말과 정중한 예로 그를 초빙하여 중외대부로 임명하고, 작위를 더하여 우태로 삼으며 말하기를, "내가 외람되이 선대의 왕업을 계승하여 신민의 위에 처하게 되었으나, 덕과 자질이 부족하여 정치를 잘하지 못하고 있소. 선생이 자질을 감추고 현명함을 드러내지 않은 채 초야에 묻힌 지 오래였으나, 지금 나를 버리지 않고 마음을 고쳐 잡고 이렇게 와주었으니, 이는 비단 나에게 다행한 일일 뿐만 아니라 나라의 사직과 백성의 복이라오. 가르침을 받기를 청하는 바이니, 공은 마음을 다하여 주기 바란다."라고 했다.

○「巴素」는 意雖許國이나 謂所受職이 不足以濟事하여 乃對曰, "臣之駑蹇으로 不敢當嚴命하니 願.大王은 選賢良하사 授高官하여 以成大業하소서!"하니 王이 知其意하고 乃.除爲國相하여 令知政事하다. 於是에 朝臣國戚은 謂「巴素」가 以新

間舊한다 하여 疾之하니 王이 有敎曰, "無,貴賤하
고 苟不從,國相者는 族之하리라."하다. 「巴素」가
退而告人曰, "不逢時則,隱하고 逢時則,仕는 士
之常也라. 今에 上이 待我以,厚意하니 其可復念,
舊隱乎아?"하고 乃以,至誠奉國하여 明,政敎하고
愼,賞罰하니 人民以安하고 內外無事하다. 王이 謂
「晏留」曰, "若無子之一言이면 孤不能得「巴素」하
여 以,共理리라. 今에 庶績之凝은 子之功也라."하
고 迺拜爲,大使者하다. 至『山上王』七年秋,八月
하여 「巴素」卒하니 國人이 哭之慟하다.

▶ 어려운 낱말 ◀

[駑蹇(노건)] : 둔한 말의 걸음걸이. 둔하고 느림. [復念(부념)] : 다시 생각함.
[庶績(서적)] : 모든 치적.

▷ 본문풀이 ◁

「파소」는 생각은 비록 몸을 나라에 바치고 싶었으나 맡은 바
직위가 일을 하기에는 부족하다고 생각하여 말하기를, "신의 노
둔함으로 감히 존엄하신 명령을 감당할 수 없사오니, 원컨대 대

왕께서는 현량한 사람을 선발하여 높은 관직을 줌으로써 위업을 달성케 하소서!" 하니, 왕이 그의 뜻을 알고 곧 국상을 제수하여 정사를 맡겼다. 이때 조정의 신하들과 외척들은 「파소」가 새로 등용되어 이전의 대신들을 이간한다 하여 그를 미워하였다. 왕은 교서를 내려 말하기를, "귀천을 막론하고 만약 국상에게 복종하지 않는다면 일족을 멸하리라." 하니, 「파소」가 물러 나와서 사람들에게 말하기를, "때를 만나지 못하면 숨어살고, 때를 만나면 벼슬을 하는 것은 선비로서의 떳떳한 행동이다. 이제 임금께서 나를 후의로 대우하시니, 어찌 다시 예전의 은거를 생각하랴?"라고 말하며, 곧 지성으로 나라에 봉사하여 정교를 밝히고 상벌을 신중하게 처리하니, 백성들이 편안하고 내외가 무사하였다. 왕이 「안류」에게 말하기를, "만일 그대의 한 마디 말이 없었다면, 내가 「을파소」를 얻어서 그와 함께 다스리지 못하였을 것이다. 지금 모든 치적이 이루어진 것은 그대의 공로이다."라 말하고, 그를 대사자로 임명하였다. 『산상왕』 7년, 가을 8월에 「파소」가 죽자, 백성들이 통곡하였다.

14 | 金后稷(김후직) : 신라의 직간 충신

○「金后稷」은 『智證王』之 曾孫이라. 事 『眞平
大王』하여 爲 伊湌하고 轉 兵部令하다. 大王이 頗
好田獵하니 「后稷」이 諫曰, "古之王者는 必 一日
萬機하되 深思遠慮하고 左右正士의 容受直諫하
고 孶孶矻矻하여 不敢逸豫하고 然後에 德政醇美
하여 國家可保니이다. 今에 殿下는 日與 狂夫와 獵
士로 放 鷹犬하여 逐 雉兎하며 奔馳山野하여 不能
自止니이다. 『老子』曰, '馳聘田獵이 令人心狂이
라.'하고 『書:서경, 五子之歌篇』曰, '內作色荒하고 外
作禽荒하면 有 一于此라도 未或不亡이라.'하니다.
由是觀之컨대 內則 蕩心하면 外則 亡國이니 不可
不 省也니다 殿下는 其念之하소서."하다. 王이 不
從하니 又 切諫이나 不見聽하다.

[田獵(전렵)] : 사냥. [萬機(만기)] : 만 가지. [深思遠慮(심사원려)] : 깊이 먼 곳까지 생각함. [容受(용수)] : 받아서 수용함. [孶孶矻矻(자자골골)] : 부지런하게 힘쓰는 모양. [不敢逸豫(불감일예)] : 감히 편안하고 즐기지 않음. [逸豫(일예)] : 편안하게 즐김. [醇美(순미)] : 순수하고 아름답게. [馳聘田獵(치빙전렵)] : 말을 달려 사냥하다.

▷ 본문풀이 ◁

「김후직」은 『지증왕』의 증손이다. 그는 『진평대왕』을 섬겨 이찬이 되었다가 병부령으로 전직하였다. 대왕이 사냥을 몹시 좋아하자 「후직」이 간하여 말하기를, "옛날 임금들은 하루에도 만 가지 정사를 보살피되 반드시 심사원려하여, 좌우에 바른 선비를 두고 그들의 바른 말을 받아들였으며, 부지런하고 꾸준히 노력하여 감히 안일하고 편안할 생각을 품지 않았습니다. 이러한 뒤에야 덕정이 순미하여 국가를 보전할 수 있었습니다. 그런데 지금 전하께서는 매일 광부와 포수를 데리고 매와 사냥개를 놓아 꿩과 토끼를 잡기 위하여 산과 들로 뛰어 다니기를 스스로 제어하지 못하고 있습니다. [노자]는 '말 달리며 사냥하는 일은 사람의 마음을 미치게 한다.'고 하였으며, [서경]에는 '안으로 여색에 빠지거나 밖으로 사냥을 일삼는 것 가운데 한 가지만 저질러도 망하지 않는 자가 없다.'고 하였습니다. 이를 보면 사냥은 안으로 마음을 방탕하게 하고, 밖으로 나라를 망치는 것이니 반성하지 않을 수 없습니다. 전하께서는 이를 유념하소서." 했다. 그러나 왕이 말을 듣지 않아 다시 간절하게 충언하였으나 결국 받아들여지지 않았다.

○後에 后稷疾病하여 將死에 謂其三子曰, "吾
후   후직질병   장사   위기삼자왈   오

爲人臣하여 不能匡救君惡이니 恐大王遊娛不已
위인신   불능광구군악   공대왕유오불이

면 以至於亡敗이니 是吾所憂也니라. 雖死라도 必
   이지어망패   시오소우야   수사   필

思有以悟君하리니 須瘞吾骨於大王遊畋之路側
사유이오군   수예오골어대왕유전지로측

하라." 하니 子等이 皆從之하다. 他日에 王이 出行
            자등   개종지   타일   왕   출행

에 半路에 有遠聲이어늘 若曰, "莫去오?" 하니 王
   반로   유원성   약왈   막거오   왕

이 顧問하되 "聲何從來?" 하니 從者告云하되 "彼
   고문   성하종래   종자고운   피

「后稷」伊湌之墓也니다." 하니 遂陳「后稷」臨死
후직 이찬지묘야   수진 후직 임사

之言하다. 大王이 然流涕曰, "夫子忠諫이 死而
지언   대왕   연유체왈   부자충간   사이

不忘하니 其愛我也深矣로다. 若從不改하면 其何
불망   기애아야심의   약종불개   기하

顔於幽明之間耶아!" 하고 遂終身不復獵하다.
안어유명지간야   수종신불부렵

▶어려운 낱말◀

[悟君(오군)] : 임금을 깨닫게 하다. [瘞] : 묻을(예). [遊畋(유전)] : 사냥놀이.
[他日(타일)] : 어느 날. [半路(반로)] : 도중에. [若曰(약왈)] : 누가 말하는 것 같
다. [夫子(부자)] : 그대의. [幽明(유명)] : 산 사람과 죽은 사람.

▷본문풀이◁

　그 후, 후직이 병들어 죽음을 앞두게 되었을 때 자기의 세 아들

에게 말했다. "내가 신하로서 임금의 단점을 바로잡아 주지 못하였다. 아마 대왕은 놀고 즐기는 일을 그만두지 않아 패망하게 될 것이다. 이것이 내가 근심하는 것이다. 죽어서라도 꼭 임금을 깨우쳐주려 하니, 나의 시체를 대왕이 사냥다니는 길 옆에 묻어라." 하니, 세 아들은 그의 유언을 듣고 실행하였다. 후일 왕이 사냥을 가다가 도중에 어렴풋한 소리가 들렸는데 마치 "가지 말라!'고 하는 것 같았다. 왕이 돌아보며, "소리가 어디서 나느냐?'고 물었다. 종자가 말하기를, "저것은 「후직」이찬의 무덤입니다." 하고는 이어서 「후직」이 죽을 때 남긴 말을 전해 주었다. 대왕이 눈물을 흘리면서 말하기를, "그대는 충성으로 간언하고 죽어서도 잊지 않으니, 나에 대한 사랑이 깊도다. 끝내 잘못을 고치지 않는다면 살아서나 죽어서나 무슨 낯으로 대하겠는가!" 하고 왕은 마침내 다시는 사냥을 하지 않았다.

15│ 祿眞(녹진) : 신라의 의인(義人)

○「祿眞」의 姓與字는 未詳이나 父는 「秀奉」一
　　녹진　　　성여자　　미상　　　　부　　　수봉　일

吉湌이라.「祿眞」이 二十三歲에 始仕하여 屢經内
길찬　　　　녹진　　　이십삼세　　시사　　　누경내

外官하다가 至『憲德大王』十年戊戌에 爲,執事侍
외관　　　　　지 헌 덕 대 왕 십 년 무 술　　　위 집 사 시

郎(侍中의 차석)하다. 十四年에 國王이 無嗣子어늘
랑　　　　　　　　　　　　　　　십 사 년　　　국 왕　　　무 사 자

以,母弟「秀宗」으로 爲,儲貳하여 入〈月池宮〉하다.
이 모 제 수 종　　　　위 저 이　　　　입 월 지 궁

時에 「忠恭」角干이 爲,上大等하여 坐政事堂하여
시　　　충 공 각 간　　　위 상 대 등　　　좌 정 사 당

注擬內外官하다가 退公感疾하여 召,國醫診脈하니
주 의 내 외 관　　　　퇴 공 감 질　　　소 국 의 진 맥

曰, "病在心臟이라 須服,龍齒湯하라."하다. 遂,告
왈　병 재 심 장　　　수 복 용 치 탕　　　　　　　수 고

暇三七日하여 杜門,不見賓客하다.
가 삼 칠 일　　　두 문 불 견 빈 객

▶어려운 낱말◀

[屢經(누경)] : 여러 군데 거치다. [儲貳(저이)] : 태자. 세자. [注擬(주의)] : 전형
하다. [退公(퇴공)] : 퇴근하다. 관청에서 물러나오다. [三七日(삼칠일)] : 21일.

▷본문풀이◁

　「녹진」의 성과 자는 자세하지 않다. 아버지는 「수봉」 일길찬이
다. 「녹진」은 23세에 비로소 관직에 올라 여러 차례 내외의 직책
을 역임하다가 『헌덕대왕』 10년 무술에 집사 시랑이 되었다. 14
년에, 국왕이 대를 이을 아들이 없으므로 왕의 아우 「수종」을 태
자로 삼아 〈월지궁〉에 들게 하였다. 이때 「충공」 각간이 상대등
이 되어 정사당에 앉아서 내외의 관원을 전형했는데, 하루는 퇴
근하여 집에 있다가 병이 들었다. 국의를 불러 진맥하니 그가 말

하기를, "병이 심장에 있으니 용치탕을 복용해야 합니다." 했다. 그는 곧 21일 간의 휴가를 얻어 문을 닫고 손님을 만나지 않았다.

○於是에 「祿眞」이 造而請見하니 門者拒焉하다.
어 시   녹 진   조 이 청 견   문 자 거 언

「祿眞」曰, "下官은 非,不知,相公,移疾謝客이나
녹 진 왈   하 관   비 부 지 상 공 이 질 사 객

須獻,一言於左右(相公)하여 以開,鬱悒之慮라. 故로
수 헌 일 언 어 좌 우   이 개 울 읍 지 려   고

此來耳니 若不見이면 則,不敢退也니라." 하니 門
차 래 이   약 불 견   즉 불 감 퇴 야   문

者再三復之하다가 於是에 引見하다. 「祿眞」이 進
자 재 삼 부 지   어 시   인 견   녹 진   진

曰, "伏聞,寶體不調라 하오니 得非早朝晚罷하다가
왈   복 문 보 체 부 조   득 비 조 조 만 파

蒙犯風露하여 傷榮衛之和하고 失支體之安乎니
몽 범 풍 로   상 영 위 지 화   실 지 체 지 안 호

까?" 하니 曰, "未至是也니라 但昏昏默默하여 精
        왈   미 지 시 야   단 혼 혼 묵 묵   정

神不快耳니라." 하다. 「祿眞」曰, "然則公之病은
신 불 쾌 이   녹 진 왈   연 즉 공 지 병

不須藥石이나 不須針砭이라 可以,至言高論으로
불 수 약 석   불 수 침 폄   가 이 지 언 고 론

一攻而,破之也어늘 公은 將聞之乎이까?" 하다. 曰,
일 공 이 파 지 야   공   장 문 지 호   왈

"吾子不我遐遺하고 惠然光臨하니 願聽玉音하여
오 자 불 아 하 유   혜 연 광 림   원 청 옥 음

洗我胸臆하노라." 하다.
세 아 흉 억

[門者(문자)] : 문지기. [鬱悒(울읍)] : 답답함. [引見(인견)] : 만나보게 되었다.
[早朝晚罷(조조만파)] : 아침 일찍 출근하고 늦게 퇴근하다가. [風露(풍로)] :
찬바람과 아침 이슬. [榮衛(영위)] : 혈기. [昏昏默默(혼혼묵묵)] : 정신이 까물
거리고 답답하다. [針砭(침폄)] : 침이나 돌침. [胸臆(흉억)] : 가슴.

▷본문풀이◁

　이에 「녹진」이 가서 만나기를 청하였으나 문지기가 이를 거절
하였다. 「녹진」이 말하기를, "나는 상공께서 병 때문에 빈객을 사
절하는 것을 모르는 바 아니나, 꼭 한 마디 말씀을 좌우에 드려서
답답한 근심을 풀어드려야겠기에 이렇게 온 것이다. 만나지 않고
는 물러갈 수 없다." 하니, 문지기가 두세 번 이 뜻을 전하자 충공
은 그를 불러들여 만나 주었다. 「녹진」이 들어가 말하기를, "제가
듣건대, 귀중한 몸이 편치 못하시다고 하니, 아침 일찍 출근하고
저녁 늦게 퇴근하느라 바람과 이슬을 맞아 혈기의 조화를 손상시
켜 지체의 편안함을 잃은 것이 아닙니까?" 했다. 충공이 말하기
를, "그렇게까지 되지는 않았고 다만 머리가 멍하고 정신이 상쾌
하지 못할 뿐이다."라고 했다. 「녹진」이 말하기를, "그렇다면 공
의 병은 약이나 침으로 고쳐지는 것이 아니라 지극한 말과 고상
한 담론으로 단번에 고칠 수 있을 것이니, 공께서 이를 들어주시
겠습니까?" 충공이 말하기를, "그대가 나를 멀리 여기지 않고 고
맙게도 와주었으니 옥음을 들려주어 내 가슴속을 씻어주기 바란
다."라고 했다.

○〈祿眞〉曰, "彼, 梓人之爲室也에 材大者, 爲梁
녹진 왈 피 재인지위실야 재대자 위양

柱하고 小者爲椽하며 偃者植者, 各安所施하여 然
주   소자위연   언자식자 각안소시   연

後에 大廈成焉이니다. 古者에 賢, 宰相之爲政也에
후   대하성언   고자   현 재상지위정야

又何異焉이리오? 才巨者는 置之高位하고 小者는
우하이언   재거자   치지고위   소자

授之薄任하면 內則, 六官과 百執事와 外則, 方伯과
수지박임   내즉 육관   백집사   외즉 방백

連率(태수)과 郡守(小郡에 두는 小守)와 縣令히 朝無闕
연솔   군수   현령 조무궐

位하고 位無非人하며 上下定矣하고 賢不肖, 分矣
위   위무비인   상하정의   현불초 분의

이라 然後에 王政成焉이니다. 今則不然이니 徇私
     연후   왕정성언   금즉불연   순사

而滅公하고 爲人而擇官하며 愛之則, 雖不材이나
이멸공   위인이택관   애지즉 수부재

擬送於雲宵하고 憎之則, 雖有能이나 圖陷於溝壑
의송어운소   증지즉 수유능   도함어구학

하니 取捨, 混其心하고 是非亂其志하면 則, 不獨國
     취사 혼기심   시비난기지   즉 부독국

事溷濁하고 而爲之者는 亦勞, 且病矣리라. 若其,
사혼탁   이위지자   역로 차병의   약기

當官淸白하고 莅事恪恭하면 杜, 貨賂之門하고 遠,
당관청백   이사각공   두 화뢰지문   원

請託之累하며 黜陟只以, 幽明하고 予奪不以, 愛憎
청탁지루   출척지이 유명   여탈불이 애증

하며 如衡焉하여 不可, 枉以輕重하고 如繩焉하여
     여형언   불가 왕이경중   여승언

不可欺以, 曲直하리니 如是면 則, 刑政允穆하고 國
불가기이 곡직   여시   즉 형정윤목   국

家和平하여 雖曰「開「孫弘」之閤하고 置「曹參」之
가 화 평　　　수 왈 개 손 홍 지 합　　　치 조 참 지

酒하며 與「朋友故舊와 談笑自樂하여도 可也니이
주　　　여 붕 우 고 구　　　담 소 자 락　　　　　가 야

다. 又何必「區區於服餌之間하여 徒「自費「日廢事
우 하 필 구 구 어 복 이 지 간　　　도 자 비 일 폐 사

爲哉리오?"하다.
위 재

▶ 어려운 낱말 ◀

[梓人(재인)] : 목수. [梓] : 신나무(재). [梁柱(양주)] : 들보와 기둥. [偃者(언
자)] : 굽은 것. [偃] : 굽을(언). [植者(식자)] : 바른 것. [大廈(대하)] : 큰집.
[薄任(박임)] : 가벼운 소임. [百執事(백집사)] : 중앙의 여러 관직. [徇私(순사)]
: 사에 의해서. [雲宵(운소)] : 높은 자리. [溝壑(구학)] : 구렁텅이. [混其心(혼
기심)] : 마음이 뒤섞이다. [溷濁(혼탁)] : 흐려지다. [苙] : 다다를(리). [恪恭
(각공)] : 삼가고 공손하다. [貨賂(화뢰)] : 뇌물. [黜陟(출척)] : 무능한 사람을
물리치고 유능한 사람을 등용함. [允穆(윤목)] : 믿음직함. [服餌(복이)] : 약을
먹다.

▷ 본문풀이 ◁

「녹진」이 말하기를, "목수가 집을 지을 때, 큰 재목으로는 들보
와 기둥을 만들고, 작은 재목으로는 서까래를 만들어 굽은 것과
바른 것이 각각 알맞게 자리 잡은 뒤에야 큰 집이 지어집니다. 옛
날에 어진 재상이 정치를 하는 법도도 무엇이 이와 달랐겠습니
까? 재능이 많은 자는 높은 자리에 앉히고, 재능이 적은 자는 가
벼운 소임을 맡기어, 안으로 6관 백집사와 밖으로 방백, 연솔, 군
수, 현령에 이르기까지 조정에 빈 직위가 없고, 직위마다 부당한

자가 없어서 위아래가 정연하고, 현명함과 불초함이 구별되었습니다. 그렇게 한 뒤에야 왕정이 이루어졌습니다. 그런데 지금은 그렇지 못하고, 사사로운 감정에 이끌려 공적인 일을 그르치고, 사람을 위하여 관직을 고르기 때문에 그 사람이 마음에 들면 재능이 없어도 아주 높은 직을 주려 하고, 그 사람을 미워하면 유능하더라도 구렁텅이에 빠뜨리려 합니다. 취하고 버림이 마음을 혼란스럽게 하고, 옳고 그름이 뜻을 어지럽게 하니, 나라 일이 혼탁해질 뿐 아니라, 그 일을 담당하는 사람도 괴롭고 병이 날 것입니다. 만일 관직에 있으면서 청렴결백하고, 일에 근신하며, 뇌물이 오가는 문을 막고, 청탁의 폐단을 멀리하며, 승진과 강등을 오직 그 사람의 총명에 따르고, 관직을 주고 빼앗는 것을 애증에 의하여 하지 않는다면, 마치 저울처럼 경중을 잘못 가릴 리 없으며, 먹줄처럼 곡직을 속이지 못할 것입니다. 이렇게 되면 형정이 믿음직스럽고 국가가 화평하여, 비록 「손홍」과 같이 문을 활짝 열어 놓고, 「조참」과 같이 잔치를 베풀어 친구들과 한담 오락을 하고 있어도 좋을 것입니다. 어찌 꼭 약을 먹기에 몰두하고 부질없이 시일을 소비하여 공사를 폐지하겠습니까?" 했다.

○角干은 於是에 謝遣醫官하고 命.駕朝王室하니
   각 간   어 시   사 견 의 관   명 가 조 왕 실
王曰, "謂卿剋日服藥이러니 何以來朝오?"하니
   왕 왈   위 경 극 일 복 약   하 이 래 조
答曰, "臣聞「祿眞」之言하니 同於藥石이니다. 豈
   답 왈   신 문 녹 진 지 언   동 어 약 석   기

止飮龍齒湯而已哉니까?"하며 因爲王一一陳之
지음 용치탕이이재   인위왕일일진지

하다. 王曰,"寡人이 爲君하고 卿이 爲相이어늘 而,
왕왈   과인 위군   경 위상   이

有人直言如此하니 何喜如焉이리오? 不可使儲君
유인직언여차   하희여언   불가사저군

不知니 宜往〈月池宮:태자궁〉하라."하다. 儲君聞之
부지   의왕 월지궁   저군문지

하고 入賀曰,"嘗聞하니 君明則臣直이라. 此亦國
입하왈   상문   군명즉신직   차역국

家之美事也라."하다. 後에 〈熊川州〉都督「憲昌」이
가지미사야   후   웅천주 도독 헌창

反叛이어늘 王이 擧兵討之에「祿眞」이 從事有功
반반   왕   거병토지   녹진   종사유공

이라 王授位大阿飡하나 辭不受하다.
왕수위대아찬   사불수

▶ 어려운 낱말 ◀

[謝遣(사견)] : 사절하여 보내다. [醫官(의관)] : 의원. [王室(왕실)] : 왕궁. [剋
日(극일)] : 날을 정하고. [一一陳之(일일진지)] : 하나하나 말을 하다. [儲君(저
군)] : 태자.

▷ 본문풀이 ◁

　각간이 이 말을 듣자, 의원을 사절하여 보내고 수레를 타고 왕
궁으로 입조하였다. 왕이 말하기를, "경은 날을 정해 놓고 복약한
다더니 어찌하여 내조하는가?" 충공이 대답하기를, "신이 「녹진」
의 말을 들으니 약석과 같았습니다. 어찌 용치탕을 마시는 것에
만족하겠습니까?" 하고 그는 그 자리에서 왕에게 녹진의 말을 낱

낮이 고하였다. 왕이 말하기를, "과인은 임금이 되고, 경은 재상이 되었는데, 이와 같이 바른말하는 사람이 있으니 얼마나 기쁜 일인가? 태자에게 알리지 않을 수 없으니 〈월지궁〉으로 가야 되겠다."고 하였다. 태자가 이 말을 듣고 들어와서 치하하기를, "일찍이 듣건대, 임금이 명철하면 신하가 바르다고 하였습니다. 이 역시 나라의 아름다운 일입니다."라고 하였다. 그 뒤에 〈웅천주〉도독 「헌창」이 반란을 일으키자 왕이 군사를 발동하여 이를 치는데, 「녹진」이 종군하여 공로가 있었으므로 왕이 대아찬 벼슬을 주었다. 그러나 그는 사양하고 이를 받지 않았다.

16 │ 密友와 紐由(밀우와 유유) : 고구려의 장수

○「密友」와 「紐由」者는 並〈高句麗〉人也라.『東
　　　밀우　　유유　자　병　고구려　인야　　동
川王』二十年(246)에 〈魏〉의 〈幽州〉刺史「毌丘儉」
천왕　이십년　　위　　유주　자사　관구검
이 將兵來侵하여 陷〈丸都城:通溝〉하니 王이 出奔하
장병내침　　함　환도성　　　　왕　출분
니 將軍「王頎」가 追之하다. 王이 欲奔〈南沃沮:지
장군　왕기　추지　　왕　욕분　남옥저
금 함흥 일대〉하여 至于〈竹嶺:지금 함흥 서쪽〉하니 軍士.
지우　죽령　　　　　　　　군사

奔散殆盡하다. 唯〈東部〉「密友」가 獨在側하여 謂
분산태진　　유 동부　밀우　　독재측　　위

王曰, "今, 追兵甚迫하니 勢不可脫이라. 臣이 請, 決
왕왈　금 추병심박　　세불가탈　　　신　청 결

死而禦之하오니 王可遁矣하소서." 하고 遂募死士
사이어지　　왕가둔의　　　　　수모사사

하여 與之赴敵하여 力戰하다. 王이 僅, 得脫而去하
여지부적　　역전　　왕　근 득탈이거

여 依, 山谷하여 聚, 散卒自衛하여 謂曰, "若有能取
의 산곡　　취 산졸자위　　위왈　약유능취

「密友」者하면 厚賞之하리라." 하다. 下部「劉屋句」
밀우 자　후상지　　　　하부 유옥구

가 前對曰, "臣이 試往焉하리다." 하고 遂於戰地하
전대왈　신　시왕언　　　수어전지

여 見「密友」伏地하고 乃負而至하니 王이 枕之以
견 밀우 복지　　내부이지　　왕　침지이

股하니 久而乃蘇하다.
고　　구이내소

▶ 어려운 낱말 ◀

[並] : 아우르다(병). 함께. [陷] : 빠질(함). 함락. [出奔(출분)] : 성에서 나와
도망가다. [死士(사사)] : 결사대. [赴敵(부적)] : 적군 속으로 달려감. [下部
(하부)] : 서부의 별칭.

▷ 본문풀이 ◁

「밀우」와 「유유」는 모두 〈고구려〉인이다. 『동천왕』 20년에 〈위〉
나라 〈유주〉 자사 「관구검」이 군사를 거느리고 침입하여 〈환도
성〉을 함락시키니, 왕이 성에서 나와 도주하였다. 장군 「왕기」가

왕을 추격하였다. 왕이 〈남옥저〉로 달아나기 위하여 죽령에 이
르렀을 때 군사들은 거의 모두 흩어지고, 다만 〈동부〉의「밀우」
가 혼자 왕 옆에 있다가 왕에게 말하기를, "이제 추격해 오는 군
사가 매우 가까이 있으니 형세가 급박하게 되었습니다. 신이 결
사적으로 막겠사오니 왕께서는 도망하소서." 했다. 밀우는 드디
어 결사대를 모집하여 함께 적진으로 달려가 힘껏 싸웠다. 왕은
이 틈을 타서 겨우 탈출하였다. 왕은 가다가 산골짜기에 의지하
여 흩어진 군사를 모아 방어하면서 말하기를, "만일「밀우」를 찾
아올 수 있는 사람이 있으면 그에게 후한 상을 주겠다."고 하니,
하부의「유옥구」가 앞으로 나서면서 대답하기를, "신이 가보겠
습니다." 했다. 그는 곧 싸움터로 가서 땅에 쓰러져 있는「밀우」
를 발견하고 즉시 업어 왔다. 그는 왕이 무릎을 베어주고 한참이
지난 후에야 소생했다.

○王이 間行轉輾하여 至〈南沃沮〉하니 〈魏〉軍은
追不止하다. 王은 計窮勢屈하여 不知所爲하다. 〈東
部〉人「紐由」進曰, "勢甚危迫하니 不可徒死니이
다. 臣이 有愚計하니 請以飮食하여 往犒〈魏〉軍이라
가 因伺隙하여 刺殺彼將하리니 若.臣計得成이면
則.王可奮擊決勝하소서." 하니 王曰, "諾다." 하다.

「紐由」入〈魏〉軍하여　詐降曰,　"寡君이　獲罪於大
國하여　逃至海濱이나　措躬無地矣라.　將以請,降於
陣前하고　歸死司寇하여　先遣小臣하여　致,不腆之
物하여　爲從者羞라."하니〈魏〉將聞之하고　將受其
降하다.「紐由」가　隱刀食器하여　進前拔刀하여　刺
〈魏〉將胸하고　與之俱死하니〈魏〉軍遂亂하다.

▷본문풀이◁

　왕은 사잇길을 헤매다가〈남옥저〉에 이르렀다. 그러나〈위〉
나라 군사는 추격을 멈추지 않았다. 왕은 마땅한 방법도 없고 형
세도 궁하여 어찌할 줄을 몰랐다. 이때, 동부 사람「유유」가 말하
기를, "형세가 매우 위급하니 그냥 죽을 수는 없습니다. 신에게
어리석은 계책이 있는바, 음식을 차려 가지고〈위〉나라 군사를
한턱 먹이는 체하다가 틈을 타서 저들의 장수를 찔러 죽이겠습니

다. 만일 신의 계책이 이루어진다면 이때 왕께서 공격하여 승부를 결판내십시오." 하니, 왕이 "좋다."고 말하였다. 「유유」가 〈위〉의 군중에 들어가서 거짓 항복하는 체하며 말하기를, "우리 임금이 대국에 죄를 짓고 도망하여 바닷가에 이르렀으나 몸 둘 곳이 없다. 장차 진지 앞에 나아가 항복을 청하고 형리의 처벌을 받으려 하는데, 먼저 소신을 보내 변변치 않은 음식으로 종자들에게 먹이려 한다."고 했다. 〈위〉의 장수가 이 말을 듣고 항복을 받으려 하였다. 「유유」가 칼을 음식 그릇에 숨겼다가 앞으로 달려들어 칼을 뽑아 〈위〉장의 가슴을 찌르고 그와 함께 죽으니 〈위〉나라 군중이 갑자기 혼란스러워졌다.

○ 王이 分軍爲三道하여 急擊之하니 〈魏〉軍擾亂하여 不能陣하고 遂自〈樂浪〉而退하다. 王이 復國論功하되 以「密友」와 「紐由」를 爲第一하여 賜「密友」는 〈巨谷〉과 〈青木谷〉하고 賜「屋句」는 〈鴨綠〉과 〈豆訥河原〉으로 以爲食邑하고 追贈「紐由」로 爲九使者하고 又以其子「多優」로 爲大使者하다.

▶ 어려운 낱말 ◀

[擾亂(요란)]: 흔들려 어지럽다. [陣(진)]: 방비하다. 펴다. 陳=陣.

　왕은 군사를 세 길로 나누어 갑자기 그들을 공격하였다. 〈위〉
군이 혼란해져 진을 정비하지 못하고, 마침내 〈낙랑〉으로부터
물러갔다. 왕이 다시 나라로 돌아와서 논공행상 하는데 「밀우」와
「유유」의 공로를 첫째로 삼아 「밀우」에게 〈거곡〉과 〈청목곡〉을
하사하고, 「옥구」에게 압록강의 〈두눌하원〉을 하사하여 그들의
식읍으로 하였으며, 「유유」에게는 벼슬을 추증하여 구사자로 하
고, 또한 그의 아들 「다우」를 대사자로 삼았다.

17 | 明臨答夫(명림답부) : 고구려의 무인

　○明臨答夫는 〈高句麗〉人也라.『新大王:165~79』
　　명림답부　　　고구려　인야　　　신대왕

時에 爲,國相하다. 〈漢〉의 〈玄菟郡〉太守, 「耿臨」이
시　　위국상　　　　한　　현도군태수　　경림

發,大兵欲攻我하니　王이　問,群臣戰守孰便고　하니
발대병욕공아　　　왕　　문군신전수숙편

衆義曰, "〈漢〉兵은 恃衆輕我하니 若不出戰이면
중의왈　　　한병　시중경아　　　약불출전

彼以我爲怯이라 하여 數來하리라 山險而路隘하니
피이아위겁　　　　삭래　　　산험이노애

此,所謂一夫當關이면 萬夫,莫當者也라. 〈漢〉兵雖
차 소위일부당관　　　　만부막당자야　　　한　병수

衆이나 無如我何리니 請,出師禦之하소서."하거늘
중　　　무여아하　　　청출사어지

「答夫」曰, "不然하다 〈漢〉은 國大民衆에 今以强兵
답부왈　불연　　　한　국대민중　금이강병

遠鬪하니 其鋒不可當也라. 而,又兵衆者는 宜戰하고
원투　　　기봉불가당야　　이우병중자　의전

兵少者는 宜守가 兵家之常也라. 今에 〈漢〉人은 千
병소자　의수　병가지상야　금　한인　천

里轉糧으로 不能持久리라 若我,深溝高壘하고 淸野
리전량　불능지구　약아심구고루　청야

以,待之면 彼必不過,旬月하여 饑困而歸하리니 我
이대지　피필불과순월　기곤이귀　아

以,勁卒迫之면 可以得志리라."하니 王이 然之하여
이경졸박지　가이득지　왕　연지

嬰城固守하다.
영성고수

▶ 어려운 낱말 ◀

[孰便(숙편)] : 어느 것이 더 좋은가. [路隘(노애)] : 길이 좁다. [遠鬪(원투)] : 멀리에 와서 싸우다. [持久(지구)] : 오래 버티다. [深溝高壘(심구고루)] : 호를 깊이하고 성을 높이다. [淸野(청야)] : 곡식을 거둬들여 들판을 깨끗하게 함. [旬月(순월)] : 한 달. [饑困(기곤)] : 배고프고 피곤하여. [勁卒(경졸)] : 강력한 군졸. [嬰城(영성)] : 성문을 굳게 닫고 성을 지킴. 농성.

▷ 본문풀이 ◁

　명림답부는 〈고구려〉인이다. 『신대왕』 때 국상이 되었다. 〈한〉나라 〈현도군〉 태수 「경림」이 대군을 발동하여 우리를 침공하려

하자, 왕이 여러 신하들에게 공격과 방어에서 어느 것이 유리할 것인가? 하고 물었다. 여러 사람들이 의논하여 말하기를, "〈한〉나라 군사는 병사의 수가 많은 것을 믿고 우리를 업신여기는데, 만약 나아가 싸우지 않는다면 저들은 우리를 비겁하다 하여 자주 올 것이요, 반면에 우리나라는 산이 험하고 길이 좁으니 이야말로 한 명이 관문을 지켜도 만 명이 당하지 못하는 격입니다. 따라서 〈한군〉이 비록 많다고 하지만 우리를 어찌 하지 못할 것입니다. 청컨대 군사를 출동시켜 방어하소서." 「답부」가 말하기를, "그렇지 않습니다. 〈한〉은 나라가 크고 백성이 많으며, 지금 정예병이 멀리 와서 싸우니 그 예봉을 당해낼 수 없습니다. 또한 군사가 많은 자는 마땅히 싸워야 하고, 군사가 적은 자는 지켜야 한다는 것이 병가의 상법입니다. 지금 〈한〉나라 사람들은 천 리 길에 군량을 운반해 왔으므로 오랫동안 버티지는 못할 것입니다. 만약 우리가 구덩이를 깊이 파고, 보루를 높이 쌓으며, 들판을 비워 놓고 기다린다면, 저들은 틀림없이 한 달이 넘지 않아서 굶주리고 피곤하여 돌아갈 것입니다. 그때 우리가 강병을 앞세워 추격한다면 뜻을 이룰 수 있을 것입니다."라고 하니, 왕이 그렇게 여겨 성문을 닫고 굳게 지켰다.

○〈漢〉人이 攻之不克하고 士卒饑餓하여 引還하다. 「答夫」帥師 數千騎하여 追之하여 戰於〈坐原〉하니 〈漢〉軍大敗하여 匹馬不反하다. 王이 大悅하

여 賜,「答夫」를 〈坐原〉及〈質山〉하여 爲,食邑하다.

十五年秋,九月에 卒하니 年이 百十三歲러라. 王이

自臨慟하며 罷朝七日하고 以禮葬於〈質山〉하고

置,守墓二十家하다.

▷ 본문풀이 ◁

〈한〉나라 사람들이 공격하였으나 승리하지 못하고, 장수와 졸
병들이 굶주렸으므로 돌아갔다. 「답부」가 수천 명의 기병을 거느
리고 추격하여 〈좌원〉에서 교전하였는데, 〈한〉나라 군사가 대패
하여 단 한 필의 말도 돌아가지 못하였다. 왕이 크게 기뻐하여
「답부」에게 〈좌원〉과 〈질산〉을 하사하여 그의 식읍으로 삼게 하
였다. 그가 15년 가을 9월에 죽으니, 나이가 113세였다. 왕이 직
접 가서 애통해하며 7일 간 조회를 금하였으며, 예를 갖추어 〈질
산〉에 장사하고 묘지기 20가를 두었다.

18 昔于老(석우로) : 신라의 장군

○「昔于老」는〈奈解〉尼師今之子니라.[或云,角干 「水老」之子也.]『助賁王』二年七月에 以,伊湌으로 爲, 大將軍하여 出討〈甘文國:경북 금릉 감문〉하여 破之 하고 以其地로 爲,郡縣하다. 四年七月에〈倭〉人來 侵으로「于老」가 逆戰於〈沙道:영일?〉에 乘風縱火 하여 焚賊戰艦하니 賊이 溺死且盡하다. 十五年,正 月에 進爲,舒弗邯하고 兼知,兵馬事하다. 十六年에 〈高句麗〉가 侵北邊이어늘 出擊之하나 不克하고 退保〈馬頭柵〉하다. 至夜에 士卒寒苦하여「于老」 躬行勞問하고 手燒薪樵하여 暖熱之하니 群心感喜 하여 如,夾纊하다.『沾解王』在位에〈沙梁伐國:지금 尙州〉이 舊,屬我러니 忽背而歸〈百濟〉하니「于老」 가 將兵,往討滅之하다.

▶ 어려운 낱말 ◀

[溺死(익사)] : 물에 빠져 죽다. [寒苦(한고)] : 춥고 괴로움. [勞問(노문)] : 위로
하고 위문함. [薪樵(신초)] : 땔나무. [夾纊(협광)] : 솜을 두른 것 같음. [纊] :
솜(광).

▷ 본문풀이 ◁

　「석우로」는 〈나해〉 이사금의 아들이다.【혹은 각간 「수로」의 아들이
라고도 한다.】『조분왕』 2년 7월에, 이찬으로서 대장군이 되어 〈감
문국〉을 토벌하여 이를 격파하고 그 지역을 군현으로 만들었다.
4년 7월에, 〈왜〉인이 침략해오자 「우로」가 〈사도〉에서 역습하였
다. 그가 바람을 이용하여 불을 질러 적의 전함을 불태우자, 적들
은 물로 뛰어들어 모두 죽었다. 그는 15년 정월에, 서불한으로 승
급되고 동시에 병마사도 겸하였다. 16년, 〈고구려〉가 북쪽 변경
을 침범하므로 「우로」가 이를 공격하였으나 승리하지 못하고 퇴
각하여 〈마두책〉을 지켰다. 밤에 군사들이 몹시 추워하므로 「우
로」가 직접 다니면서 위로하고, 직접 불을 피워 따뜻하게 해주니,
여러 사람들이 마음속으로 기쁘게 느껴 마치 솜을 두르고 있는
것 같이 여겼다. 『첨해왕』이 왕위에 있을 때, 이전부터 우리에게
속해있던 〈사량벌국〉이 갑자기 배반하여 〈백제〉로 투항하므로,
「우로」가 군사를 거느리고 그를 토벌하여 멸해버렸다.

○七年. 癸酉에 〈倭國〉使臣 「葛那古」가　在館하
　　칠년　계유　　　왜국사신　　갈나고　　　　재관
여 「于老」主之하니　與客戲言하되 “早晚에　以汝王
　　우로　주지　　　여객희언　　　　조만　　이여왕

으로 爲₁鹽奴하고 王妃로 爲₁爨婦하리라." 하다. 〈倭〉
　　위 염노　　왕비 위 찬부　　　　　　　　　왜

王이 聞之怒하여 遣₁將軍「于道朱君」하여 討我하
왕 문지노　　　견장군 우도주군　　　토아

니 大王이 出居于〈柚村〉하다.「于老」曰, "今兹之
대왕 출거우 유촌　　　우로왈 금자지

患은 由₁吾言之不愼이니 我其當之하리라." 하고 遂
환 유오언지불신　　　아기당지　　　　　　　수

抵〈倭〉軍하여 謂曰, "前日之言은 戲之耳니라 豈
저왜군　　위왈 전일지언　　희지이　　　기

意興師₁至於此耶아?" 하다. 〈倭〉人이 不答하고 執
의흥사 지어차야　　　왜인 부답　　　집

之하여 積柴₁置其上하고 燒殺之하고 乃去하다.
지　　적시 치기상　　소살지　　내거

「于老」子는 幼弱不能步라 人抱₁以騎而歸하여 後
우로 자 유약불능보　　인포 이기이귀　　후

爲「訖解」尼師今하다.『味鄒王』時에 〈倭〉國大臣
위 흘해 이사금　　미추왕 시　　왜 국대신

이 來聘하니「于老」妻가 請於國王하여 私饗〈倭〉
내빙　　우로 처 청어국왕　　사향 왜

使臣이라가 及其泥醉하니 使壯士로 曳下₁庭焚之
사신　　급기니취　　사장사　　예하 정분지

하여 以報前怨하다.〈倭〉人₁忿하여 來攻〈金城〉하
이보전원　　왜인 분　　내공 금성

다가 不克引歸하다.
불극인귀

▶ 어려운 낱말◀

　[早晩(조만)] : 조만간에.　[鹽奴(염노)] : 소금 만드는 자.　[爨婦(찬부)] : 炊事婦.
　[積柴(적시)] : 나뭇단을 쌓아놓고.　[燒殺(소살)] : 태워 죽이다.　[泥醉(니취)] :
　몹시 취하다.

7년 계유에, 〈왜국〉 사신 「갈나고」가 사관에 와 있었는데, 「우로」가 주인처럼 행세하며 손님에게 다음과 같은 농담을 하기를, "조만간에 너의 국왕을 염전의 노비로 만들고, 너의 왕비는 취사부로 만들겠다." 하니, 〈왜〉왕이 이 말을 듣고 노하여 장군 「우도주군」을 보내 우리를 공격하자, 대왕이 〈유촌〉에 나가 있었다. 「우로」가 말하기를, "지금의 환란은 제가 말을 조심하지 않은 데에서 비롯된 것이니, 제가 책임을 지겠습니다." 하고 우로는 마침내 〈왜〉군에게 가서 말하기를, "전일에 한 말은 농담일 뿐이었는데, 이렇게 군사를 일으킬 줄이야 어찌 뜻하였으랴?"라고 하니, 〈왜〉인이 대답을 하지 않고 그를 붙잡아 장작을 쌓아 그 위에 얹어 놓고 불태워 죽인 다음 가버렸다. 「우로」의 아들은 어려서 몸이 약한 탓에 걸음을 걷지 못하였으므로, 다른 사람이 항상 그를 안아다가 말에 태워 집으로 돌아오곤 하였다. 그는 후에 「흘해」 이사금이 되었다. 『미추왕』 때 〈왜〉국 대신이 예빙하여 왔었는데, 「우로」의 처는 국왕에게 청하여 〈왜〉국 사신을 대접할 기회를 얻었다. 왜국의 사신이 흠뻑 술에 취하였을 때, 그녀는 장사로 하여금 그를 뜰에 내려놓고 불에 태워 전날의 원수를 갚았다. 〈왜〉인들이 분개하여 금성에 침공하여 왔으나 승리하지 못하고 돌아갔다.

○論曰, 「于老」가 爲, 當時大臣으로 掌, 軍國事하
　　논왈　　우로　　위 당시대신　　　　장군국사

여 戰必克하고, 雖不克이라도 亦不敗이니 則, 其謀
　戰필극　　수불극　　　　역불패　　즉 기모

策이 必有過人者라. 然이나 以一言之悖로 以自
책　필유과인자　　연　　　이일언지패　　이자

取死하고 又令兩國交兵이라 其妻能報怨이나 亦
취사　　우령양국교병　　　기처능보원　　　역

變而非正也라. 若不爾者면 其功業도 亦可錄也
변이비정야　　약불이자　　기공업　　역가록야

리라.

[저자의 견해]

　「우로」가 당시의 대신으로서, 군국의 사무를 맡아 싸우면 반드
시 이기고, 또한 이기지 못하더라도 패하지는 않았으니, 그의 모
책이 틀림없이 남보다 뛰어난 점이 있었을 것이다. 그러나 말 한
마디를 잘못함으로써 스스로 죽음의 길로 들어섰고, 또한 두 나
라 사이에 싸움까지 일으켰다. 그의 아내가 원수를 갚을 수 있었
으나 이것도 역시 변칙이요, 올바른 길은 아니었다. 만약 이러하
지 않았다면 그의 공적도 기록에 남길 만하였다.

19 | 朴堤上(박제상) : 신라의 충신

○「朴堤上」[或云「毛末」]은 始祖「赫居世」之後요,
　　박제상　　　　　　　　시조　혁거세　지후

「婆娑」尼師今五世孫이며, 祖는「阿道」葛文王이
요, 父는「勿品」波珍湌이다.「堤上」은 仕爲〈歃良
州〉干하다. 先是에『實聖王』元年,壬寅(402)에 與,
〈倭國〉講和러니 〈倭〉王이 請以『奈勿王』之子「未
斯欣」으로 爲質하다. 王이 嘗恨『奈勿王』이 使己
質於〈高句麗〉로 思有以,釋憾於其子라 故로 不拒
而遣之하다. 又,十一年,壬子에는〈高句麗〉가 亦欲
得「未斯欣」之兄「卜好」로 爲質하니 大王이 又遣
之하다. 及『訥祇王』이 卽位에 思得辯士하여 往迎
之하려 하다. 聞〈水酒村〉干「伐寶鞅」과 〈一利村〉干
「仇里迺」와 〈利伊村〉干「波老」, 三人,有,賢智하고
召問曰, "吾弟二人이 質於〈倭〉,〈麗〉二國하여 多年
不還하니다. 兄弟之故로 思念不能自止하고 願使
生還하니 若之何而,可오?" 하니 三人同對曰, "臣
等이 聞〈歃良州〉干,「堤上」이 剛勇而有謀하니
可得以解,殿下之憂하리이다." 하다.

▶ 어려운 낱말 ◀

[葛文王(갈문왕)] : 신라 때 추존된 임금을 갈문왕이라 불렀다. [干(간)] : 중앙
직제에는 일길찬에 준하는 京官 舒知에 해당하는 下級官이다. [講和(강화)] : 강
화조약. [若之何而可(약지하이가)] : 어떻게 하면 좋겠는가? [剛勇(강용)] : 굳
세고 용감함.

▷ 본문풀이 ◁

「박제상」【혹은 「모말」이라고도 한다.】은 시조 「혁거세」의 후손이요,
「파사」 이사금의 5세손이고, 조부는 「아도」 갈문왕이었으며, 아버
지는 「물품」 파진찬이었다. 「제상」은 벼슬길에 나아가 〈삽량주〉
간이 되었다. 이보다 앞서 『실성왕』 원년 임인에 〈왜〉국과 화친을
맺을 때, 〈왜〉왕이 『나물왕』의 아들 「미사흔」을 인질로 요구하였
다. 『실성왕』은 일찍이 『나물왕』이 자기를 〈고구려〉에 인질로 가
게 한 것을 한스럽게 생각하여 그 아들에게 분풀이를 하고자 했기
때문에, 왜왕의 요구를 거절하지 않고 그를 인질로 보내게 하였
다. 또한 11년 임자에, 〈고구려〉에서도 「미사흔」의 형 「복호」를
인질로 요구하여 대왕이 또한 그를 보냈다. 『눌지왕』이 즉위하자,
변사를 구하여 그들을 데려오기로 하였다. 대왕은 〈수주촌〉 간
「벌보말」과 〈일리촌〉간 「구리내」와 〈이이촌〉 간 「파로」 등 세 사
람이 어질고 지혜롭다는 말을 듣고 그들을 불러 묻되, 나의 아우
두 사람이 〈왜〉국과 〈고구려〉 두 나라에 인질로 가서 수년 간 돌
아오지 못하고 있다. 형제인 까닭에 보고 싶은 생각을 스스로 억
제할 수 없는지라, 그들이 살아서 돌아오게 하고 싶은데 어떻게
하면 좋겠느냐?" 하니, 세 사람이 다같이 함께 대답하기를, "신들

이 듣건대, 〈삽량주〉 간 「제상」은 사람이 굳세고 용감하며 지모가 있다 하니, 그가 족히 전하의 근심을 풀어드릴 수 있을 것입니다."고 했다.

○於是에 徵「堤上」使前하고 告,三臣之言하며
어시 징 제상 사전 고 삼신지언

而,請行하다. 「堤上」對曰, "臣이 雖愚不肖나 敢
이 청행 제상 대왈 신 수우불초 감

不,唯命祗承하오리까?" 하고 遂以聘禮로 入〈高句
불 유명지승 수이빙예 입 고구

麗〉하여 語,王曰, "臣은 聞하니 交,隣國之道는 誠
려 어왕왈 신 문 교 인국지도 성

信而已니이다. 若交質子하면 則,不及五覇하니 誠,
신이이 약교질자 즉 불급오패 성

末世之事也니이다. 今에 寡君之愛弟가 在此하여
말세지사야 금 과군지애제 재차

殆將十年하니 寡君이 以,鶺鴒이 在原之意로 永懷
태장십년 과군 이 척령 재원지의 영회

不已니이다. 若,大王惠然歸之하면 則若,九牛之落,
불이 약 대왕혜연귀지 즉약 구우지락

一毛하여 無所損也며 而,寡君도 之德,大王也하여
일모 무소손야 이 과군 지덕 대왕야

不可量也리니 王은 其念之하소서!" 하니 王曰,
불가량야 왕 기념지 왕왈

"諾다." 하며 許與同歸하다. 及,歸國에 大王이 喜
낙 허여동귀 급 귀국 대왕 희

慰曰, "我念二弟하면 如,左右臂가 今,只得一臂하
위왈 아념이제 여 좌우비 금 지득일비

니 奈何오?" 하다.
내 하

[唯命祗承(유명지승)] : 오직 명령을 공경히 받들다. [祗] : 공경(지). [鶺鴒(척령)] : 물가에 사는 燕雀類의 작은 새. 서로 친한 형제의 비유. [臂] : 팔(비).

▷ 본문풀이 ◁

이에 「제상」을 불러 앞으로 오게 하고 세 신하의 말을 전하며 고구려로 가주기를 요청하니 「제상」이 대답하기를, "신이 비록 어리석고 불초하나 어찌 감히 명을 받들지 않겠습니까?" 하니, 제상은 드디어 빙례를 갖추고 〈고구려〉로 들어가서 왕에게 말하기를, "제가 듣건대, 이웃 나라와 교제하는 도는 성실과 신의뿐이라고 합니다. 만일 인질을 서로 주고받는다면 이는 오패만도 못한 것이니, 실로 말세의 행위가 될 것입니다. 지금 우리 임금의 사랑하는 아우가 여기에 있은 지 거의 10년이 됩니다. 우리 임금은 척령이 들판에 있는 듯이 영영 잊지 못하고 있습니다. 만약 대왕이 고맙게도 그를 돌려보내 주신다면, 이는 마치 구우일모 격으로서 대왕에게는 손해될 것이 없으나, 우리 임금은 한없이 대왕의 유덕함을 칭송하게 될 것이니, 왕께서는 이 점을 유념하여 주소서!" 하니, 왕은 "좋다."고 하면서 그들이 함께 돌아가는 것을 허락하였다. 그들이 귀국하자 대왕은 기뻐하고 위로하면서 말하기를, "나는 두 아우 생각하기를 좌우의 두 팔과 같이 하는데, 이제 다만 한 팔만 찾았으니 어찌 해야 하는가?"

○「堤上」이 報曰, "臣雖奴才나 旣以身으로 許
　　제 상　　보 왈　　신 수 노 재　　기 이 신　　　허

國하니 終不辱命하리이다. 然이나 〈高句麗〉는 大
國이요 王亦賢君이라. 是故로 臣得以 一言悟之하
나 若〈倭〉人은 不可以 口舌諭하니 當以詐謀로 可
使王子歸來이리다. 臣이 適彼어든 則 請以背國論
으로 使 彼聞之하소서."하고 乃 以死自誓하고 不見
妻子하고 抵〈栗浦:울산〉하여 汎舟向〈倭〉하다. 其
妻聞之하고 奔至 浦口하여 望舟大哭曰, "好歸來
오."하니 「堤上」이 回顧曰, "我將 命入敵國하니
爾 莫作再見期오."하다. 遂徑入〈倭國〉하여 若叛來
者하니 〈倭〉王이 疑之하다. 〈百濟〉人으로 前入
〈倭〉하여 讒言하되 '〈新羅〉가 與〈高句麗〉로 謀侵
王國이라.' 하니 〈倭〉遂遣兵하여 邏戍〈新羅〉境外
하다. 會에 〈高句麗〉來侵하여 幷擒殺〈倭〉邏人하니
〈倭〉王은 乃以〈百濟〉人言을 爲實하다. 又聞〈羅〉
王이 囚「未斯欣」과 「堤上」之家人하고 謂「堤上」
을 實叛者하다.

▶ 어려운 낱말 ◀

[報曰(보왈)] : 대답하기를. [奴才(노재)] : 노둔한 재주. [終不辱命(종불욕명)] : 마침내 왕명을 욕보이지 않음. [徑入(경입)] : 들어가다. [擒殺(금살)] : 잡아 죽이다. [邏人(나인)] : 순라꾼.

▷ 본문풀이 ◁

「제상」이 대답하기를, "신이 비록 재주가 노둔하오나 이미 몸을 나라에 바쳤으니 끝까지 명을 욕되게 하지 않겠습니다. 그러나 〈고구려〉는 대국이고, 왕도 역시 어진 임금이었기 때문에 신이 한 마디 말로써 그를 깨우칠 수 있었지만, 〈왜〉인들은 말로써 달랠 수 없으니 속임수로써 왕자를 돌아오게 해야 합니다. 신이 저 곳에 가거든, 신이 반역하였다는 죄를 씌우고, 이 소식이 저들의 귀에 들어가게 하소서." 했다. 제상은 이에 죽기를 맹세하고 처자도 만나지 않은 채 〈율포〉로 가서 배를 타고 〈왜〉로 향하였다. 그의 아내가 이 소문을 듣고 포구로 달려가 배를 바라보면서 대성통곡하며 말하기를, "잘 다녀오시오!"「제상」이 돌아보면서 말하기를, "내가 명을 받들고 적국으로 들어가는 것이니, 그대는 다시 만날 것을 기대하지 마시오."라 하고, 드디어 그 길로 곧장 〈왜국〉에 들어갔다. 그는 마치 모반하다가 그곳에 온 것처럼 행동하였으나 〈왜〉왕이 그를 의심하였다. 그런데 그보다 얼마 전에 〈백제〉인이 왜국에 가서 '〈신라〉와 〈고구려〉가 모의하여 왕의 나라를 침공하려 한다.'고 거짓말을 한 적이 있었다. 그때 〈왜국〉에서는 군사를 보내 신라 국경 밖에서 염탐하게 하였다. 그때 마침 〈고구려〉가 침입하여 〈왜〉의 염탐꾼을 모두 잡아 죽였다.

이러한 사실로 인하여 〈왜〉왕은 〈백제〉인의 말을 사실로 여겼으며, 또한 〈신라〉왕이 「미사흔」과 「제상」의 가족을 가두었다는 소식을 접하게 되자, 「제상」이 정말 배반자라고 믿게 되었다.

○於是에 出師하여 將襲〈新羅〉라 하여 兼差「堤
上」과 與「未斯欣」으로 爲將하여 兼使之,鄉導하다.
行至海中山島하니 〈倭〉諸將이 密議하되 滅〈新
羅〉後에 執「堤上」과 「未斯欣」妻하여 以還이라 하
다. 「堤上」知之하고 與「未斯欣」으로 乘舟遊하며
若捉魚鴨者하니 〈倭〉人이 見之하고 以謂無心喜
焉하다. 於是에 「堤上」이 勸「未斯欣」으로 潛歸本
國하니 「未斯欣」曰, "僕奉,將軍如父하니 豈可獨
歸리오?"하거늘 「堤上」曰, "若,二人俱發이면 則,恐
謀不成이라." 하니 「未斯欣」이 抱「堤上」項하고 泣
辭而歸하다. 「堤上」이 獨眠室內하다가 晏起하니
欲使「未斯欣」으로 遠行이라. 諸人問하되 "將軍何
起之晚고?"하니 答曰, "前日에 行舟勞困하여 不

得凩興이라."하다. 及出에 知「未斯欣」之逃하고 遂
득 숙 흥   급 출   지 미 사 흔 지 도   수

縛「堤上」하고 行舡追之하나 適에 煙霧晦冥하여
박 제 상   행 강 추 지   적   연 무 회 명

望不及焉하다.
망 불 급 언

▶ 어려운 낱말 ◀

[兼差(겸차)] : 함께 임명하다. 兼官. [鄕導(향도)] : 길잡이. [山島(산도)] : 산으
로 된 섬. [密議(밀의)] : 몰래 회의하다. [鴨] : 오리(압). [謀不成(모불성)] : 계
획을 성공하지 못함. [項] : 목(항). [晏起(안기)] : 늦게 일어나다. [煙霧晦冥
(연무회명)] : 안개가 짙어서 깜깜 어둡다.

▷ 본문풀이 ◁

이에 왜는 군사를 출동시켜 〈신라〉를 습격하기로 하고, 「제
상」과 「미사흔」을 장수 겸 향도로 삼았다. 행렬이 바다에 있는 산
으로 된 섬에 이르자 〈왜〉의 여러 장수들이, 〈신라〉를 멸한 뒤에
는 「제상」과 「미사흔」의 처자를 잡아오자고 은밀히 의논하였다.
「제상」이 이를 알고 「미사흔」과 함께 배를 타고 놀면서 마치 물
고기와 오리를 잡는 것 같이 행동하니, 〈왜〉인들은 이것을 보고
그들에게 다른 마음이 없다고 좋아하였다. 이때 「제상」이 「미사
흔」에게 슬며시 본국으로 돌아갈 것을 권했다. 「미사흔」은 "내가
장군을 아버지처럼 받들고 있는데, 어찌 나 혼자 돌아가겠는가?'
라고 대답했다. 「제상」이 말하기를, "만약 두 사람이 함께 떠난다
면 일이 성사되지 않을까 염려됩니다."하니, 「미사흔」은 「제상」

의 목을 안고 울면서 하직하고 돌아왔다. 「제상」은 방 안에서 혼자 자다가 늦게야 일어났다. 이는 「미사흔」으로 하여금 멀리 가도록 하기 위함이었다. 여러 사람들이 "장군은 왜 늦게 일어나느냐?"고 물으니, 제상은 말하기를, "전날 배를 탔더니 피곤하여 일찍 일어날 수가 없었다."고 하였다. 그가 밖으로 나오자, 왜인들은 마침내 「미사흔」이 도망간 것을 알고 「제상」을 결박해 놓은 채 배를 풀어 추격하였다. 때마침 안개가 대단히 짙게 끼어서 아무것도 보이지 않았다.

○歸「堤上」於王所하고 則流於〈木島〉하다가 未幾에 使人으로 以薪火燒爛支體하여 然後에 斬之하다. 大王(訥祇)이 聞之哀慟하며 追贈大阿湌하고 厚賜其家하고 使「未斯欣」으로 娶其「堤上」之第, 二女로 爲妻하여 以報之하다. 初에 「未斯欣」之來也에 命六部하여 遠迎之하며 及見에 握手相泣하다. 會兄弟置酒極娛하며 王이 自作歌舞하여 以宣其意하니 今에 鄕樂〈憂息曲〉이 是也니라.

▶ 어려운 낱말 ◀

[流(유)]: 유배시키다. [未幾(미기)]: 얼마 아니하여. [薪火燒爛(신화소란)]: 이

列傳(열전) | 197

글거리는 장작불에 몸을 태우다. [哀慟(애통)] : 매우 슬퍼하다. [相泣(상읍)] :
서로 붙잡고 울다. [極娛(극오)] : 매우 즐기다.

▷ 본문풀이 ◁

　왜인은 「제상」을 왕의 처소로 돌려보내고, 곧바로 〈목도〉로 유
배시켰다가, 얼마 지나지 않아 장작불로 온몸을 태운 뒤에 목을
베었다. 대왕은 이 소문을 듣고 애통해하며 대아찬을 추증하고,
그의 가족들에게 후하게 물건을 하사하고, 「미사흔」으로 하여금
「제상」의 둘째 딸을 데려다가 아내를 삼게 함으로써 은혜에 보답
케 하였다. 처음 「미사흔」이 돌아올 때 대왕은 6부에 명령하여 멀
리 나가서 그를 맞게 하였으며, 그를 만나게 되자 손을 잡고 서로
울었다. 형제들이 모여 술자리를 마련하고 마음껏 즐겼으며, 왕
이 가무를 스스로 지어 자신의 뜻을 나타냈는데, 지금 향악 가운
데의 〈우식곡〉이 그것이다.

20 | 貴山(귀산) : 신라의 화랑

　○「貴山」은 〈沙梁部〉人也라. 父는 「武殷」阿干
　　　귀　산　　　　사　량　부　인야　　부　　　　무은　아간
이다. 「貴山」이 少與部人「箒項」으로 爲友하다. 二
　　　귀　산　　　소여부인　　추항　　　　위우　　　　이

人相謂曰, "我等이 期與士君子로 遊하나 而不
인상위왈　아등　기여사군자　유　이불

先正心修身이면 則恐不免於招辱하리니 蓋問道
선정심수신　즉공불면어초욕　개문도

於賢者之側乎아?"하니 時에 「圓光法師」가 入
어현자지측호　시　원광법사　입

〈隋〉遊學하고 還居〈加悉寺〉라, 爲時人이 所尊
수유학　환거가실사　위시인　소존

禮하다.
례

▶ 어려운 낱말 ◀

[我等(아등)] : 우리들이. [招辱(초욕)] : 욕을 당하다. [尊禮(존례)] : 높이 예우
하다.

▷ 본문풀이 ◁

「귀산」은 〈사량부〉 사람으로서, 아버지는 「무은」 아간이다.
「귀산」은 젊어서 같은 부에 있는 사람 「추항」을 벗으로 삼았다.
두 사람은 서로 말하기를, "우리가 선비나 군자와 함께 교유하기
를 기대하면서도, 먼저 마음을 바르게 하고 몸을 닦지 않는다면
아마도 욕을 당하지 않을 수 없을 것이니, 어찌 어진 사람 옆에서
도를 배우지 않겠는가?" 하고, 당시에 「원광법사」가 〈수〉나라에
유학을 다녀와서 〈가실사〉에 있었는데, 그때 사람들이 그를 높이
예우하였다.

○「貴山」等이 詣門하여 摳衣進告曰, "俗士顓
귀산등　예문　구의진고왈　속사전

蒙하여 無所知識하니 願賜一言하여 以爲,終身之
몽　　무소지식　　　원사일언　　　이위종신지

誠하노이다.”하니 法師曰,“佛戒에 有,菩薩戒하니
계　　　　　　　법사왈　불계　유 보살계

其別有十이나 若等이 爲,人臣子하여 恐,不能堪이
기별유십　　약등　위,인신자　　　공불능감

라.” 今有,世俗五戒하니 一曰,“事君以忠이요, 二
　　　금유세속오계　　　일왈　사군이충　　　이

曰, 事親以孝요, 三曰, 交友以信이요, 四曰, 臨戰
왈　사친이효　삼왈　교우이신　　　사왈　임전

無退요, 五曰, 殺生有擇이라, 若等은 行之無忽하
무퇴　오왈　살생유택　　약등　행지무홀

라!”하다.

▶ 어려운 낱말 ◀

[摳衣(구의)] : 옷자락을 추어올리다. [顓蒙(전몽)] : 어리석고 몽매하다. [若等
(약등)] : 그대들은.

▷ 본문풀이 ◁

「귀산」 등이 그 거처에 가서 옷자락을 여미고 “속세의 선비가
어리석고 몽매하여 아는 것이 없사오니, 한 말씀해주시어 평생의
계명으로 삼게 해주소서.”라고 공손히 말하였다. 법사가 말하기
를, “불가의 계율에 보살계라는 것이 있는데, 그것은 열 가지로
구별되어 있으나 그대들이 남의 신하로서는 아마 감당할 수 없을
것이다.” 지금 〈세속오계〉가 있으니, “첫째는 임금을 충성으로
섬기는 것이요, 둘째는 부모를 효성으로 섬기는 것이요, 셋째는

벗을 신의로 사귀는 것이요, 넷째는 전쟁에 임하여 물러서지 않는 것이요, 다섯째는 살아있는 것을 죽일 때는 가려서 죽여야 한다는 것이니, 그대들은 이를 실행함에 소홀치 말라!' 하였다.

○「貴山」等曰, "他則旣受命矣어니와 所謂殺
生有擇은 獨未曉也니이다." 하니 師曰, "六齋日과
春夏月에 不殺이니 是는 擇時也니라. 不殺使畜이
니 謂馬牛鷄犬이며 不殺細物은 謂肉不足一臠이
라 是擇物也니라. 如此는 唯其所用이니 不求多
殺이라 此는 世俗之善戒也니라." 하다. 「貴山」等
曰, "自今已後에 奉以周旋하고 不敢失墜니이다."
하다.

▶ 어려운 낱말 ◀

[受命(수명)] : 명령을 받다. [一臠(일련)] : 한 점의 고기. [善戒(선계)] : 올바른
가르침. [周旋(주선)] : 두루 실행하다.

▷ 본문풀이 ◁

「귀산」등이 말하기를, "다른 것은 말씀대로 하겠습니다만, 소
위 살아있는 것을 죽일 때는 가려서 죽여야 한다는 말씀만은 잘

모르겠습니다." 하니, 법사가 대답하기를, "육재일과 봄여름에는 살생치 아니한다는 뜻이니, 이는 죽이는 시기를 선택하는 것이다. 가축은 죽이지 않는 법이니, 이는 말, 소, 닭, 개를 죽여서는 안된다는 말이며, 하찮은 것을 죽여서는 안 되나니, 고기 한 점도 되지 못하는 것을 죽여서는 안 된다는 것을 뜻한다. 이는 죽이는 대상을 선택하는 것이다. 이와 같이 오직 소용되는 경우에만 죽이고 그 이상은 죽이지 말 것이니, 이는 세속의 좋은 계율이라고 할 만하다." 했다. 「귀산」 등이 말하기를, "지금부터는 이 가르침을 받들어 두루 실행하고, 감히 어기는 일이 없을 것입니다." 했다.

ㅇ『眞平王』, 〈建福〉十九年(602)의 壬戌秋,八月에 〈百濟〉가 大發兵하여 來圍〈阿莫山城:남원군 운봉〉하니 王이 使,將軍波珍干「乾品」과 「武梨屈」과 「伊梨伐」과 級干「武殷」과 「比梨耶」等으로 領兵拒之하니 「貴山」과 「箒項」도 并以,少監赴焉하다. 〈百濟〉敗하여 退於〈泉山〉之澤하여 伏兵以,待之하다. 我軍進擊하여 力困引還하니 時에 「武殷」이 爲殿하여 立於軍尾러니 伏,猝出하여 鉤而下之하다. 「貴山」大言曰, "吾嘗聞之師曰, 士,當軍無退라,

豈敢,奔北乎리오?" 하고 擊殺賊,數十人하고 以,己
기 감 분 배 호   격 살 적 수 십 인   이 기

馬出父(武殿)하고 與「箒項」으로 揮戈力鬪하니 諸
마 출 부   여   추 항   휘 과 역 투   제

軍見之,奮擊하여 橫尸滿野하여 匹馬隻輪도 無反
군 견 지 분 격   횡 시 만 야   필 마 척 륜   무 반

者러라.「貴山」等도 全瘡滿身하여 半路而卒하다.
자   귀 산 등   전 창 만 신   반 로 이 졸

王이 與群臣으로 迎於〈阿那〉之野하여 臨尸痛哭
왕   여 군 신   영 어 아 나 지 야   임 시 통 곡

하고 以禮殯葬하며 追賜位「貴山」奈麻하고 「箒
이 례 빈 장   추 사 위 귀 산 나 마   추

項」大舍하다.
항 대 사

▶ 어려운 낱말 ◀

[箒] : 빗자루(추). [力困(역곤)] : 힘이 다하여. [爲殿(위전)] : 전투에서 맨 끝.
[猝出(졸출)] : 갑자기 나타나다. [大言(대언)] : 큰소리로 외치다. [奔北(분배)]
: 패하여 도망가다. [以己馬(이기마)] : 자기 말로써. [出父(출부)] : 아버지를
먼저 내보내다. [橫尸滿野(횡시만야)] : 넘어진 적의 시체가 들판에 가득하
다. [匹馬隻輪(필마척륜)] : 말 한 마리와 수레 하나도. [全瘡滿身(전창만신)] :
온몸에 상처가 가득함. [半路而卒(반로이졸)] : 도중에서 죽었다. [臨尸痛哭
(임시통곡)] : 시체 앞에서 통곡하다. [以禮殯葬(이례빈장)] : 예의를 갖추어 장
사지냄.

▷ 본문풀이 ◁

『진평왕』〈건복〉 24년 임술 가을 8월에, 〈백제〉가 대대적으로
군사를 동원하여 〈아막【막(莫)을 영(英)으로도 쓴다.】〉성을 포위했다.

왕은 장군 파진간 「건품」, 「무리굴」, 「이리벌」, 급간 「무은」, 「비리야」 등에게 군사를 주어 이를 방어하게 하였다. 이때 「귀산」과 「추항」은 소감의 관직으로 함께 전선으로 나갔다. 그때 〈백제〉가 패하여 천산의 연못으로 물러가 군사를 매복시킨 채 기다리고 있었다. 우리 군사는 진격하다가 힘이 다하여 돌아오고 있었다. 이때 「무은」은 후군이 되어 군대의 맨 뒤에 오고 있었는데, 복병이 갑자기 튀어나와 갈고리로 그를 잡아당겨 떨어뜨렸다. 「귀산」이 말하기를, "내 일찍이 스승에게 들으니, 군사는 적군을 만나 물러서지 않는다. 어찌 감히 패하여 달아날 수 있으랴?"라고 큰 소리로 외치고, 적을 쳐서 수십 명을 죽인 다음 자기 말에 아버지를 태워 보내고, 「추항」과 함께 창을 휘두르며 힘껏 싸웠다. 여러 군사들이 이를 보고 분발하여 진격하니, 쓰러진 시체가 들판을 메우고 말 한 필, 수레 한 채도 돌아간 것이 없었다. 「귀산」 등은 온몸이 창칼에 찔려 돌아오는 도중에 죽었다. 왕은 여러 신하들과 함께 〈아나〉의 들판에서 그들을 맞이하였다. 왕은 그들의 시체 앞으로 나아가 통곡하고, 예를 갖추어 장사지냈으며, 「귀산」에게는 나마를, 「추항」에게는 대사를 각각 추증하였다.

21 | 溫達(온달) : 고구려 장군

○「溫達」은 〈高句麗〉『平岡王(559~590)』時,人也
라. 容貌가 龍鐘可笑하여 中心則,睟然하다. 家,甚
貧하여 常,乞食以養母하니 破衫弊履로 往來於市
井間하니 時人目之하여 爲'愚溫達'이라 하다. 『平
岡王』의 少女가 兒,好啼어늘 王戲曰, "汝,常啼,聒
我耳하니 長必,不得爲士,大夫妻하고 當歸之'愚
溫達'하리라." 하고 王이 每言之하다.

▶ 어려운 낱말 ◀

[龍鐘可笑(용종가소)] : 얼굴이 파리하여 우습게 생겼다.   [龍鐘(용종)] : 늙고
병든 모양. 눈물 흘리는 모양.   [中心(중심)] : 마음씨.   [睟然(수연)] : 윤기 있는
모양. 명랑하다.   [破衫弊履(파삼폐리)] : 떨어진 옷과 신발.   [聒我耳(괄아이)] :
내 귀를 시끄럽게 하다.

▷ 본문풀이 ◁

　「온달」은 〈고구려〉『평강왕』 때 사람이다. 얼굴이 험악하고
우스꽝스럽게 생겼지만 마음씨는 밝았다. 집안이 몹시 가난하여

항상 밥을 빌어 어머니를 봉양하였으며, 떨어진 옷과 신발을 걸치고 시정간을 왕래하니, 당시 사람들이 그를 '바보 온달' 이라고 불렀다. 『평강왕』의 어린 딸이 잘 울었으므로 왕이 농담으로, "네가 항상 울어서 내 귀를 시끄럽게 하니, 커서 틀림없이 사대부의 아내가 못되고 '바보 온달' 에게 시집을 가야 되겠다."라고 하였다. 왕은 늘 이런 말을 하였다.

○及₊女年二八하여　欲₊下嫁於「上部」高氏하니
　　　　　　　　　　　　욕　하　가　어　상　부　고　씨
급　여년이팔

公主₊對曰, "大王이　常語하되　汝必爲「溫達」之婦
공주대왈　대왕　상어　　　여필위　온달　지부
하시니　今₊何故₊改前言乎잇까?　匹夫도　猶不欲₊食
　　　금　하고개전언호　　　필부　　유불욕식
言인대　況至尊乎잇까?" 故로　曰, "王者는　無₊戱言
언　　황지존호　　　고　왈　왕자　무희언
이니　今₊大王之命이　謬矣이니　妾은　不敢祗承하리
　　　금　대왕지명　유의　　첩　　불감지승
다." 하다.　王이　怒曰, "汝₊不從我敎면　則₊固不得
　　　왕　노왈　여부종아교　즉고부득
爲₊吾女也니　安用同居리오?　宜從汝₊所適矣하라."
위　오녀야　안용동거　　의종여　소적의
하다.

▶ 어려운 낱말 ◀

[二八] : 16세. [下嫁(하가)] : 시집보내다. [食言(식언)] : 실행 못하는 말. 즉 거짓말. [祗承(지승)] : 공손스럽게 따르다. [祗] : 공경(지). [從汝所適(종여소적)] : 너 갈 데로 가거라.

    딸의 나이 16세가 되어 왕이 딸을 「상부」 고씨에게 시집보내려 하니 공주가 대답하기를, "대왕께서 항상 말씀하시기를 너는 반드시 「온달」의 아내가 되리라고 하셨는데, 오늘 무슨 까닭으로 전일의 말씀을 바꾸십니까? 필부도 거짓말을 하려 하지 않는데, 하물며 지존이야 말할 것이 있겠습니까?" 그러므로 "임금은 농담을 하지 않는다고 하는 것입니다. 이제 대왕의 명령이 잘못되었으므로 소녀는 감히 받들지 못하겠습니다." 라고 하니, 왕이 화를 내어 말하기를, "네가 내 말을 듣지 않는다면 정말로 내 딸이 될 수 없다. 어찌 함께 살 수 있겠느냐? 너는 너 갈 데로 가는 것이 좋겠다." 라고 했다.

○於是에 公主는 以,寶釧數十枚로 繫肘後하고
　　어시　　공주는　　이보천수십매로　　계주후

出宮獨行하다. 路遇,一人하여 問,「溫達」之家하여
출궁독행　　　노우일인　　문 온달 지가

乃行至,其家하니 見,盲老母하고 近前拜하여 問,其
내행지기가　　견맹노모　　근전배　　문기

子所在하다. 老母對曰, "吾子는 貧且陋하여 非,貴
자소재　　노모대왈　　오자　빈차루　　비귀

人之,所可近이니다. 今,聞子之臭하니 芬馥異常하
인지소가근　　금문자지취　　분복이상

고 接子之手하니 柔滑如綿하니 必,天下之貴人也
접자지수　　유활여면　　필천하지귀인야

라. 因,誰之佻로 以至於此乎아? 惟,我息은 不忍饑
인수지주　　이지어차호　　유아식　불인기

여 取榆皮於山林이라." 하다. 久而未還에 公主出
　　취유피어산림　　　　　　　구이미환　　공주출

行하여 至山下하여 見「溫達」負榆皮而來하고 公
행　　　지산하　　　견　온달　부유피이래　　　공

主與之言懷하니 「溫達」悖然曰, "此非幼女子는
주여지언회　　　　온달　패연왈　　차비유녀자

所宜行이라, 必非人也요 狐鬼也라, 勿迫我也하
소의행　　　　필비인야　호귀야　　　물박아야

라!" 하며 遂行不顧하다. 公主獨歸하여 宿柴門下
　　　　　수행불고　　　공주독귀　　　숙시문하

하고 明朝에 更入하여 與母子로 備言之하다. 「溫
　　　명조　갱입　　　여모자　비언지　　　　온

達」이 依違未決하니 其母曰, "吾息至陋하여 不
달　　의위미결　　　기모왈　오식지루　　　부

足爲貴人匹하고 吾家至窶하여 固不宜貴人居
족위귀인필　　　오가지구　　　고불의귀인거

오." 하다. 公主對曰, "古人言하되 '一斗粟도 猶
　　　　　공주대왈　고인언　　　일두속　유

可春하고 一尺布도 猶可縫이라.' 하니 則苟爲同
가용　　　일척포　유가봉　　　　즉구위동

心이면 何必富貴然後에 可共乎아?" 하고 乃賣金
심　　　하필부귀연후　가공호　　　내매금

釧하여 買得田宅과 奴婢와 牛馬와 器物하니 資用
천　　　매득전택　노비　우마　기물　　　자용

完具하다.
완구

▶ 어려운 낱말 ◀

[寶釧(보천)]: 팔찌. [繫肘後(계주후)]: 팔꿈치에 매다. [肘]: 팔꿈치(주). [芬
馥(분복)]: 향기. [柔滑(유활)]: 부드럽기가. [佅]: 속일(주). [悖然(패연)]: 성
을 내다. [依違(의위)]: 무엇을 결정하지 못하고 우물쭈물함. [至窶(지구)]:

지극히 가난하여. [窶] : 가난할(구).

▷ **본문풀이** ◁

이에 공주는 보물 팔찌 수십 개를 팔꿈치에 걸고 궁궐을 나와 혼자 길을 떠났다. 길에서 한 사람을 만나 「온달」의 집을 물어 그의 집까지 찾아갔다. 그리고 눈먼 노모를 보고 앞으로 가까이 다가가서 절을 하며 아들이 있는 곳을 물었다. 늙은 어머니가 대답하기를, "내 아들은 가난하고 보잘 것이 없으니, 귀인이 가까이 할만한 사람이 못 됩니다. 지금 그대의 냄새를 맡으니 향기가 보통이 아니고, 그대의 손을 만지니 부드럽기가 솜과 같으니, 필시 천하의 귀인인 듯합니다. 누구의 속임수로 여기까지 오게 되었소? 내 자식은 굶주림을 참다 못하여 느릅나무 껍질을 벗기려고 산속으로 간 지 오래인데, 아직 돌아오지 않았소." 했다. 공주가 그 집을 나와 산 밑에 이르렀을 때, 「온달」이 느릅나무 껍질을 지고 오는 것을 보았다. 공주가 그에게 자기의 생각을 이야기하니 온달이 불끈 화를 내며 말하기를, "이는 어린 여자가 취할 행동이 아니니 필시 사람이 아니라 여우나 귀신일 것이다. 나에게 가까이 오지 말라!" 하고 온달은 그만 돌아보지도 않고 가버렸다. 공주는 혼자 돌아와 사립문 밖에서 자고, 이튿날 아침에 다시 들어가서 모자에게 자세한 사정을 이야기하였다. 「온달」이 우물쭈물하며 결정을 내리지 못하고 있는데, 그의 어머니가 말하기를, "내 자식은 비루하여 귀인의 짝이 될 수 없고, 내 집은 몹시 가난하여 정말로 귀인이 거처할 수 없습니다." 하니, 공주가 대답하기를,

"옛사람의 말에 '한 말의 곡식도 방아를 찧을 수 있고, 한 자의 베도 꿰맬 수 있다.'고 하였으니, 만일 마음만 맞는다면 어찌 꼭 부귀해야만 같이 살겠습니까?' 말을 마치고 공주가 금팔찌를 팔아서 전지, 주택, 노비, 우마, 기물 등을 사들이니 살림용품이 모두 구비되었다.

○初에 買馬에 公主,語「溫達」曰, "愼,勿買市人
　　초　　매마　　공주 어 온 달 왈　　신 물매시인
馬하고 須擇國馬하되 病瘦而見放者하여 而後換
마　　수 택 국 마　　　　병 수 이 견 방 자　　　　이 후 환
之하오." 하니 「溫達」如其言하여 公主,養飼甚勤이
지　　　　　　　　온 달 여 기 언　　　　공주 양 사 심 근
라. 馬,日肥且壯하다. 〈高句麗〉는 常以春三月三
　　마 일 비 차 장　　　고 구 려　　　　상 이 춘 삼 월 삼
日에 會獵〈樂浪〉之丘하고 以,所獲猪鹿으로 祭天
일　　회 렵 낙 랑 지 구　　　　이 소 획 저 록　　　　제 천
及,山川神하다. 至其日에 王이 出獵하니 群臣及,
급 산 천 신　　　지 기 일　　　왕　　출 렵　　　　군 신 급
五部兵士皆從하다. 於是에 「溫達」이 以,所養之
오 부 병 사 개 종　　　　어 시　　　온 달　　　이 소 양 지
馬로 隨行하다. 其馳騁이 常,在前하고 所獲亦多하
마　　수 행　　　기 치 빙　　상 재 전　　　　소 획 역 다
여 他無若者하다. 王이 召來하여 問,姓名하고 驚且
　　타 무 약 자　　　왕　　소 래　　　문 성 명　　　　경 차
異之하다.
이 지

▶ 어려운 낱말 ◀

　[買馬(매마)] : 말을 사다. [病瘦(병수)] : 병들어 수척하다. [猪鹿(저록)] : 돼지

와 사슴. [馳騁(치빙)] : 말 달림.

▷ **본문풀이** ◁

  처음, 말을 살 때 공주가 「온달」에게 말하기를 "부디 시장의 말을 사지 말고, 나라에서 쓸모가 없다고 판단하여 백성에게 파는 말을 선택하되, 병들고 수척한 말을 골라 사오세요."라고 하니, 「온달」이 그대로 말을 사왔다. 공주는 부지런히 말을 길렀다. 말은 날로 살찌고 건장해졌다. 〈고구려〉에서는 언제나 봄 3월 3일을 기하여 〈낙랑〉 언덕에 모여서 사냥하여 잡은 돼지와 사슴으로 하늘과 산천의 신령에게 제사를 지냈다. 그날이 되어 왕이 사냥을 나가는데 여러 신하와 5부의 군사들이 모두 수행하였다. 이때 「온달」도 자기가 기르던 말을 타고 수행하였는데, 그는 항상 앞장서서 달리고, 또한 포획한 짐승도 많아서 다른 사람이 그를 따를 수 없었다. 왕이 불러서 성명을 듣고 놀라며 기이하게 여겼다.

○時에 〈後周〉의 「武帝」가 出師伐〈遼東〉하니
시   후주   무제   출사벌요동

王이 領軍逆戰於〈拜山〉之野하다. 「溫達」이 爲,先
왕   영군역전어 배산 지야   온달   위선

鋒하여 疾鬪,斬,數十餘級하니 諸軍이 乘勝奮擊大
봉   질투참 수십여급   제군   승승분격대

克하다. 及,論功에 無不以「溫達」로 爲第一하다.
극   급논공   무불이 온달   위제일

王이 嘉歎之曰, "是,吾女壻也라." 備禮迎之하여
왕   가탄지왈   시오여서야   비예영지

賜爵爲,大兄하다. 由此로 寵榮尤渥하고 威權日盛
사작위대형   유차   총영우악   위권일성

하다. 及『陽岡王』卽位에 「溫達」奏曰, "惟〈新羅〉
급 양강왕 즉위 온달 주왈 유 신라

가 割我〈漢北〉之地하여 爲郡縣하니 百姓痛恨이
할아 한북 지지 위군현 백성통한

라, 未嘗忘,父母之國하다. 願,大王은 不以愚,不肖
미 상 망 부모지국 원 대왕 불이우 불초

하시고 授之以兵하시면 一往하여 必還吾地하리다."
수지이병 일왕 필환오지

하니 王이 許焉하다. 臨行誓曰, "〈鷄立峴:조령〉과
왕 허언 임행서왈 계 립 현

〈竹嶺〉已西(:以北)를 不歸於我하면 則,不返也니이
죽령 이서 불귀어아 즉 불반야

다."하고 遂行하여 與〈羅〉로 軍戰於〈阿旦城:북쪽
수행 여 나 군전어 아단성

아차산〉之下하여 爲,流矢所中하여 路而死하다. 欲
지하 위유시소중 로이사 욕

葬에 柩不肯動이어늘 公主,來撫棺曰, "死生決矣
장 구불긍동 공주내무관왈 사생결의

이니 於乎라 歸矣하소서!"하니 遂擧而窆하다. 大
어호 귀의 수거이폄 대

王이 聞之悲慟하다.
왕 문지비통

▶어려운 낱말◀

[疾鬪(질투)] : 날쌔게 싸우다. [奮擊(분격)] : 기세를 타서 격분하여 싸우다.
[柩] : 널(구). [不肯動(불긍동)] : 움직이지 않음. [撫棺(무관)] : 관을 어루만지
다. [窆] : 하관할(폄).

▷본문풀이◁

이때, 〈후주〉의 「무제」가 군사를 출동시켜 〈요동〉을 공격하

자, 왕은 군사를 거느리고 〈배산〉 들에서 맞아 싸웠다. 그때 「온달」이 선봉장이 되어 용감하게 싸워 수십여 명의 목을 베니, 여러 군사들이 이 기세를 타고 공격하여 대승하였다. 공을 논의할 때 「온달」을 제일이라고 하지 않는 사람이 없었다. 왕이 그를 가상히 여기어 감탄하기를, "이 사람은 나의 사위다."라 하고, 예를 갖추어 그를 영접하고 그에게 작위를 주어 대형으로 삼았다. 이로부터 그에 대한 왕의 은총이 더욱 두터워졌으며, 위풍과 권세가 날로 성하여졌다. 『양강왕』이 즉위하자 「온달」이 아뢰기를, "지금 〈신라〉가 우리의 〈한북〉 지역을 차지하여 자기들의 군현으로 만들었으므로, 그곳의 백성들이 통탄하며 부모의 나라를 잊은 적이 없습니다. 바라옵건대, 대왕께서 저를 어리석고 불초하다고 여기지 마시고, 군사를 주신다면 단번에 우리 땅을 도로 찾겠습니다."라고 하니, 왕이 이를 허락하였다. 그가 길을 떠날 때 맹세하기를, "〈계립현〉과 〈죽령〉 서쪽의 땅을 우리에게 귀속시키지 않으면 돌아오지 않겠습니다." 하고, 그는 드디어 진격하여 〈아단성〉 밑에서 신라군과 싸우다가 날아오는 화살에 맞아 전사하였다. 그를 장사지내려 하였으나 영구가 움직이지 않았다. 공주가 와서 관을 어루만지면서 "사생이 이미 결정되었으니, 아아! 돌아가소서!"라 말하고, 마침내 영구를 들어 하관하였다. 대왕이 이 소식을 듣고 비통해하였다.

22 | 强首(강수) : 신라의 문장가

○「强首」는 〈中原京:지금의 충주〉〈沙梁〉人也라. 父
는「昔諦」奈麻라. 其母가 夢,見人有角하고 而,妊身
하여 及生하니 頭後에 有,高骨하다.「昔諦」가 以兒
로 就,當時所謂賢者하여 問曰, "此兒,頭骨如此하
니 何也오?"하니 答曰, "吾聞之하니「伏羲」虎形
이요,「女蝸」는 蛇身이요,「神農」은 牛頭요,「皐陶:
순의 賢臣」는 馬口라 하니 則,聖賢同類라. 而其相이
亦有,不凡者라 하다. 又,觀兒하니 首有黶子는 於,
相法에 面黶無好요, 頭黶無惡이니 則,此必奇物
乎라!"하다.

▶ 어려운 낱말 ◀

　[黶] : 검정사마귀(염).　[無惡(무악)] : 나쁘지 않음.　[奇物(기물)] : 이상한 사
　람. 이상한 물건.

▷ 본문풀이 ◁

「강수」는 〈중원경〉〈사량〉 사람으로, 아버지는 「석체」 나마이다. 그 어머니가 꿈에 뿔 달린 사람을 보고 임신하여 아들을 낳았는데, 머리 뒷부분에 불거진 뼈가 있었다. 「석체」가 이 아이를 안고 당시의 현자라고 알려진 사람에게 가서 "아이의 두골이 이렇게 생겼으니 어떠한가?"라고 물으니, 그가 대답하기를 "내가 들으니 「복희」씨는 범의 형상이요, 「여와」씨는 뱀의 몸이요, 「신농」씨는 소의 머리요, 「고요」는 말의 입이라 하였으니, 성현은 동류지만 그 상이 역시 범상치 않은 바가 있다. 또한 이 아이를 보니 머리에 검은 사마귀가 있는데, 상법에 얼굴의 사마귀는 좋지 않지만 머리의 사마귀는 나쁘지 않다고 하였으니, 이는 기이한 아이임에 틀림없도다!"라고 하였다.

○ 父還謂, 其妻曰, "爾子, 非常兒也라 好養育之면 當作, 將來之國士也라."하다. 及壯에 自知讀書하고 通曉義理하다. 父欲觀其志하여 問曰, "爾學佛乎아? 學儒乎아?"對曰, "愚聞之하니 佛世는 外教也라. 愚人, 間人이니 安用學, 佛爲리오? 願, 學儒者之道니다."하다. 父曰, "從爾所好하라."하다. 遂, 就師讀『孝經』과『曲禮』와『爾雅』와『文選』하니

所聞雖.淺近이나 而.所得愈.高遠하여 魁然爲.一
소 문 수 천 근　　　이 소 득 유 고 원　　　괴 연 위 일

時之傑하다. 遂.入仕歷官하여 爲時聞人하다.
시 지 걸　　　수 입 사 력 관　　　위 시 문 인

▶어려운 낱말◀

[爾子(이자)] : 너의 아들, 당신 아들. [非常兒(비상아)] : 보통 아이가 아니다.
[通曉(통효)] : 밝게 통하다. [觀其志(관기지)] : 그의 뜻을 보기 위해. [外敎(외
교)] : 세상 밖의 종교. [愚人(우인)] : 愚는 겸양으로 자기를 나타냄. [淺近(천
근)] : 옅고 보잘것없음. [魁然(괴연)] : 장대한 모양. 우뚝하게 됨. [仕歷官(사력
관)] : 벼슬로 여러 관직을 두루 지냄. [時聞人(시문인)] : 세상에 알려진 인물.

▷본문풀이◁

　아버지가 돌아와 그 아내에게 이르기를, "당신 아들이 보통 아
이가 아니니 잘 길러서 장차 국사가 되게 해야겠소."라고 하였
다. 아이가 장성하자, 스스로 글을 읽을 줄 알고 문장의 뜻에 통
달하였다. 아버지가 그의 뜻을 시험해 보기 위하여 "너는 불교를
배우겠느냐? 유학을 배우겠느냐?"라고 물으니, 그가 대답하기를,
"제가 들은 바에 의하면, 불교는 세상 밖의 종교라 합니다. 저는
세속에 사는 사람인데 불도는 배워서 무엇하겠습니까? 저는 유
가의 도를 배우고 싶습니다." 했다. 이를 듣고 아버지가 "너 좋을
대로 하라."고 말하였다. 그리하여 스승에게 나가서 [효경], [곡
례], [이아], [문선]을 읽었다. 배운 것은 비록 적었으나 깨달은 바
는 고원하여, 당대의 걸출한 인물이 되었다. 그는 마침내 벼슬길
에 나아가 여러 관직을 역임하여 당시에 소문난 사람이 되었다.

○「强首」가 嘗與〈釜谷〉冶家之女,野合하여 情
好頗篤하다. 及年二十歲에 父母가 媒,邑中之女,
有容行者로 將,妻之하니 「强首」는 辭,不可以再
娶라 하다. 父怒曰, "爾有時名하여 國人이 無不知
한대 而以,微者로 爲偶하면 不亦可恥乎아?"하니
「强首」再拜曰, "貧且賤이 非,所羞也니다 學道而,
不行之가 誠所羞也니다. 嘗聞하니 古人之言曰,
'糟糠之妻는 不下堂하고 貧賤之交는 不可忘이
라.'하니 則,賤妾을 所不忍,棄者也니다."하다.

▶ 어려운 낱말 ◀

[冶家(야가)] : 대장장이네 집. [野合(야합)] : 정식 결혼 없이 동거함. [有時名
(유시명)] : 세상에 이름이 나다. [誠所羞(성소수)] : 정말 부끄럽다. [誠] : 진실
로(성). [糟糠之妻(조강지처)] : 가난해서 술지게미나 그 겨를 먹으면서 지내
던 아내. [下堂(하당)] : 쫓아내다.

▷ 본문풀이 ◁

　「강수」가 일찍이 〈부곡〉의 대장장이 딸과 야합하여 정이 매우
돈독하였다. 나이 20세가 되자, 부모가 고을의 처녀들 가운데 용
모와 행실이 좋은 자를 중매하여 아내로 삼게 하려 했다. 그러나

「강수」는 두 번 장가들 수 없다고 하여 이를 사양하였다. 아버지가 노하여 말하기를, "너는 세상에 이름이 나서 나라 사람들 중에 모르는 사람이 없는데, 미천한 자를 배필로 삼는다면 또한 수치스러운 일이 아니겠는가?" 하니, 「강수」가 재배하고 말하기를, "가난하고 천한 것이 부끄러운 것이 아니라, 도를 배우고도 실행하지 않는 것이 정말 부끄러운 것입니다. 일찍이 듣건대, 옛사람의 말에 이르기를, '조강지처는 쫓아내지 아니하고, 빈천할 때의 친구는 잊어서는 안된다.' 고 하였으니, 천한 아내라고 해서 차마 버릴 수는 없습니다." 하였다.

○及『太宗大王:武烈王』卽位하니 唐使者,至하여 傳,詔書어늘 其中에 有,難讀處하여 王이 召問之하니 在,王前하여 一見,說釋無疑滯하다. 王이 驚喜하여 恨,相見之晚하고 問其姓名하니 對曰,"臣은 本〈任那加良:대가야, 지금의 고령〉人으로 名을 「牛頭」라." 하니 王曰, "見卿頭骨하니 可稱「强首」先生이라." 하고 使製廻謝,〈唐〉皇帝,詔書表하다. 文工而意盡하니 王이 益奇之하여 不稱名하고 言,「任生」而已라 하다. 「强首」가 未嘗,謀生하고 家貧,怡如

也하므로 王이 命.有司하여 歲賜.新城租.一百石하
야   왕 명유사   세사신성조일백석

다.『文武王』曰, 「强首」文章으로 自任하여 能以
문무왕왈   강수문장으로 자임하여 능이

書翰으로 致意於〈中國〉及〈麗〉와 〈濟〉, 二邦이라
서한으로 치의어 중국급 여 제 이방

故로 能.結好成功이라. 我先王이 請兵於〈唐〉하여
고 능 결호성공   아선왕   청병어 당

以平〈麗〉.〈濟〉者는 雖曰.武功이나 亦由.文章之助
이평 여 제 자는 수왈무공   역유 문장지조

焉이니 則.「强首」之功을 豈可忽也오?"하고 授位.
언이니 즉 강수 지공   기가홀야   수위

沙湌하고 增俸.歲租二百石하다.
사찬   중봉 세조이백석

▶어려운 낱말◀

[詔書(조서)] : 당나라 황제가 내린 글. [難讀處(난독처)] : 읽기 어려운 곳. [驚
喜(경희)] : 놀라고 기뻐하다. [意盡(의진)] : 뜻이 곡진하다. [新城(신성)] : 지
명. [謀生(모생)] : 생계를 꾀하다.

▷본문풀이◁

『태종대왕』이 즉위하자, 당의 사자가 와서 조서를 전하였다.
그 가운데 이해하기 어려운 부분이 있어서 왕이 그를 불러 물었
다. 그가 왕 앞에서 그 부분을 한 번 보고는 의심스럽거나 막히는
데 없이 설명하고 해석하였다. 왕이 놀라고 기뻐하며 서로 만남
이 늦은 것을 한탄하고 그의 성명을 물었다. 그가 대답하기를,
"신은 본래 〈임나가량〉 사람이며, 이름은 「우두」라." 하니, 왕이
말하기를, "경의 두골을 보니 「강수」 선생이라고 부를 만하다."라

하고, 〈당〉나라 황제의 조서에 감사하는 회답의 표문을 짓게 하였다. 그의 문장이 세련되고 뜻이 깊었으므로 왕이 더욱 그를 기특히 여겨 그의 이름을 부르지 않고 「임생」이라고만 하였다. 「강수」가 일찍이 생계를 도모하지 않아 집안이 가난하여도 태연하므로 왕이 유사에게 명하여 해마다 〈신성〉에서 거두는 곡식 일백 섬을 주게 하였다. 『문무왕』이 말하기를, "「강수」가 문장 짓는 일을 스스로 맡아서, 편지로써 〈중국〉 및 〈고구려〉, 〈백제〉 두 나라에 의사를 잘 전할 수 있었기 때문에 우호를 맺는데 성공할 수 있었다. 우리 선왕이 〈당〉에 청병하여 〈고구려〉와 〈백제〉를 평정한 것이 비록 무공이기는 하지만 문장의 도움도 있었으니, 「강수」의 공을 어찌 소홀히 하겠는가?"라고 하여, 그에게 사찬의 작위를 주고 봉록을 매년 곡식 이백 석으로 올려 주었다.

○至,『神文大王』時(681~92)에 卒하니 葬事에 官
　　지　신문대왕　시　　　　졸　　　장사　　관

供其賻하다. 贈,衣物匹段,尤多하나 家人이 無所
공기부　　　증,의물필단,우다　　　가인　　무소

私하고 皆歸之佛事하다. 其妻之,乏於食하여 欲還
사　　　개귀지불사　　　기처지,핍어식　　　욕환

鄕里하니 大臣聞之하고 請王賜租,百石하니 妻辭
향리　　　대신문지　　　청왕사조,백석　　　처사

曰,"妾은 賤者也로 衣食從夫하여 受,國恩多矣어늘
왈　첩　천자야　　의식종부　　　수,국은다의

今旣獨矣니 豈敢,再辱厚賜乎잇가?"하며 遂,不受
금기독의　　기감,재욕후사호　　　　수,불수

而歸하다.『新羅古記』曰,"文章則「强首」,「帝
이귀　　　신라고기　왈　문장즉　강수　　제

文」,「守眞」,「良圖」,「風訓」,「骨番」이라." 하다.「帝
文」已下는 事逸하여 不得立傳하다.

▶ 어려운 낱말 ◀

[乏] : 궁핍할(핍). [租] : 곡식(조). [事逸(사일)] : 사적이 없어져서.

▷ 본문풀이 ◁

『신문대왕』 때에 그가 죽어 장사를 지낼 때 관청에서 부의를
주었는데, 옷과 피륙이 아주 많았으나 집안사람들이 사사로이 가
지지 않고 모두 불사에 쓰도록 보내주었으나, 그의 아내가 먹을
것이 없어서 고향으로 돌아가려 하므로 대신들이 이 소식을 듣고
왕에게 청하여 벼 1백 석을 하사케 하였다. 그의 아내는 사양하
며 말하기를, "첩은 천한 몸으로 의식을 남편에게 의지하여 나라
의 은혜를 많이 입었습니다. 지금은 이미 홀몸이 되었는데, 어찌
감히 더 이상 나라의 후한 하사를 받겠습니까?" 하고, 그녀는 끝
내 이를 받지 않고 고향으로 돌아갔다. [신라고기]에 "문장은 「강
수」,「제문」,「수진」,「양도」,「풍훈」,「골번」이다." 라고 하였는
데,「제문」 이하의 사람들은 사적이 없어져서 전기를 더 만들 수
없다.

23 | 崔致遠(최치원) : 신라의 문장가

○新羅「崔致遠」의 字는「孤雲」[或云「海雲」.]이니
王京〈沙梁部〉人也라. 史傳泯滅하여 不知其世系
하다.〈致遠〉은 少에 精敏好學하여 至年十二에 將
隨海舶(상선?) 入〈唐〉求學하니 其父謂曰,"十年
不第면 卽非吾子也라 行矣勉之하라!"하다.〈致
遠〉이 至〈唐〉追師하여 學問無怠하다.

▶ 어려운 낱말 ◀

[泯滅(민멸)] : 사라지고 없어져서. [世系(세계)] : 집안의 내력. [精敏(정민)] :
정밀하고 민첩하다. [海舶(해박)] : 배. 상선. [怠] : 게으를(태).

▷ 본문풀이 ◁

신라「최치원」의 자는「고운」【혹은「해운」이라고도 한다.】이며, 경
주〈사량부〉사람이다. 내력이 인멸되어 그의 집안 계통은 알 수
가 없다.「치원」은 소년시절부터 성격이 세밀하고 민첩하였으며
학문을 좋아하였다. 나이 12세에 배를 타고〈당〉에 들어가 유학
을 하려할 때, 그의 아버지가 말하기를,"10년이 되도록 과거에

급제하지 못하면 내 아들이 아니다. 가서 힘써 노력하라!" 했다. 「치원」은 당에 도착하여 스승을 따라 공부를 게을리하지 않았다.

○〈乾符:당 희종의 연호〉元年,甲午(:874년)에 禮部侍郎「裴瓚」下에서 一擧及第하여 調授〈宣州〉〈溧水〉縣尉하고 考績(治績考査)으로 爲,承務郞,侍御史內供奉하며 賜,紫金魚袋하다. 時에 「黃巢」叛하여 「高騈」이 爲,諸道行營兵馬都統하여 以討之하다. 辟,「致遠」爲,從事하여 以委,書記之任하여 其表狀書,啓傳之至今하다. 及年,二十八歲에 有,歸寧之志하니 「僖宗」이 知之하고 〈光啓〉元年에 使將,詔書來聘하여 留爲,侍讀兼,翰林學士,守兵部侍郞,知瑞書監하다. 「致遠」이 自以西學으로 多,所得하고 及來,將行己志하나 而,衰季,多疑忌하여 不能容하고 出爲〈太山郡〉太守하다.

▶ 어려운 낱말 ◀

[調授(조수)] : 벼슬에 임명되다. [辟(벽)] : 自辟으로 마음 맞는 사람을 추천하

는 것. [歸寧之志(귀녕지지)] : 본국으로 돌아올 생각. [歸寧(귀녕)] : 귀향. [衰
季(쇠계)] : 말세.

▷ 본문풀이 ◁

〈건부〉 원년 갑오(874년)에, 예부시랑 「배찬」 시하에서 단번
에 급제하여 〈선주〉 〈율수〉 현위에 임명되었고, 치적의 고사를
통하여 승무랑 시어사 내공봉이 되었으며, 자금어대를 받았다.
이 때 「황소」가 반란을 일으켜, 「고병」이 제도 행영 병마도통이
되어 이를 토벌하게 되었다. 그때, 「치원」을 불러 종사로 삼아 서
기의 임무를 맡겼는데, 그 표장과 서계가 지금까지 전해오고 있
다. 28세가 되자 귀국할 생각을 하고 있는데, 「희종」이 그의 뜻을
알고 〈광계〉 원년에 그로 하여금 조서를 가지고 내빙케 하여, 그
는 본국에 머물며 시독 겸 한림학사, 병부시랑, 지서서감이 되었
다. 「치원」은 스스로 서쪽으로 유학하여 얻은 바가 많다고 생각
하여, 돌아온 뒤에 자기의 뜻을 실행하려 하였으나 신라 말년을
당하여 의심과 시기가 많아 이러한 생각이 용납되지 못하고 외직
으로 나가 〈태산군〉 태수가 되었다.

○〈唐〉「昭宗」의 〈景福〉二年(진성왕 7년, 893)에 納,
   당 소종   경복 이년   납
旌節使兵部侍郎「金處誨」가 (渡唐中에) 沒於海하니
정 절 사 병 부 시 랑 김 처 회   몰 어 해
卽差〈橏城郡:추성군, 지금의 보령군〉太守「金峻」을
즉 차 추 성 군   태 수 김 준
爲告,奏使하다. 時에 「致遠」은 爲〈富城郡:지금의 서
위 고 주 사   시   치 원   위 부 성 군

산군〉太守라가 王召爲,賀正使하니 以,比歲饑荒하
여 因之로 盜賊交午하여 道梗,不果行하다. 其後에
「致遠」이 亦嘗奉使하여 如〈唐〉이나 但,不知其歲
月耳러라. 故로 其,文集에 有'上,大師侍中狀(대사
시중에게 올리는 글)'하니 云하되 "伏聞컨대 東海之外
에 有三國하니 其名은 〈馬韓〉,〈卞韓〉,〈辰韓〉하니
〈馬韓〉은 〈高句麗:저자의 오인〉요, 〈卞韓〉은 則〈百
濟〉요, 〈辰韓〉은 則〈新羅:傳來의 그릇된 說을 踏襲〉也
라. 〈高麗〉,〈百濟〉가 全盛之時에는 强兵百萬하여
南侵〈吳〉,〈越〉하고 北撓〈幽〉,〈燕〉,〈齊〉,〈魯〉하여
爲〈中國〉巨蠹하다. 〈隋〉皇失馭는 由於征〈遼〉이
니다. 〈貞觀〉中에는 我〈唐〉「太宗」皇帝가 親統六
軍渡海하여 恭行千罰하니 〈高麗:고구려〉畏威하여
請和하니 「文皇(태종)」受降하고 廻蹕하니다. 此際에
我『武烈大王』이 請以,犬馬之誠으로 助定(協助平定)
一方之難하여 入〈唐〉朝謁은 自此而始니이다. 後

以〈高麗〉,〈百濟〉가 踵前造惡하니 『武烈王』이 朝
請爲鄕導하니 至「高宗」皇帝〈顯慶〉五年(백제 의자
왕20년, 660)하여 勅「蘇定方」하여 統十道强兵과 樓
舡萬隻하여 大破〈百濟〉하고 乃於其地에 置〈扶
餘〉都督府하여 招緝遺氓하고 莅以〈漢〉官하니 以
臭味(생활)不同이라 屢聞離叛하니 遂徙其人於〈河
南〉하니다. 〈摠章〉元年(고구려 보장왕 27년, 668년)에 命
英公「李勣」하여 破〈高句麗〉하고 置〈安東〉都督
府하며 至〈儀鳳〉三年(678)에는 徙其人於〈河南〉·
〈隴右〉하니다. 〈高句麗〉의 殘孽類聚하여 北依〈太
白山〉下하여 國號爲〈渤海〉라 하며 〈開元〉二十年
(732)에는 怨恨天朝하여 將兵掩襲〈登州:산동성〉하여
殺刺史「韋俊」하니다. 於是에 〈明〉皇帝(현종)大怒
하여 命內史「高品」과 「何行成」과 太僕卿「金思
蘭」하여 發兵過海攻討하니다. 仍就加我王「金」某
(聖德王)하여 爲正大尉持節充寧海軍事〈鷄林州〉

大都督하니 以, 冬深雪厚하고 〈蕃〉과 〈漢〉, 苦寒하
대도독   이 동심설후   번   한   고한

여 勅命廻軍하였네. 至今三百餘年에 一方이 無
칙명회군   지금삼백여년   일방   무

事하고 滄海晏然하니 此는 乃我『武烈大王』之功
사   창해안연   차   내아 무열대왕 지공

也니이다. 今某(최치원)는 儒門의 末學이요 海外凡
야   금모   유문   말학   해외범

材로 謬奉表章하고 來朝樂土(唐)하니 凡有誠懇이
재   유봉표장   내조낙토   범유성간

禮合披陳이니다. 伏見하오니 〈元和〉十二年(헌덕왕
예합피진   복견   원화 십이년

9년, 817)에 本國王子인 〈金張廉〉이 風飄로 至〈明
본국왕자   김장렴   풍표   지명

州:지금의 절강성 寧波縣〉下岸하니 浙東某官이 發送
주   하안   절동모관   발송

入京(唐)하며 〈中和〉二年(헌강왕 8년, 882)에 入朝使
입경   중화 이년   입조사

「金直諒」이 爲, 叛臣(당의 黃巢) 作亂으로 道路不通하
김직량   위반신   작란   도로불통

여 遂於〈楚州:지금의 절강성 淮安縣〉下岸하여 邐迤라
수어초주   하안   이이

가 至〈楊州:강소성 양주〉하여 得知聖駕幸〈蜀〉하니다.
지양주   득지성가행 촉

高太尉(:高騈)가 差都頭「張儉」하여 監押送하여 至
고태위   차도두 장검   감압송   지

〈西川:지금 사천성 서부〉하니다. 已前事例가 分明하오
서천   이전사예   분명

니 伏乞컨대 大師侍中은 俯降台恩하사 特賜, 水陸
복걸   태사시중   부강태은   특사수륙

券牒하시어 令, 所在供給하여 舟舡과 熟食及, 長行
권첩   영소재공급   주강   숙식급 장행

驪馬草料하고 幷差軍將하여 監送至駕前하소서."
여마초료   병차군장   감송지가전

하니 此,所謂,太師侍中의 姓名은 亦,不可知也러라.
차 소위 태사시중   성명   역 불가지야

▶ 어려운 낱말 ◀

[卽差(즉차)] : 곧 보내다. [交午(교오)] : 종횡으로 교착됨. 횡행. [道梗(도경)] :
길이 막혀서. [梗] : 막히다(경). [不果(불과)] : ~하지 못함. 이루지 못함. [失
馭(실어)] : 통솔함을 잃음. 실세. [馭] : 말 몰(어). [踵前造惡(종전조악)] : 전에
하던 대로 악을 저지르다. [樓舡(누강)] : 전함. 舡은 船과 같음. [招緝遺氓(초
집유맹)] : 유민을 불러 모으다. [蒞] : 다다를(리). [謬奉(유봉)] : 그릇 외람되
게 받들고. [邐迤(이이)] : 이리저리 헤매다가. [差] : 보낼(차). [都頭(도두)] :
職名. [台恩(태은)] : 큰 은혜. [券牒(권첩)] : 통행권.

▷ 본문풀이 ◁

〈당〉「소종」의 〈경복〉 2년에, 납정절사 병부시랑 「김처회」가
바다에 빠져 죽었으므로, 곧 〈추성군〉 태수 「김준」을 고주사로
임명하였다. 이때 「치원」은 〈부성군〉 태수로 있다가 부름을 받아
하정사가 되었는데, 당나라에 해마다 흉년이 들고, 이로 인하여
도적이 횡행하여 길이 막혔기 때문에 목적지에 도착하지는 못하
였다. 그 뒤에도 「치원」은 〈당〉에 사신으로 간 일이 있었으나 그
시기는 알 수가 없다. 그가 당에 여러 번 갔기 때문에 그의 문집에
는 '대사 시중에게 보내는 편지'가 있는데, 그 편지에는 이렇게
쓰였으니 이르되, "들건대 동해 밖에 삼국이 있었으니 그 명칭이
〈마한〉, 〈변한〉, 〈진한〉입니다. 〈마한〉은 〈고구려〉요, 〈변한〉
은 〈백제〉요, 〈진한〉은 〈신라〉입니다. 〈고구려〉와 〈백제〉의 전

성시에는 강한 군사가 1백만 명이나 되어 남으로 〈오〉, 〈월〉을 침범하고, 북으로 〈유〉, 〈연〉과 〈제〉, 〈노〉를 뒤흔들어 〈중국〉의 커다란 고민거리가 되었으며, 〈수〉 황제가 세력을 잃은 것도 〈요동〉 정벌에 기인한 것입니다. 〈정관〉 연간에, 우리 〈당〉「태종」황제가 직접 6군을 거느리고 바다를 건너 천벌을 집행하니, 고구려가 그 위엄을 두려워하여 화친을 청하므로 「문황」이 항복을 받고 수레를 돌려 돌아갔습니다. 이 무렵 우리『무열대왕』이 견마의 정성으로 한쪽의 혼란을 〈당〉의 협조를 얻어 평정하고자 하였으니, 〈당〉나라 조정에 들어가 배알하는 일이 이로부터 시작되었습니다. 그 뒤에 〈고구려〉와 〈백제〉가 이전과 같이 흉악한 행위를 계속하므로, 『무열왕』이 당의 조정으로 들어가 향도가 될 것을 청하였습니다. 「고종」황제 〈현경〉 5년에 이르러 「소정방」에게 칙령을 내려 10도의 강병과 누선 일만척을 이끌고 〈백제〉를 대파하고, 그 땅에 〈부여〉 도독부를 설치하여 유민을 모으고 〈한〉인 관리를 배치했는데, 생활양식이 서로 달라 자주 반란을 일으킨다는 소식이 들리자 마침내 그 사람들을 〈하남〉으로 옮겼습니다. 〈총장〉 원년에, 영공 「이적」으로 하여금 〈고구려〉를 격파케 하고 〈안동〉 도독부를 설치하였으며, 〈의봉〉 3년에, 이르러 그 사람들을 〈하남〉과 〈농우〉로 옮겼습니다. 〈고구려〉의 잔민들이 서로 모여 북으로 〈태백산〉 아래 의지하여 국호를 〈발해〉라고 하였습니다. 그들은 〈개원〉 20년에 당나라 조정에 원한을 품어 군사를 거느리고 등주를 습격하여 자사 「위준」을 죽였습니다. 이에 〈명〉 황제가 대노하여 내사 「고품」, 「하행성」과 태복경 「김사란」에게 명하여 군사를 거느리고 바다를 건너 공격케 하고, 우리 임금 김 아 무개에게 벼슬을 더하여 정대위 지절 충녕해 군사 〈계림주〉 대 도독으로 삼았는데, 겨울이 깊어 눈이 많이 쌓인 바람에 〈번〉, 〈한〉 양군의 추위가 심했기 때문에 칙명을 내려 회군케 했습니다. 그 때로부터 지금까지 3백여 년 동안 이 지역이 무사하고 창해가 편 안하니, 이는 곧 우리 『무열대왕』의 공로입니다. 지금 저는 유림 의 말단 학자요, 해외의 평범한 사람으로서 외람되게 표장을 받 들고 낙토에 내조하였으니, 모든 정성을 토로하는 것이 예에 맞 을 것입니다. 제가 보건대 〈원화〉 12년에, 본국의 왕자 「김장렴」 이 풍랑을 만나 표류하다가 〈명주〉에 상륙하였을 때, 절동의 어 떤 관리가 서울까지 보내주었고, 〈중화〉 2년에는 입조사 「김직 량」이 반란군이 일어나 길이 막혔기에 마침내 〈초주〉에 상륙하 여 헤매다가 〈양주〉에 이르러 황제의 행차가 〈촉〉으로 가신 것을 알았습니다. 고태위가 도두 「장검」을 보내 그를 감시 압송하여 〈서 천〉에 이르렀습니다. 이전의 사례가 이처럼 분명하오니 엎드려 바라옵건대, 태사 시중께서는 큰 은혜를 베푸시어 특별히 수륙의 권첩을 주시고, 저희들의 소재지에 선박, 식사 및 장거리 여행을 할 수 있는 나귀와 말, 그리고 사료를 공급하게 해주시고, 아울러 군장을 보내 어가 앞까지 호송하여 주소서." 하였다. 여기서 말 한 태사 시중도 그 성명을 알 수 없다.

○「致遠」이 自.西事大〈唐〉으로 東歸故國까지 皆
　　치 원　　　자 서 사 대 당　　　동 귀 고 국　　　개

遭亂世하여 屯邅蹇連하고 動輒得咎하니 自傷不
조란세   둔전건련   동첩득구   자상불

遇하며 無復仕進意하고 逍遙自放으로 山林之下
우   무부사진의   소요자방   산림지하

와 江海之濱에 營臺樹植松竹하며 枕藉書史하고
   강해지빈   영대사식송죽   침자서사

嘯詠風月하니 若〈慶州〉의 〈南山〉과 〈剛州:영주〉의
소영풍월   약 경주   남산   강주

〈氷山〉과 〈陝州〉의 〈淸凉寺〉와 〈智異山〉의 〈雙
빙산   협주   청량사   지리산   쌍

溪寺〉와 〈合浦縣:지금의 昌原〉의 別墅가 此皆遊焉
계사   합포현   별서   차개유언

之所니라. 最後에 帶家隱〈伽耶山〉〈海印寺〉하여
지소   최후   대가은 가야산   해인사

與母兄浮圖「賢俊」及「定玄」師하여 結爲道友하
여모형부도 현준 급 정현 사   결위도우

고 棲遲偃仰이라가 以終老焉하다. 始西遊時에 與
   서지언앙   이종로언   시서유시   여

〈江東〉詩人「羅隱」으로 相知하다. 「隱」은 負才自
강동 시인 나은   상지   은   부재자

高하여 不輕許可人이나 示「致遠」에는 所製歌詩
고   불경허가인   시 치원   소제가시

五軸하다.
오축

▶ 어려운 낱말 ◀

[屯邅蹇連(둔전건련)] : 행세하기가 어려움. [動輒得咎(동첩득구)] : 걸핏 비난
을 받다. [自傷不遇(자상불우)] : 불우함을 마음 아파하다. [營臺樹植松竹(영
대사식송죽)] : 대를 짓고 송죽을 심어서. [嘯詠(소영)] : 시를 읊조리다. [棲遲
偃仰(서지언앙)] : 한가롭게 놀며 지내다. [負才自高(부재자고)] : 자기 재주만
믿고 잘난 체하다. [可人(가인)] : 사람을 인정함. [軸(축)] : 여기서는 '두루마

리', '서권을 세는 단위' 이다.

▷본문풀이◁

「치원」은 서쪽에서 대〈당〉을 섬길 때부터 동으로 고국에 돌아올 때까지, 항상 난세를 만나 처신하기가 어려웠고 곧잘 비난을 받기도 했기 때문에, 스스로 불우함을 한탄하고 다시는 벼슬길에 오르지 않기로 하였다. 그는 산림과 강해를 소요하며 누대와 정자를 지어 소나무와 대나무를 심어놓고 책 속에 묻혀서 풍월을 읊었다. 〈경주〉의 〈남산〉과 〈강주〉의 〈빙산〉과 〈협주〉의 〈청양사〉와 〈지리산〉의 〈쌍계사〉와 〈합포현〉의 별장이 모두 그가 놀았던 곳이다. 그는 최후에 가족을 데리고 〈가야산〉 〈해인사〉에 은거하면서, 형인 승려 「현준」 및 「정현」스님과 도우를 맺고 한가로이 은거생활을 하다가 노년을 마쳤다. 그가 처음 서쪽으로 가서 유학할 때 〈강동〉 시인 「나은」과 알게 되었다. 「은」이라는 사람은 자기의 재주를 믿고 스스로 잘난 체하여 쉽사리 다른 사람을 인정해주지 않는데, 「치원」에게는 자기가 지은 시가 다섯 축을 보여주었다.

○又與,同年「顧雲」과 友善하니 將歸에 「顧雲」이
　　우여동년　고운　　우선　　　장귀　　　고운

以詩送別하니 略曰,
이 시 송 별　　약 왈

"我聞海上,三金鼇하여 金鼇頭戴,山高高라.
　아문해상삼금별　　　금별두대　산고고

山止上兮, 珠宮貝闕, 黃金殿하고,
산 지 상 혜 주 궁 패 궐 황 금 전

山之下兮, 千里萬里之洪濤라.
산 지 하 혜 천 리 만 리 지 홍 도

傍邊一點, 鷄林碧하니 鼇山孕秀, 生奇特이라.
방 변 일 점 계 림 벽 별 산 잉 수 생 기 특

十二乘船, 渡海來는 文章感動中華國이요,
십 이 승 선 도 해 래 문 장 감 동 중 화 국

十八橫行, 戰詞苑하여 一箭射破金門策이라." 하다.
십 팔 횡 행 전 사 원 일 전 사 파 금 문 책

『新唐書藝文志』云하되 "「崔致遠」은 『四六集:최
신 당 서 예 문 지 운 최 치 원 사 륙 집

치원의 사륙집』一卷과 『桂苑筆耕』二十卷이라." 하니
일 권 계 원 필 경 이 십 권

注云하되 "「崔致遠」, 〈高麗人:신라인을 오기〉으로 賓
주 운 최 치 원 고 려 인 빈

貢에(외국인에게 보이는 과거) 及第하여 爲「高駢」從事
공 급 제 위 고 병 종 사

하다." 하니 其名聞, 上國如此하다. 又有『文集』三
기 명 문 상 국 여 차 우 유 문 집 삼

十卷하여 行於世하다. 初에 我「太祖」作興에 「致
십 권 행 어 세 초 아 태 조 작 흥 치

遠」은 知, 非常人은 必, 受命開國하고 因, 致書問有
원 지 비 상 인 필 수 명 개 국 인 치 서 문 유

하되 "〈鷄林〉黃葉이요, 〈鵠嶺〉靑松之句이라." 하
계 림 황 엽 곡 령 청 송 지 구

며, 其, 門人等으로는 至, 國初(고려 초기)來朝하여 仕
기 문 인 등 지 국 초 내 조 사

至達官者, 非一하다. 「顯宗(고려)」在位에 爲「致遠」
지 달 관 자 비 일 현 종 재 위 위 치 원

이 密贊祖業하니 功不可忘이라. 下敎하여 贈內史
　　밀찬조업　　　공불가망　　　　　하교　　　증내사

令하고 至.十四歲(고종 14년)〈太平〉二年.壬戌五月
령　　　　지십사세　　　　　　　태평　이년임술오월

에 贈諡「文昌侯」라 하다.
　　증시　문창후

▶어려운 낱말◀

[金鼈(금별)] : 금자라. [洪濤(홍도)] : 넓은 바다의 파도. [奇特(기특)] : 기이하
고 특이함. [戰詞苑(전사원)] : 과거장. [金門策(금문책)] : 과녁, 즉 목표물.
[贈諡(증시)] : 시호를 내려주다.

▷본문풀이◁

또한 동년인 당나라 사람「고운」과도 잘 사귀었는데, 치원이
돌아오려 할 때「고운」은 시를 지어 송별하였으니, 이 시는 대략
다음과 같다.

　　"나는 들었네, 바다 위에 세 마리 금자라 있어
　　　머리 위에 높은 산을 이고 있다고,

　　　산 위에 주궁, 패궐, 황금전이 있고
　　　산 아래 천리만리 넓은 파도 있다네.

　　　그 곁에 점 하나 푸르른 〈계림〉 땅
　　　자라산(금오산)의 정기 어려 기특한 인재 났네.

열두 살에 배를 타고 바다를 건너

그 문장이 중화국을 감동시켰다네.

열여덟 되던 해 전사원에 횡행하여

화살 한 대 날려 보내 금문책을 깨뜨렸네.”

　[신당서 예문지]에는 “「최치원」의 [사륙집] 1권과 [계원필경] 20권이 있다.”고 기록되어 있으며, 그 주에는, “「최치원」은 〈고려인〉으로서 빈공과에 급제하여 「고병」의 종사관이 되었다.”고 하였으니, 그의 이름이 이와 같이 중국에 알려져 있었다. 또한 [문집] 30권이 세상에 전해지고 있다. 처음 우리 「태조」가 흥기하였을 때, 「치원」은 태조가 비상한 인물이므로, 그가 반드시 천명을 받아 개국할 것임을 알았다. 이로 인하여 그는 태조에게 편지를 보내 문안을 하였는데, 그 가운데에 “〈계림〉은 누른 잎이오, 〈곡령〉은 푸른 솔이라.”는 구절이 있었다. 그의 문인들 중에는 국초에 내조하여 높은 관직에 이른 자가 한 둘이 아니었다. 「현종」이 왕위에 있을 때 「치원」이 태조의 왕업을 은연히 협찬하였으니, 그의 공을 잊을 수 없다. 교시를 내려 내사령을 추증했고, 14년 〈태평〉 2년 임술 5월에는, 「문창후」라는 시호를 추증하였다.

24 | 薛聰(설총) : 신라의 유학자

○「薛聰」의 字는「聰智」이니 祖는「談捺」奈麻이
며 父는「元曉」이다. 初에 爲,桑門하여 淹該佛書하
더니 旣而返本하여 自號를「小性居士」라 하다.
「聰」은 性明銳하고 生知道術하다. 以,方言으로 讀,
九經하고 訓導後生하니 至今學者,宗之러라. 又能
屬文하나 而,世無傳者하다. 但今南地에 或有「聰」,
所製碑銘이나 文字缺落으로 不可讀하니 更不知
其,何如也라.『神文大王』이 以,仲夏之月(5월)에
處,高明之室하여 顧謂「聰」曰, "今日에 宿雨初歇
하고 薰風微凉하니 雖有,珍饌哀音이라도 不如,高
談善謔으로 以舒伊鬱이로다. 吾子는 必有異聞하니
盍,爲我陳之리오?"하다.

▶ 어려운 낱말 ◀

[桑門(상문)] : 중. [淹該(엄해)] : 널리 통함. 淹通. [返本(반본)] : 속인으로 돌아

와서. [明銳(명예)] : 밝고 예리하여. [方言(방언)] : 여기서 방언은 신라 말로 이두를 뜻함. [宗之(종지)] : 종주를 삼고 있음. [屬文(속문)] : 글을 짓다. 문장. [缺落(결락)] : 글자가 뭉개져. [高明之室(고명지실)] : 높고 밝은 방안. [宿雨(숙우)] : 오래 내리던 비. [珍饌哀音(진찬애음)] : 맛있는 음식과 애절한 음악. [高談善謔(고담선학)] : 고명한 담론과 재미있는 이야기. [伊鬱(이울)] : 이 울적한 마음. [伊(이)] : 이, 저 등의 발어사로, 혹은 조사로 사용.

▷ 본문풀이 ◁

「설총」은 자가 「총지」이니, 조부는 「담날」 나마이며, 부친은 「원효」이다. 그는 처음에 중이 되어 불서에 통달하였으나 얼마 후에 속인으로 되돌아와 스스로 「소성거사」라고 불렀다. 「총」은 성질이 총명하고 예리하며, 나면서부터 도술을 알았다. 그는 우리말로 9경을 해독하여 후생을 가르쳤으므로, 지금까지 학자들이 그를 종주로 삼고 있다. 그는 또한 글을 잘 지었으나 세상에 전해온 것은 없고, 다만 지금 남쪽 지방에 「총」이 지은 비명이 간혹 있으나 글자가 결락하여 읽을 수 없으므로 끝내 그것이 어떠한 내용인지 알 수 없었다. 『신문대왕』이 중하월(5월)에, 높고 밝은 방에 거처하면서 「총」을 돌아보면서 말하기를, "오늘은 오래 내리던 비가 처음으로 개고, 훈풍이 시원하니 비록 맛있는 음식과 애절한 음악이 있다 할지라도, 그것은 고상한 담론과 재미있는 이야기로 울적한 마음을 푸는 것만 못하구나. 그대는 필시 색다른 이야기도 알고 있을 터인데― 어찌 나를 위하여 진술해주지 않는가?"라고 하였다.

○「聰」曰, "唯하니다. 臣은 聞하니 昔에 花王之
　총　왈　유　　　　　신　　문　　석　　화 왕 지

始來也에 植之以香園하고 護之翠幕이러니 當三
春而發艶하여 凌百花而獨出하다. 於是에 自邇及
遐에 艶艶之靈의 夭夭之英이 無不奔走上謁하여
唯恐不及에 忽有一佳人이 朱顔玉齒에 鮮粧靚
服하고 伶俜而來하여 綽約而前曰, '妾은 履雪白
之沙汀하고 對鏡淸之海面하여 沐春雨以去垢하
고 快淸風而自適하니 其名曰薔薇라 하니다. 聞王
之令德하고 期薦枕於香帷하니 王其容我乎잇니
까!'하니다. 又有一丈夫하여 布衣韋帶하고 戴白
持杖하고 龍鍾而步로 傴僂而來曰, '僕在京城之
外하니 居大道之旁하여 下臨蒼茫之野景하고 上
倚嵯峨之山色하여 其名曰白頭翁이오이다. 竊謂
左右供給雖足하여 膏粱以充腸하고 茶酒以淸神
이라도 巾衍儲藏이 須有良藥하고 以補氣로 惡石
以蠲毒이니다. 故曰, 雖有絲麻라도 無棄菅蒯라 하
고 凡百君子가 無不代匱라 하니 不識王亦有意乎

잇가?' 或曰, '二者之來에 何取何捨오?' 花王曰,
혹왈 이자지래 하취하사 화왕왈

'丈夫之言에 亦有道理나 而佳人難得하니 將如
장부지언 역유도리 이가인난득 장여

之何오?' 하니이다. 丈夫進而言曰, '吾謂王聰明
지하 장부진이언왈 오위왕총명

識理義라, 故로 來焉耳러니 今則非也니이다. 凡爲
식리의 고 내언이 금즉비야 범위

君者는 鮮不親近邪佞하고 疎遠正直이니 是以로
군자 선불친근사녕 소원정직 시이

「孟軻」不遇以從身하며 「馮唐」은 郎(郎署:稗官)潛
맹가불우이종신 풍당 낭 잠

而皓首니이다. 自古如此하니 吾其奈何리오?' 花王
이호수 자고여차 오기내하 화왕

曰, '吾過矣라! 吾過矣라!' "라 하다. 於是에 王이
왈 오과의 오과의 어시 왕

愀然作色曰, "子之寓言은 誠有深志라 請書之하
초연작색왈 자지우언 성유심지 청서지

여 以謂王者之戒하노라." 하고 遂擢「聰」하여 以高
이위왕자지계 수탁총 이고

秩하다.
질

▶ 어려운 낱말 ◀

[花王(화왕)] : 모란꽃의 이칭. [翠幕(취막)] : 푸른 장막. [自邇及遐(자이급하)] :
가까운데서 먼 곳까지. [艶艶之靈(염염지령)] : 요염한 아름다움. [靈(령)] : 아
름다움. [夭夭之英(요요지영)] : 아름다운 꽃봉오리. [靚服(정복)] : 단정한 옷
차림. [伶俜(영빙)] : 외로운 모양. [綽約(작약)] : 유약한 모양. 가냘프고 맵시
있는 모양. [薦枕(천침)] : 모시다. [香帷(향유)] : 아름다운 장막. [韋帶(위대)] :
가죽 띠. [戴白(대백)] : 흰머리. [龍鍾(용종)] : 걸어가는 모양. [傴僂(구루)] : 허

리를 구부림. [蒼茫(창망)] : 아득한 모양. [嵯峨(차아)] : 높디높은. [白頭翁
(백두옹)] : 할미꽃. [巾衍(건연)] : 상자. [管蒯(관괴)] : 왕골과 띠 풀. [愀然(초
연)] : 얼굴빛이 변하는 모양. [愀] : 정색할(초). [高秩(고질)] : 높은 벼슬. [秩]
: 관직(질).

▷ 본문풀이 ◁

「총」이 말하기를, "그렇습니다. 신이 들으니, 예전에 화왕이
처음 들어 왔을 때, 향기로운 꽃동산에 심고 푸른 장막으로 보호
하였는데, 봄이 되어 곱게 피어나 온갖 꽃들을 능가하여 홀로 뛰
어났습니다. 이에 가까운 곳으로부터 먼 곳에 이르기까지 곱고
어여쁜 꽃들이 빠짐없이 달려와서 혹시 시간이 늦지나 않을까 그
것만 걱정하며 배알하려고 하였습니다. 홀연히 한 가인이 붉은
얼굴, 옥 같은 이에 곱게 화장하고, 멋진 옷을 차려 입고 간들간
들 걸어와서 얌전하게 앞으로 나와서 말했습니다. '첩은 눈 같이
흰 모래밭을 밟고, 거울 같이 맑은 바다를 마주 보며, 봄비로 목
욕하여 때를 씻고, 맑은 바람을 상쾌하게 쐬면서 유유자적하는
데, 이름은 장미라고 합니다. 왕의 훌륭하신 덕망을 듣고 향기로
운 휘장 속에서 잠자리를 모시고자 하는데, 왕께서는 저를 받아
주시겠습니까? 또한 한 장부가 베옷에 가죽 띠를 매고 허연 머
리에 지팡이를 짚고, 힘없는 걸음으로 구부정하게 걸어와서 말했
습니다. '저는 경성 밖의 한길 가에 살고 있습니다. 아래로는 푸
르고 넓은 들판의 경치를 내려다보고, 위로는 우뚝 솟은 산색에
의지하고 있는데, 이름은 할미꽃이라고 합니다. 가만히 생각컨
대, 비록 좌우의 공급이 풍족하여 기름진 음식으로 배를 채우고,

차와 술로 정신을 맑게 할지라도, 상자 속의 준비물에는 반드시 양약이 있어서 기운을 돋우고, 극약이 있어서 병독을 제거해야 합니다. 그러므로 옛말에 생사와 삼베 같은 좋은 물건이 있다고 해도, 왕골과 띠풀 같은 천한 물건을 버리지 않아서, 모든 군자들은 결핍에 대비하지 않는 일이 없다 하오니, 왕께서도 혹시 이런 생각을 갖고 계시는지 모르겠습니다.' 어떤 이가 말했습니다. '두 명이 왔는데 어느 쪽을 취하고 어느 쪽을 버리시겠습니까? 화왕이 '장부의 말도 일리가 있지만 어여쁜 여자는 얻기가 어려운 것이니 이 일을 어떻게 할까?' 라고 말했습니다. 장부가 다가서서 말하기를 '저는 대왕이 총명하여 사리를 잘 알 줄 알고 왔더니, 지금 보니 그렇지 않군요. 무릇 임금된 사람치고 간사한 자를 가까이하지 않고 정직한 자를 멀리하지 않는 이가 적습니다. 이 때문에 「맹가」는 불우하게 일생을 마쳤으며, 「풍당」은 낭서에 잠기어 흰머리가 되었습니다. 옛날부터 도리가 이러하였거늘, 저인들 어찌하겠습니까? 라고 말하니, 화왕이 '내가 잘못했노라, 내가 잘못했노라!' 라고 대답했습니다."라고 했다. 이에 왕이 안색을 바로 하며 말하기를, "그대의 우화는 진실로 깊은 뜻이 담겨 있도다. 기록해두어 왕자의 경계로 삼게 하기 바란다." 하고 마침내 「총」을 높은 관직에 발탁하였다.

○世傳에 〈日本〉國, 眞人이 贈, 〈新羅〉使, 「薛」判官詩의 序云하되 "嘗覽 「元曉」居士所著의 『金剛

三昧論』하고 深恨不見其人하여 聞〈新羅〉國使
삼매론　　　　심한불견기인　　　　문신라국사

「薛:仲業으로 설총의 아들임」은 卽是,居士之抱孫이라
설

하니 雖,不見其祖나 而喜遇,其孫하여 乃作詩贈之
　　수불견기조　　이희우기손　　내작시증지

라.”하다. 其詩는 至今存焉하니 但,不知其,子孫名
　　　　　기시　지금존언　　단부지기자손명

字耳니라. 至我「顯宗:고려」在位,十三年,〈乾興〉元
자이　　지아현종　　재위십삼년　건흥원

年,壬戌(1022년)에 追贈爲,「弘儒侯」하다. 或云하되
년임술　　　　　추증위홍유후　　　혹운

「薛聰」이 嘗入唐學이라 하나 未知然不하다.
설총　　상입당학　　　　미지연불

▶ 어려운 낱말 ◀

[眞人(진인)] : 참된 도를 깨달은 사람. [弘儒侯(홍유후)] : 설총의 시호. [未知
然不(미지연불)] : 그런지의 여부는 알지 못함.

▷ 본문풀이 ◁

　세상에 전하는 말에 의하면, 〈일본〉국의 스님이 〈신라〉 사신
「설」 판관에게 준, 시의 서문에 이르기를, “일찍이 「원효」거사가
지은 [금강삼매론]을 본 적이 있으나, 그 사람을 보지 못했음을 심
히 한스럽게 여겼는데, 들자 하니 〈신라〉국 사신 「설」이 바로 거
사의 손자라고 하니, 비록 그의 조부는 보지 못하였으나 그의 손
자를 만난 것을 기뻐하여 이에 시를 지어 그에게 준다.”라고 하였
다. 그 시는 지금도 남아 있으나 그 자손의 이름은 모른다. 우리

「현종」이 왕위에 있은 지 13년인 〈건흥〉 원년 임술에 설총에게 「홍유후」를 추증하였다. 혹자는 말하기를, 「설총」이 일찍이 당에 들어가서 유학하였다고 하나 사실의 여부는 알 수 없다.

○「崔承祐」는 以〈唐〉「昭宗」〈龍記〉二年에 入
　　최승우　　　이당　소종　용기　이년　입

〈唐〉하여 至〈景福〉二年에 侍郎「楊涉」下에 及第
　당　　　지 경복　이년　시랑 양섭 하　급제

하다. 有四六五卷하니 自序爲『餬本集』이라 하다.
　　　유 사륙 오권　　　자서 위　호본집

後에 爲「甄萱」하여 作檄書하여 移我「太祖」하다.
후　위 견훤　　　　작 격서　　　이아 태조

▶ 어려운 낱말 ◀

[楊涉下(양섭하)] : 양섭의 문하에서. [四六(사륙)] : 사륙집을 말함. [餬] : 기식
할(호). 식객.

▷ 본문풀이 ◁

「최승우」는 〈당〉「소종」〈용기〉 2년에, 〈당〉에 가서 〈경복〉 2
년에, 시랑 「양섭」의 문하에 있다가 과거에 급제하였다. 사륙집 5
권이 있는데, 자신이 쓴 서문에서 [호본집]이라 하였다. 그 뒤에
「견훤」을 위하여 격문을 지어 우리 「태조」에게 보냈다.

○「崔彦撝」는 年十八에 入〈唐〉遊學하고 禮部
　　최언휘　　　년십팔　　입 당 유학　　　예부

侍郎「薛廷珪」下에서 及第하다. 四十二에 還國하
시랑 설정규 하　　　급제　　　사십이　　환국

여 爲,執事侍郞,瑞書院學士하고 及「太祖」開國하
　위 집 사 시 랑 서 서 원 학 사　　급 태 조 개 국

니 入朝하여 仕至,翰林院太學士,平章事하다. 卒에
　입 조　　사 지 한 림 원 태 학 사 평 장 사　　졸

諡를「文英」이라 하다.
시　　문 영

▶ 어려운 낱말 ◀

　[朔下(규하)] : 문하에서. [入朝(입조)] : 조정에 들어와서.

▷ 본문풀이 ◁

　「최언위」는 나이 18세에 〈당〉에 유학하고 예부시랑「설정규」
의 문하에 있다가 과거에 급제하였다. 42세에 귀국하여 집사시랑
서서원학사가 되었고,「태조」가 개국하자 조정에 들어와서 벼슬
이 한림원태학사 평장사에 이르렀다. 죽은 뒤에 시호를「문영」이
라 하였다.

　○「金大問」은 本〈新羅〉貴門子弟로『聖德王』三
　　김 대 문　　본 신 라 귀 문 자 제　　성 덕 왕 삼

年에 爲〈漢山州〉都督하며 作,傳記若干卷하니 其
년　　위 한 산 주 도 독　　　작 전 기 약 간 권　　기

『高僧傳』과『花郞世記』와『樂本』과『漢山記』가
　고 승 전　　화 랑 세 기　　악 본　　한 산 기

猶存하니라.
유 존

「김대문」은 원래 〈신라〉 귀족의 자제로서 『성덕왕』 3년에 〈한산주〉 도독이 되었으며, 전기 몇 7권을 지었는데, 그중에서 [고승전], [화랑세기], [악본], [한산기]는 아직도 남아 있다.

○ 「朴仁範」과 「元傑」과 「巨仁」과 「金雲卿」과
　　박 인 범　　　　원 걸　　　　거 인　　　　김 운 경
「金垂訓」輩는 雖僅有,文字傳者하나 而,史失行事
　김 수 훈 배　　수 근 유 문 자 전 자　　　　이 사 실 행 사
로 不得立傳하다.
　부 득 입 전

「박인범」, 「원걸」, 「거인」, 「김운경」, 「김수훈」 등은 글이 전하는 것은 조금 있으나 역사기록에 그들의 행적이 없으므로 열전을 만들 수 없다.

25 │ 奚論(해론) : 신라 때의 용장

○ 「奚論」은 〈牟梁〉人也라. 其父「讚德」은 有,勇
　　해 론　　　모 량 인 야　　　기 부 찬 덕　　　유 용

志英節하여 名高一時하다. 〈建福:진평왕의 연호〉二
지영절   명고일시   건복   이

十七年庚午(610)에 『眞平大王』이 選爲〈椵岑城:거
십칠년경오   진평대왕   선위 가잠성

창?〉縣令하다. 明年,辛未冬十月에 〈百濟〉大,發兵
현령   명년 신미동시월   백제 대 발병

하여 來攻〈椵岑城〉,一百餘日하다.『眞平王』이 命
내공 가잠성 일백여일   진평왕   명

將하여 以〈上州:尙州〉,〈下州:昌寧〉,〈新州:廣州〉之兵
장   이 상주   하주   신주   지병

으로 救之하여 遂,往與〈百濟〉人戰하여 不克하고
구지   수 왕여 백제 인전   불극

引還하다.「讚德:城主」이 憤恨之하여 謂,士卒曰,
인환   찬덕   분한지   위 사졸왈

"三州軍帥가 見敵,强不進하여 城危不救하니 是는
삼주군수   견적강부진   성위불구   시

無義也라. 與其,無義而生으론 不若,有義而死라."
무의야   여기무의이생   불약유의이사

하고 乃,激昂奮勵하여 且戰且守하다. 以至,粮盡水
내 격앙분려   차전차수   이지양진수

竭하여도 而猶,食屍飮尿하며 力戰不怠하다. 至,春
갈   이유식시음뇨   역전불태   지춘

正月하여 人旣疲하고 城將破하여 勢,不可復完하니
정월   인기피   성장파   세불가부완

乃,仰天大呼曰,"吾王,委我以,一城이니 而不能全
내 앙천대호왈   오왕위아이일성   이부능전

하고 爲敵所敗하니 願死爲,大厲하여 喫盡〈百濟〉
위적소패   원사위대려   끽진 백제

人하고 以復此城하리라."하고 遂,攘臂瞋目하여 走
인   이복차성   수 양비진목   주

觸,槐樹而死하니 於是에 城陷하고 軍士皆降하다.
촉 괴수이사   어시 성함   군사개항

[勇志英節(용지영절)] : 용감한 의지와 영웅적인 절개. [激昻奮勵(격앙분려)] :
격앙되고 분발함. [粮盡水竭(양진수갈)] : 군량이 떨어지고 물마저 없어져.
[食屍飮尿(식시음뇨)] : 죽은 시체를 뜯어먹고 오줌을 받아먹으면서. [攘臂瞋
目(양비진목)] : 팔을 걷고 눈을 부릅뜨다. [走觸槐樹(주촉괴수)] : 달려가서 회
나무에 부딪치다.

▷ 본문풀이 ◁

「해론」은 〈모량〉 사람이다. 그의 부친 「찬덕」은 용감한 뜻과
영특한 절개가 있어 한때 명망이 높았다. 〈건복〉 27년 경오년에
『진평대왕』이 그를 선발하여 〈가잠성〉 현령으로 삼았다. 이듬해
인 신미년 겨울 10월에, 〈백제〉가 크게 군사를 일으켜 백여 일 동
안 〈가잠성〉을 공격하자 『진평왕』이 장수들에게 명령하여 〈상
주〉, 〈하주〉, 〈신주〉의 군사로 하여금 그를 구원하게 하였다. 그
리하여 마침내 그들이 가서 〈백제〉인과 싸웠으나 승리하지 못한
채 군사를 이끌고 돌아왔다. 「찬덕」이 그것을 분하게 여겨 사졸
들에게 말하기를, "세 주의 장수들이 적의 강함을 보고는 진격하
지 않아 성이 위급한데도 구원하지 않았다. 이는 의리가 없는 행
위이다. 의리 없이 사는 것보다는 의리 있게 죽는 것이 나으리
라." 하고, 그는 곧 격앙되고 분발하여 한편으로 싸우고, 한편으
로 방어하면서 양식과 물이 떨어졌는데도 오히려 시체를 뜯어먹
고 오줌을 받아 마시며 힘써 싸워서 나태하지 않았다. 봄 정월에
이르자, 사람들은 이미 지치고, 성은 곧 함락되려 하니 대세는 회
복될 수 없는 지경이 되었다. 이렇게 되자, 그는 하늘을 우러러

크게 외치기를, "우리 왕이 나에게 이 성을 맡겼는데, 온전하게 지키지 못하고 적에게 패하니, 원컨대 죽어서도 커다란 악귀가 되어 〈백제〉인들을 모조리 잡아먹고 이 성을 회복하리라." 했다. 그는 마침내 팔을 걷고 눈을 부릅뜨고 달려 나가 홰나무에 부딪쳐 죽었다. 이에 성은 함락되고 군사들은 모두 항복하였다.

○「奚論:讚德의 아들」의 年,二十餘歲에 以,父功으로 爲「大奈麻」하다. 至〈建福〉三十五年戊寅(618)에 王命하여 「奚論」을 爲〈金山:지금의 금릉군〉幢主하여 與〈漢山州〉都督「邊品」과 興師하여 襲〈椵岑城〉하여 取之하다. 〈百濟〉聞之하고 擧兵來하니 「奚論」等이 逆之하다. 兵旣相交에 「奚論」이 謂,諸將曰, "昔에 吾父,殞身於此어늘 我今亦與〈百濟〉人으로 戰於此하니 是我死日也라." 하고 遂以短兵으로 赴敵하여 殺,數人而死하다. 王이 聞之하고 爲, 流涕하며 贈卹,其家甚厚하다. 時人이 無不哀悼하고 爲作,長歌而弔之하다.

[相交(상교)] : 교전하다. [恤] : 가엾이 여길(휼). [甚厚(심후)] : 매우 후하게
하다.

▷ **본문풀이** ◁

「해론」이 나이 20여 세 되었을 때 부친의 공으로 「대나마」가
되었다. 〈건복〉 40년 무인에, 왕이 「해론」을 〈금산〉 당주로 임명
하여 〈한산주〉 도독 「변품」과 함께 군사를 일으켜 〈가잠성〉을
습격하여 이를 빼앗도록 하였다. 〈백제〉가 이 말을 듣고 군사를
일으켜 공격해오자, 「해론」 등이 이들과 싸웠다. 교전이 시작되
었을 때 「해론」이 여러 장수들에게 말하기를, "옛날 우리 부친이
여기에서 전사하셨는데, 나도 지금 여기서 〈백제〉인과 싸우니
오늘이 내가 죽는 날이다." 하고, 그는 드디어 칼을 들고 적진으
로 달려가 여러 사람을 죽이고 자신도 죽었다. 왕이 이 소식을 듣
고 눈물을 흘리며 그의 가족을 보살펴 주었다. 당시 사람들이 모
두 그의 죽음을 애도하여 장가를 지어 조문하였다.

26 │ 素那(소나): 신라의 용장

○「素那」[或云「金川」]는 〈白城郡:지금 安城 일대〉〈蛇
山:지금 청원군 직산면〉人也라. 其父「沈那」[或云〈煌川〉]
는 膂力過人하고 身輕且捷하다. 〈蛇山〉은 境與
〈百濟〉相錯이라 故로 互相寇擊이 無,虛月이라.
「沈那」는 每,出戰에 所向,無堅陣이라.〈仁平:선덕여
왕 연호, 634~47〉中에 〈白城郡〉에서 出兵하여 往抄
〈百濟〉邊邑하니 〈百濟〉出,精兵하여 急擊之하면
我士卒亂退하다.「沈那」는 獨立拔劍하고 怒目大
叱하며 斬殺,數十餘人하니 賊懼,不敢當하고 遂,引
兵而走하다.

▶ 어려운 낱말 ◀

[膂力(여력)]: 등뼈의 힘. 지체의 힘. [膂]: 등골뼈(려). [相錯(상착)]: 백제와 신라의 국경 접선지대. [寇擊(구격)]: 노략질과 싸움. [堅陣(견진)]: 굳센 적진. [往抄(왕초)]: 가서 초격하다. [怒目大叱(노목대질)]: 성낸 눈을 부릅뜨고 크게 꾸짖다.

▷ **본문풀이** ◁

「소나」【혹은 「금천」이라고 한다.】는 〈백성군〉〈사산〉 사람이다.
그의 부친 「심나」[혹은 「황천」]는 힘이 세고 몸이 가볍고 날래었다.
〈사산〉은 경계가 〈백제〉와 연이어 있었기 때문에 상호 서로가
노략질과 싸움이 끊이지 않았다. 「심나」는 그때마다 나가서 싸웠
는데, 그가 가는 곳마다 견고한 적의 진지가 무너졌었다. 〈인평〉
연간에 〈백성군〉에서 군사를 내어 〈백제〉의 변경을 치자, 〈백제〉
도 정예병을 보내 갑자기 공격해왔으므로 우리 사졸들이 혼란스
럽게 퇴각하였다. 그러나 「심나」는 홀로 서서 칼을 뽑아 들고 성
난 눈으로 크게 꾸짖으며 수십여 명을 베어 죽이니, 적이 두려워
서 감히 덤벼들지 못하고 마침내 군사를 이끌고 도주하였다.

○〈百濟〉人이 指「沈那」曰, '〈新羅〉飛將이라.'
　　백제인　　지 심나 왈　　　신라 비장

하고 因相謂曰, "「沈那」尙生하니 莫近〈白城〉하
　　　인상위왈　　심나 상생　　　　막근 백성

라." 하다. 「素那:沈那의 아들」는 雄豪하여 有,父風하
　　　　　소나　　　　　　웅호　　　유부풍

다. 〈百濟〉滅後에 〈漢州〉都督都,儒公이 請,大王하
　　백제 멸후　　한주 도독도유공　　　청대왕

여 遷「素那」於〈阿達城:강원 安峽?〉하여 俾禦北鄙하
　　천 소나 어 아달성　　　　　　　비어북비

다. 〈上元:당고종 연호〉二年乙亥春(무왕15년, 675)에
　　상원　　　　　　이년을해춘

〈阿達城〉太守 級湌「漢宣」이 敎民하되 以,某日에
　아달성 태수 급찬 한선　　　교민　　　이 모일

齊出種麻하리니 不得違令하라 하다.〈靺鞨:東濊의 오
제 출 종 마 　　　부 득 위 령 　　　　　　　　　　말 갈

칭?〉諜者,認之하고 歸告其,酋長하다. 至,其日에 百
첩 자 인 지 　　　귀 고 기 추 장 　　　지 기 일 　　백

姓이 皆出城하여 在田하니〈靺鞨〉이 潛,師卒入城
성 　개 출 성 　　　재 전 　　　말 갈 　　잠 사 졸 입 성

하여 剽掠一城하니 老幼狼狽하여 不知所爲하다.
　　표 략 일 성 　　　노 유 낭 패 　　　부 지 소 위

「素那」奮刃向賊하여 大呼曰,“爾等은 知,〈新羅〉
소 나 분 인 향 적 　　　대 호 왈 　이 등 　지 신 라

에 有「沈那」之,子「素那」乎아? 固不畏,死以圖生
　유 심 나 지 자 소 나 호 　　　고 불 외 사 이 도 생

하니 欲鬪者,曷不來耶아?”하고 遂,憤怒突賊하니
　　욕 투 자 갈 불 래 야 　　　　수 분 노 돌 적

賊不敢迫하고 但向射之하다.「素那」亦射하니 飛
적 불 감 박 　　　단 향 사 지 　　　소 나 역 사 　　비

矢如蜂하다. 自辰至酉로「素那」身에 矢如蜂하여
시 여 봉 　　　자 진 지 유 　　　소 나 신 　　시 여 봉

遂,倒而死하다.
수 도 이 사

▶어려운 낱말◀

[父風(부풍)] : 아버지의 풍모. [俾禦(비어)] : 막아서 방비하다. [狼狽(낭패)] :
어떤 일이 일그러져 잘못됨. [奮刃(분인)] : 칼을 휘두르다. [自辰至酉(자진지
유)] : 진시에서부터 유시까지. 즉 오전 8시에서 오후 5, 6시까지.

▷본문풀이◁

〈백제〉인들이 「심나」를 가리켜 ‘〈신라〉의 비장이라.’ 하고,
서로 말하기를, “「심나」가 아직 살았으니 〈백성〉에 가까이 가지

말라."고 하였다. 「소나」는 영웅스럽고 호걸스러움이 아버지의 풍모를 닮았다. 〈백제〉가 멸망한 뒤에 〈한주〉 도독 유공이 대왕에게 청하여 「소나」를 〈아달성〉으로 보내 북쪽 변방을 방어하게 하였다. 〈상원〉 2년 을해년 봄에, 〈아달성〉 태수 급찬 「한선」이 백성들로 하여금 아무 날 모두 나가 삼을 심으리니 이 명령을 어기지 못하도록 하였다. 〈말갈〉의 첩자가 이를 탐지하고 돌아가 자기 추장에게 보고하였다. 그날이 되어 백성들이 모두 성에서 나와 밭에 있는데, 〈말갈〉이 몰래 군사를 거느리고 갑자기 성으로 들어가서 성 전체를 노략질하니, 늙은이 어린이 할 것 없이 모두 낭패하여 어쩔 줄을 몰랐다. 이때 「소나」가 칼을 휘두르며 적진을 향하여 크게 외치기를, "너희들은 〈신라〉에 「심나」의 아들 「소나」가 있는 줄을 아느냐? 나는 실로 죽기가 두려워 살기를 도모하지는 않는다. 싸우려는 자가 있으면 왜 나오지 않느냐?" 그가 곧 분격하여 적진으로 돌진하니, 적들이 감히 접근하지 못하고 다만 그를 향하여 활을 쏠 뿐이었다. 「소나」도 활을 쏘았는데 날아오는 화살이 마치 벌떼와 같았다. 진시(오전 8시)로부터 유시(오후5, 6시)에 이르자, 「소나」의 몸에는 화살이 벌집처럼 박혀 마침내 쓰러져 죽었다.

○「素那」妻는 〈加林郡: 지금의 부여군 林川面〉良家
　　소 나　처　　　가림군　　　　　　　　　　　　양 가

女子라. 初에 「素那」는 以〈阿達城〉이 隣敵國하여
여 자　초　　소 나　　이 아달성　　인적국

獨行하고 留,其妻而在家하다. 郡人이 聞「素那」死
독 행　　　유,기처이재가　　　군 인　문 소 나 사

하고 弔之하니 其妻,哭而對曰, "吾夫常曰, '丈夫
　　　조지　　　　기처곡이대왈　　오부상왈　　　장부

固,當兵死라 하니 豈,可臥牀席하여 死,家人之手乎
고 당병사　　　　기가와상석　　　사가인지수호

아!' 하다. 其,平昔之言이 如此라, 今死가 如其志
　　　　　기 평석지언　 여차　　금사　　여기지

也라." 하다. 大王이 聞之하고 涕泣沾襟曰 "父子
야　　　　　대왕　문지　　　체읍첨금왈　부자

勇於國事하니 可謂世濟忠義矣라." 하여 贈官,迊
용어국사　　　가위세제충의의　　　　　증관 잡

湌하다.
찬

▶ 어려운 낱말 ◀

　[牀席(상석)] : 병석. [平昔(평석)] : 평소. [沾襟(첨금)] : 옷깃을 적시다.

▷ 본문풀이 ◁

　「소나」의 아내는 〈가림군〉의 양가 여자였다. 처음에 「소나」는
〈아달성〉이 적국에 인접하여 있기 때문에 혼자 가고 자기 아내
는 집에 머물러 있게 하였다. 그 고을 사람들이 「소나」가 죽었다
는 말을 듣고 조문하니, 그의 아내가 울면서 대답하기를, "나의
남편이 항상 말하는 말이 '장부는 마땅히 싸우다가 죽어야 한다.
어찌 침상에 누워서 집안사람의 손에 죽을 수 있으랴!' 하였습니
다. 그의 평소의 말이 이러하였으니, 지금의 죽음은 자기의 뜻대
로 된 것입니다."라고 했다. 대왕이 이 말을 듣고 눈물을 흘려 옷
깃을 적시면서 말하기를, "부자가 모두 국사에 용감하였으니, 가
히 대대로 충의를 이루었다고 하겠다." 하고 그에게 잡찬을 추증

하였다.

27 | 驟徒(취도) : 신라의 무인

○「驟徒」는 〈沙梁〉人으로 奈麻「聚福」之子니
史失其姓하다. 兄弟三人이니 長은「夫果」요, 仲은
「驟徒」요, 季는「逼實」이라.「驟徒」는 嘗, 出家하여
名을「道玉」이라 하고 居〈實際寺〉하다.『太宗大
王』時에 〈百濟〉來伐〈助川城:영동군 양산면〉하니 大
王이 興師出戰이나 未決하다. 於是에「道玉」이
語, 其徒曰, " '吾聞하니 爲, 僧者로 上則, 精術業하
여 以, 復性이요, 次則, 起, 道用하여 以, 益他라.' 하다.
我形似, 桑門而已요, 無, 一善可取이니 不如從軍,
殺身하여 以, 報國이라." 하다. 脫, 法衣하고 著, 戎服

하고 改名曰「驟徒」라 하니 意謂,馳驟而,爲徒也라.
　　개 명 왈　취 도　　　　　의 위 치 취 이 위 도 야

乃詣兵部하여 請屬,三千幢하고 遂隨,軍赴敵場하
내 예 병 부　　　청 속 삼 천 당　　　수 수 군 부 적 장

다. 及,旗鼓相當하니 持,槍劒하고 突陣力鬪하여 殺
　　급 기 고 상 당　　　지 창 검　　돌 진 력 투　　　살

賊,數人而死하다.
적 수 인 이 사

▷ 본문풀이 ◁

　「취도」는 〈사량〉 사람으로서, 나마 「취복」의 아들이다. 그의
성씨는 역사기록에 전하지 않는다. 형제가 셋인데 맏이는 「부과」
요, 가운데는 「취도」요, 막내는 「핍실」이다. 「취도」가 일찍이 출
가하여 이름을 「도옥」이라 하고 〈실제사〉에 거주했다. 『태종대
왕』 때 〈백제〉가 와서 〈조천성〉을 공격하자, 왕은 군사를 일으켜
나가 싸웠으나 싸움이 결판나지 않았다. 이때 「도옥」이 자기 무리
에게 말하기를, "내가 들으니, '상등의 중은 술업에 정진하여 그
본성을 회복하는 것이고, 그 다음은 도의 효용을 일으켜 다른 사
람에게 이익을 준다.'고 하였는데, 나는 외형만 중과 같을 뿐이
며, 한 가지도 취할 만한 선행이 없으니, 군대에 들어가 몸을 바쳐
나라의 은혜에 보답하는 것만 못하다."라 하고, 법의를 벗고 군복

을 입은 다음 이름을 「취도」로 고쳤다. 이 이름은 빨리 군대로 간다는 뜻이다. 그는 곧 병부로 가서 삼천당에 속하기를 청하고, 마침내 군대를 따라 적지로 갔다. 깃발과 북이 서로 어울리자, 창과 칼을 잡고 적진으로 돌진하여 힘껏 싸우다가 적군 여러 명을 죽인 다음 자신도 죽었다.

○後〈咸亨:당고종 연호〉二年.辛未(문무왕 11년, 671)
에 『文武大王』이 發兵하여 使踐〈百濟〉.邊地之禾
하니 遂與〈百濟:의용군〉人과 戰於〈熊津〉之南하다.
時에 「夫果:취도의 형」는 以.幢主로 戰死하니 論功.
第一하다. 〈文明:당 예종의 연호〉元年.甲申(신문왕 4년,
684)에 〈高句麗〉殘賊(安勝의 族子 大文 등)이 據〈報德
城〉而叛하니 『神文大王』이 命將討之하니 以「逼
實:夫果의 季弟」로 爲.貴幢弟監하다. 臨行에 謂其婦
曰, "吾.二兄이 旣死於王事하여 名垂不朽하니 吾
雖不肖나 何得畏死而.苟存乎리오? 今日에 與爾
生離는 終是.死別也이니 好住無傷하라!"하다. 及.
對陣에 獨出奮擊하여 斬殺.數十人而死하다. 大王

이 聞之하고 流涕嘆曰, "「驟徒」는 知.死所하고 而
　　문지　　　유체탄왈　　　　취도　　　지사소　　　　이

激.昆弟之心하며 「夫果」와 「逼實」도 亦能.勇於義
　격곤제지심　　　　부과　　　핍실　　　역능용어의

하여 不顧其身하니 不其壯歟아?"하며 皆.追贈官.
　　　불고기신　　　불기장여　　　　　개추증관

沙湌하다.
　사찬

▶ 어려운 낱말 ◀

[王事(왕사)] : 국사.　[苟存(구존)] : 구차하게 살아가다.　[生離(생리)] : 생이별.
[無傷(무상)] : 슬퍼하지 말라.　[昆弟(곤제)] : 형과 아우.

▷ 본문풀이 ◁

　그 후 〈함형〉 2년 신미에, 『문무대왕』이 군사를 출동시켜 〈백제〉 변경의 벼를 짓밟게 하자, 마침내 〈백제〉인들과 〈웅진〉 남쪽에서 전투가 벌어졌다. 이때 「부과」가 당주로서 전사하여 논공이 제일이었다. 〈문명〉 원년 갑신에, 〈고구려〉의 잔적이 〈보덕성〉을 근거지로 하여 반란을 일으켰다. 『신문대왕』이 장수에게 토벌을 명하였다. 그때 「핍실」을 귀당 제감으로 삼았다. 그는 떠날 때 아내에게 말하기를, "나의 두 형이 이미 나라 일로 죽어서 이름이 영원히 남아 있거늘, 내 비록 불초하나 어찌 죽기를 두려워하여 구차하게 살겠는가? 오늘 그대와의 생이별은 결국 사별이 될 것이니 상심하지 말고 잘사시오!" 그가 적과 대진하게 되자, 단신으로 나가 공격하여 수십 명을 참살하고 자기도 죽었다. 대왕이 이 소식을 듣고 눈물을 흘리면서 탄식하기를, "「취도」가 죽을 자리를 알아서 형제의 마음을 격동시켰으며, 「부과」와 「픽실」도 정의 앞에 용감하여 자기 몸을 돌보지 않았으니 장한 일이 아닌가?" 대왕은 모두에게 사찬 벼슬을 추증하였다.

28 | 訥催(눌최) : 신라의 무인

○「訥催」는 新羅〈沙梁〉人이니 大奈麻「都非」
之.子也니라.『眞平王』〈建福〉四十一年.甲申(624)
冬,十月에 〈百濟〉가 大擧來侵하여 分兵圍攻〈速
舍:지금의 함양〉,〈櫻岑〉,〈岐岑〉,〈烽岑〉,〈旗懸〉,〈冗
柵〉等의 六城하니 王이 命〈上州〉,〈下州〉,〈貴幢〉,
〈法幢〉,〈誓幢〉, 五軍하여 往救之하다. 旣到에 見
〈百濟〉하니 兵陣當當하여 鋒不可當하여 盤桓不
進하다. 或立議曰, "大王이 以.五軍으로 委之諸將
하니 國之存亡이 在此一役하다. 兵家之言曰, '見

可而進하고 知難而退라.' 하다. 今,强敵在前에 不
가 이 진   지 난 이 퇴   금 강 적 재 전   불

以好謀而直進하여 萬一有,不如意면 則,悔不可追
이 호 모 이 직 진   만 일 유 불 여 의   즉 회 불 가 추

라." 하다. 將佐가 皆以爲然이나 而,業已受命,出師
라.   장 좌   개 이 위 연   이 업 이 수 명 출 사

이니 不得徒還하다. 先時에 國家(신라)欲築〈奴珍〉
    부 득 도 환   선 시   국 가   욕 축 노 진

等하려다가 六城而未遑이러니 遂於其地에 築畢而
등   육 성 이 미 황   수 어 기 지   축 필 이

歸하다.
귀

▶ 어려운 낱말 ◀

　[盤桓(반환)] : 서성거리다. [築畢(축필)] : 축성을 마치다.

▷ 본문풀이 ◁

　「눌최」는 〈사량〉 사람인데, 대나마 「도비」의 아들이다. 『진평
왕』〈건복〉 41년 갑신 겨울 10월에, 〈백제〉가 대거 침입하면서
군사를 나누어 〈속함〉, 〈앵잠〉, 〈기잠〉, 〈봉잠〉, 〈기현〉, 〈용책〉
등 여섯 성을 포위 공격하였다. 왕은 〈상주〉, 〈하주〉, 〈귀당〉, 〈법
당〉, 〈서당〉 등 5군에 명하여 이들을 구원하게 하였다. 그들은 전
장에 이르러 〈백제〉의 군진이 당당하여 예봉을 당할 수가 없음을
보고는 머뭇거리며 더 이상 진격하지 못했다. 어떤 자가 건의하
여 말하기를, "대왕이 5군을 여러 장수에게 맡겼으니, 국가의 존
망이 이 한 번의 싸움에 달려 있다. 병가에 이르기를 '가능성을

보면 나아가고, 어려움을 알면 물러선다.'고 하였는데, 지금 강력한 적이 눈앞에 있는데 좋은 계책을 쓰지 않고 곧장 나아갔다가는, 만에 하나 뜻대로 되지 않을 경우 후회해도 때가 늦을 것이다."라고 했다. 장수와 보좌관들이 모두 그 생각이 옳다고 여겼다. 그러나 이미 명령을 받고 군사를 출동시킨 이상 그냥 돌아갈 수가 없었다. 이에 앞서 나라에서는 〈노진〉 등의 여섯 성을 쌓으려다가 미처 겨를이 없었는데, 그들은 드디어 그곳에서 성 쌓기를 마치고 돌아왔다.

○於是에 〈百濟〉는 侵攻愈急하여 〈速含〉,〈岐岑〉,〈冗柵〉三城이 或滅或降하고 「訥催」가 以三城固守하니 及聞五軍不救而還하고 慷慨流涕하며 謂士卒曰, "陽春和氣에는 草木皆華하나 至於歲寒(겨울)에는 獨松栢後彫라. 今孤城無援하고 日益阽危하니 此는 誠志士義夫가 盡節揚名之秋라 汝等은 將若之何오?"하니 士卒揮淚曰, "不敢惜死하고 唯命是從이라 하다." 及城將陷에 軍士死亡하고 無幾人이나 皆殊死戰하여 無苟免之心하다. 「訥催」에 有一奴하니 强力善射하다. 或嘗語

曰, "小人而有異才하면 鮮不爲害이니 此奴宜遠
之하라." 하나 「訥催」不聽하다. 至是에 城陷賊入하
니 奴張弓挾矢하고 在「訥催」前하되 射不虛發하
니 賊懼不能前하다. 有一賊出後하여 以斧로 擊
「訥催」하여 乃仆하니 奴反與鬪하다가 俱死하다.
王聞之하고 悲慟하여 追贈「訥催」에 職級湌하다.

▶ 어려운 낱말 ◀

[愈急(유급)] : 더욱 황급하여. [或滅或降(혹멸혹항)] : 혹은 괴멸하고, 혹은 항
복하다. [慷慨流涕(강개유체)] : 분하여 눈물을 흘리다. [阽危(염위)] : 낭떠러
지에 가까워 떨어질 듯함. [揚名之秋(양명지추)] : 이름을 드날릴 때. [秋] :
때. [揮淚(휘루)] : 눈물을 뿌리면서. [仆] : 넘어질(부).

▷ 본문풀이 ◁

이때 〈백제〉가 더욱 급히 공격하여 〈속함〉, 〈기잠〉, 〈용책〉
등 세 성이 함락되거나 항복하였다. 「눌최」는 나머지 세 성을 고
수하고 있었는데, 5군이 구원하지 않고 돌아갔다는 말을 들었다.
그는 비분강개하여 눈물을 흘리면서 군사들에게 말하기를, "봄
철의 온화한 기운에는 초목이 모두 번성하지만, 겨울이 되면 유
독 송백만이 남는다. 이제 우리의 외로운 성이 구원하는 군사는
없고 날로 위급하여지니, 이제는 실로 지조 있는 사나이와 의리

있는 사나이가 절개를 다하고 이름을 날릴 때이다. 너희들은 장차 어떻게 하려는가?" 사졸들은 모두 눈물을 뿌리면서 말하기를, "감히 죽는 것을 애석하게 여기지 않고, 오직 명령을 따를 뿐입니다." 했다. 성이 함락될 무렵, 군사들이 거의 모두 죽어 몇 명 남지 않았는데도, 그들은 모두 결사적으로 싸웠으며 구차하게 죽음을 모면할 생각을 하지 않았다. 「눌최」에게는 종이 하나 있었는데, 그는 힘이 세고 활을 잘 쏘았다. 어떤 자가 전에 "소인배가 특이한 재주를 가지고 있으면 해를 끼치지 않는 경우가 드문 법이니, 이 사람을 멀리해야 한다."고 말하였으나, 「눌최」는 이를 듣지 않았다. 그때 성이 함락되고 적이 들어오자 그 종이 활을 당겨 화살을 끼운 채 「눌최」의 앞에 버티고 서서 활을 쏘았다. 그 화살은 하나도 빗나가는 것이 없었다. 적들이 이를 무서워하여 앞으로 접근하지 못하였다. 한 적병이 뒤로 돌아가 「눌최」를 도끼로 쳐서 쓰러뜨리자, 그 종은 돌아서서 그와 싸우다가 함께 죽었다. 왕이 이 소식을 듣고 비통해 하며 「눌최」에게 급찬 벼슬을 추증하였다.

29 | 薛罽頭(설계두) : 신라인으로 당의 무인

○「薛罽頭」[一本作薛]는 亦,〈新羅〉衣冠子,孫也라.
　　설계두　　　　　　　역 신라 의관자손야

嘗與,親友四人으로 同會燕飲하며 各言其志하다.
상여 친우사인　　　동회연음　　　각언기지

「罽頭」曰,"〈新羅〉는 用人論,骨品(身分)으로 苟非
계두왈 신라　 용인론골품　　　　　　 구비

其族이면 雖有,鴻才傑功이나 不能踰越이라. 我願,
기족　　수유홍재걸공　　 불능유월　　　아원

西遊中華國하여 奮,不世之略하고 立,非常之功
서유중화국　　분 불세지략　　　입비상지공

하여 自致榮路하고 備,簪紳劍佩하고 出入,天子之
　　자치영로　　비 잠신검패　　　출입천자지

側하면 足矣라." 하다.〈武德:당고조 연호〉四年,辛巳
측　　 족의　　　　　　　무덕　　　　사년신사

(진평왕 43년, 621)에 潛隨,海舶入唐하다. 會에「太宗
　　　　　　　　　 잠수 해박입당　　 회 태종

文皇帝」가 親征〈高句麗〉하니 自薦으로 爲,左武衛
문황제　 친정 고구려　　 자천　 위 좌무위

果毅하다. 至〈遼東〉하여 與,麗人으로 戰,〈駐蹕山〉
과의　　 지 요동　　 여 려인　　 전 주필산

下하여 深入,疾鬪而死하니 功,一等하다. 皇帝問하
하　　심입 질투이사　　 공 일등　　 황제문

되 "是何許人이요?" 하니 左右,奏하되 "〈新羅〉人,
　　시하허인　　　　좌우주　　　신라인

「薛罽頭」也라." 하다. 皇帝,泫然曰, "吾人은 尙,畏
설계두야　　　 황제 현연왈　오인 상 외

死하여 顧望不前이어늘 而,外國人이 爲吾死事하니
사　　고망부전　　　이 외국인　 위오사사

何以報其功乎아?"하고 問從者하여 聞其平生之
하 이 보 기 공 호   문 종 자   문 기 평 생 지

願하여 脫御衣覆之하고 授職爲大將軍하며 以禮
원 하여   탈 어 의 복 지   수 직 위 대 장 군   이 예

葬之하다.
장 지

▶ 어려운 낱말 ◀

[罽] : 물고기 그물(계). 융단. [衣冠子(의관자)] : 사대부 집. [鴻才傑功(홍재걸
공)] : 큰 재주와 뛰어난 공. [踰越(유월)] : 뛰어넘다. [簪紳劍佩(잠신검패)] : 고
관으로 검패를 차다. [潛隨海舶(잠수해박)] : 몰래 바다의 선박을 따라. [何許
人(하허인)] : 어떤 사람인가? [泫然(현연)] : 눈물을 흘리다. [顧望不前(고망부
전)] : 뒤를 돌아보며 나아가지 못함.

▷ 본문풀이 ◁

「설계두」도 역시 〈신라〉의 귀족의 자손이다. 그는 일찍이 친
구 네 사람과 술을 마신 적이 있는데, 그 자리에서 그들은 각각
자신의 뜻을 말하였다. 「계두」가 말하기를, "〈신라〉에서는 사람
을 등용하는 데에도 골품을 따지니, 만일 그 해당하는 골품이 아
니면 큰 재능과 훌륭한 공로가 있다고 해도 일정한 계급 이상 진
급할 수가 없다. 나는 서쪽으로 중국에 유학하여 불세출의 지략
을 발휘하고 비상한 공을 세워서 스스로 영화의 길을 열고, 고관
의 복장에다 칼을 차고 천자의 곁을 드나들어야 만족하겠다."라
고 했다. 그는 〈무덕〉 4년 신사년에, 남몰래 배를 타고 당에 갔다.
그때 마침 「태종문황제」가 직접 〈고구려〉를 정벌하므로, 그는 자
천하여 좌무위과의가 되었다. 그가 〈요동〉에 이르러 〈주필산〉 밑

에서 고구려인과 싸우는데, 적진 깊이 들어가 용감하게 싸우다가 죽으니 공이 1등이었다. 황제가 "그가 어떤 사람이냐?"고 물으니, 측근자들이 "〈신라〉인 「설계두」라."고 대답하였다. 황제가 눈물을 흘리면서 말하기를, "우리나라 사람도 죽음이 두려워 이리저리 돌아보며 전진하지 않는데, 외국인이 우리를 위하여 국사에 죽었으니 무엇으로 그의 공을 갚으랴?" 황제는 종자에게 그의 평생소원을 듣고, 어의를 벗어 덮어주었으며, 대장군의 관직을 제수하고 예를 갖추어 장사지냈다.

30 金令胤(김영윤) : 신라 화랑

○「金令胤」은 〈沙梁〉人이니 級湌「盤屈」之子니라. 祖「欽春」[或云「欽純」]角干은 『眞平王』時에 爲 花郎하니 仁深信厚하여 能得衆心하다. 及壯에 『文武大王』陟爲冢宰하여 事上以忠하고 臨民以恕하며 國人이 翕然稱爲賢相하다. 『太宗大王』七年庚申(660)에 〈唐〉「高宗」이 命大將軍「蘇定方」하여

伐〈百濟〉에 「欽春」이 受王命하여 與將軍「庾信」
벌 백제　　　　흠춘　　수왕명　　　여장군유신

等과 率精兵五萬以應之하다. 秋七月에 至〈黃山：
등　　솔정병오만이응지　　　추칠월　　지황산

지금의 논산군 연산면〉之原하여 値〈百濟〉將軍「階伯」
　　　　　　　　　　지원　　　치백제장군계백

戰하여 戰不利하니 「欽春」이 召子「盤屈」曰, "爲
전　　전불리　　흠춘　　소자반굴왈　　위

臣莫若忠하고 爲子莫若孝라. 見危致命은 忠孝
신막약충　　　위자막약효　　　견위치명　　충효

兩全이라."하다. 「盤屈」曰, '唯라.'하고 乃入賊陣
양전　　　　　　반굴왈　유　　　　　내입적진

하여 力戰死하다. 「令胤：盤屈의 아들」이 生長世家하
역전사　　　　　영윤　　　　　　생장세가

여 以名節로 自許하다.
이 명절　자허

▶ 어려운 낱말 ◀

[仁深信厚(인심신후)] : 인덕이 많고 신의가 두텁다. [陟爲(척위)] : 올려주다.
[冢宰(총재)] : 정승. [翕然(흡연)] : 사물에 얽매이지 않는 모양. [値(치)] : 만나
다. 당하다. [自許(자허)] : 자처하다.

▷ 본문풀이 ◁

「김영윤」은 〈사량〉부 사람으로서, 급찬 「반굴」의 아들이다.
조부는 「흠춘」【혹은 「흠순」이라고도 한다.】 각간이니 『진평왕』 때 화
랑이 되었다. 그때 그는 인덕이 많고 신의가 두터워 인심을 크게
얻을 수 있었다. 그가 장성하자 『문무대왕』이 재상으로 올려주었
는데, 임금을 충심으로 섬기고 인자한 자세로 백성을 대하니 나

라 사람들이 모두 어진 재상이라고 일컬었다. 『태종대왕』 7년 경신일에, 〈당〉「고종」이 대장군 「소정방」에게 명하여 〈백제〉를 공격하게 했을 때, 「흠춘」은 왕명을 받들어 장군 「유신」 등과 함께 정예병 5만을 거느리고 이에 응전하였다. 가을 7월에, 〈황산벌〉에 이르러 〈백제〉 장군 「계백」과 마주 싸우다가 전세가 불리하게 되자, 「흠춘」은 아들 「반굴」을 불러 말하기를, "신하가 되어서는 충성이 으뜸이요, 아들이 되어서는 효성이 으뜸이니, 위급함을 보면 목숨을 바쳐야만 충성과 효성이 모두 온전해진다."고 했다. 「반굴」은 "그렇습니다."라고 대답하고 적진으로 돌격하여 힘껏 싸우다가 죽었다. 「영윤」은 명문가에 출생하여 명예와 절개로 자처했다.

○ 『神文大王』時에 〈高句麗〉殘賊 「悉伏」이 以
신 문 대 왕 시　　고 구 려 잔 적 실 복　　이

〈報德城〉에서 叛하니 王이 命討之에 以 「令胤」으로
보 덕 성　　　　반　　왕　명 토 지　　이 영 윤

爲.黃衿誓幢.步騎監하다. 將行에 謂人曰, "吾.此
위 황 금 서 당 보 기 감　　　장 행　　위 인 왈　　오 차

行也에 不使.宗族朋友로 聞其惡聲이라." 하다. 及
행 야　　불 사 종 족 붕 우　　문 기 악 성　　　　급

見 「悉伏」에 出〈椵岑城:지금의 거창?〉南.七里에 結
견 실 복　　출 가 잠 성　　　　　　　남 칠 리　　결

陣以待之하니 或告曰, "今此凶黨은 譬如.燕巢幕
진 이 대 지　　혹 고 왈　　금 차 흉 당　　비 여 연 소 막

上하고 魚戱鼎中이니 出.萬死以爭.一日之命耳이
상　　　어 희 정 중　　　출 만 사 이 쟁 일 일 지 명 이

라. 語曰, '窮寇勿迫'하니 宜.左次以待.疲極而擊
　　어 왈　　궁 구 물 박　　　의 좌 차 이 대 피 극 이 격

之면 可不血刃而擒也라." 하다. 諸將이 然其言하
여 暫退어늘 獨「令胤」이 不肯之而欲戰하다. 從者
告曰, "今諸將이 豈盡偸生之人하고 惜死之輩
哉아? 而以向者之言이 爲然者는 將俟其隙而得
其便者也라. 而子獨直前이면 其不可乎아!" 하다.
「令胤」曰, "臨陣無勇은 禮經之所誡요 有進無退
는 士卒之常分也라. 丈夫臨事自決이니 何必從
衆이랴?" 하고 遂赴敵陣하여 格鬪而死하다. 王이
聞之하고 悽慟流涕曰, "無是父면 無是子이니
其義烈이 可嘉者也라." 하고 追贈爵賞尤厚하다.

▶어려운 낱말◀

[結陣(결진)] : 진을 배치하고서. [凶黨(흉당)] : 흉측한 무리. 적군을 의미함.
[燕巢(연소)] : 제비집. [左次(좌차)] : 좀 물러나다. [疲極(피극)] : 극도로 피곤
해져서. [偸生(투생)] : 죽어야 옳을 때에 죽지 않고 욕되게 살기를 탐함. [俟]
: 기다릴(사). [悽慟(처통)] : 처절한 슬픔.

▷본문풀이◁

『신문대왕』 때, 〈고구려〉의 잔적 「실복」이 〈보덕성〉에서 모반
하자 왕이 그의 토벌을 명령하고, 「영윤」을 황금서당 보기감으로

삼았다. 그가 떠날 때 사람들에게 말하기를, "내가 이번에 가면 가족이나 친구들로 하여금 악명을 듣지 않도록 하겠다." 하고, 그가 출정하여 「실복」을 보니, 그는 〈가잠성〉 남쪽 7리 지점에 진을 치고 기다리고 있었다. 어떤 사람이 말하기를, "이제 이 흉악한 무리들은 제비가 장막 위에 집을 짓고, 물고기가 가마솥 안에서 노는 것 같은 형세로서, 만 번 죽을힘을 다하여 싸워야 하루 사는 목숨 밖에 안 된다. 옛말에 이르기를, '궁지에 몰린 도둑은 쫓지 말라.'고 하였으니, 약간 후퇴하여 적이 극도로 피로해진 틈을 타서 공격하면 칼날에 피도 묻히지 않고 사로잡을 수 있다."고 하니, 모든 장수들이 그 말을 옳게 여겨 잠시 후퇴하려고 하였다. 그러나 유독 「영윤」만은 이를 수긍하지 않고 싸우려 하였다. 그의 종자가 말하기를, "지금 모든 장수들이 구차하게 살 길을 찾는 것이 아니며, 죽기를 싫어하는 것이 아닙니다. 조금 전의 의견이 옳다고 여긴 것은, 기회를 보아 이익을 얻고자 함입니다. 그러므로 그대만이 혼자 앞으로 나가는 것은 옳지 않은 일입니다." 하니, 「영윤」이 말하기를, "적진에 임하여 용기가 없는 것은 예경 (禮經)에서 경계한 것이니, 전진이 있을 뿐 후퇴가 없는 것이 사졸로서 지켜야 할 당당한 본분이다. 대장부가 일을 당하면 스스로 결정할 것이지, 어찌 꼭 여러 사람의 의견만을 따르겠는가?' 그는 말을 마치고 드디어 적진으로 달려가서 싸우다가 죽었다. 왕이 이 소식을 듣고 몹시 슬퍼하여 눈물을 흘리면서 말하기를, "그 아버지에 그 아들이로다. 그의 의롭고 장렬함은 가상히 여길 만하다."고 하며, 왕은 후하게 상을 주고, 작위를 추증하였다.

31 | 官昌(관창) : 신라 화랑

○「官昌」[一云「官狀」.]은 〈新羅〉將軍, 「品日」之子
라. 儀表都雅하여 少而爲,花郞하여 善,與人交하다.
年十六에 能,騎馬彎弓하니 大監,某가 薦之『太宗
大王』하다. 至〈唐〉「顯慶」五年庚申(태종대왕 7년,
660)에 王이 出師하여 與〈唐〉將軍으로 侵,〈百濟〉에
以「官昌」으로 爲,副將하다. 至,〈黃山:논산군 연산〉之
野하여 兩兵相對에 父「品日」이 謂曰, "爾雖幼年
이나 有,志氣하니 今日은 是立功名,取富貴之時하
니 其可,無勇乎아?" 하니 「官昌」曰, "唯아." 하고
卽,上馬橫槍하고 直擣敵陣하여 馳殺數人하니 而,
彼衆我寡하여 爲賊所虜하여 生致〈百濟〉元帥「階
伯」前하다. 「階伯」俾,脫冑하고 愛其少且勇하여
不忍加害하고 乃,嘆曰, "〈新羅〉에 多奇士라. 少年
도 尙,如此하니 況,壯士乎아?" 하며 乃許生還하다.

「官昌」曰, "向,吾入賊中하여 不能,斬將搴旗하니
관창 왈   향 오 입 적 중   불 능 참 장 건 기

深所恨也라. 再入,必能成功하리라."하고 以,水掬
심 소 한 야   재 입 필 능 성 공   이 수 국

井水하여 飮訖에 再突,賊陣疾鬪하다.「階伯」이
정 수   음 흘   재 돌 적 진 질 투   계 백

擒,斬首하여 繫,馬鞍送之하다.「品日」이 執其首하
금 참 수   계 마 안 송 지   품 일   집 기 수

고 袖拭血曰, "吾兒,面目如生하다. 能死於王事하
수 식 혈 왈   오 아 면 목 여 생   능 사 어 왕 사

니 無所悔矣라."하다. 三軍이 見之하고 慷慨有,立
무 소 회 의   삼 군   견 지   강 개 유 입

志하여 鼓噪進擊하니 〈百濟〉大敗하다. 大王이 贈
지   고 조 진 격   백 제 대 패   대 왕   증

位,級湌하고 以,禮葬之하여 賻其家,唐絹三十匹과
위 급 찬   이 예 장 지   부 기 가 당 견 삼 십 필

二十升布,三十匹과 穀,一百石하다.
이 십 승 포 삼 십 필   곡 일 백 석

▶ 어려운 낱말 ◀

[儀表都雅(의표도아)] : 외모가 우아하다. [彎弓(만궁)] : 활쏘기. [直擣(직도)] :
바로 공격하여. [擣(도)] : 찧다. 공격하다. [生致(생치)] : 붙들려가다. [俾脫
冑(비탈주)] : 투구를 벗기게 하여. [俾] : ~하게 하다(비). [袖拭血(수식혈)] :
소매로 피를 씻다. [鼓噪進擊(고조진격)] : 북을 치고 고함지르며 떠들썩하게
진격함.

▷ 본문풀이 ◁

「관창」【관장이라고도 한다.】은 〈신라〉 장군 「품일」의 아들이다.
그는 용모가 우아하여 젊어서 화랑이 되었는데 다른 사람과 곧잘

사귀었다. 16세에, 기마와 활쏘기에 능숙하여 어느 대감이 그를 『태종대왕』에게 천거하였다. 〈당〉나라 「현경」 5년 경신에, 왕이 군사를 출동시켜 〈당〉나라 장군과 함께 〈백제〉를 침공하는데, 「관창」을 부장으로 삼았다. 〈황산벌〉에 이르러 양쪽 군사가 대치하게 되었는데, 그의 부친 「품일」이 관창에게 말하기를, "네가 비록 나이는 어리지만 의기가 있다. 오늘이야말로 공을 세워 부귀를 얻을 때이니, 어찌 용기를 내지 않겠느냐?" 「관창」은 "그렇습니다."라 하고, 곧 말에 올라 창을 비껴들고 바로 적진으로 달려가 말을 달리면서 여러 사람을 죽였다. 그러나 적군은 많고 아군은 적었기 때문에 적에게 사로잡혀 산 채로 〈백제〉 원수 「계백」의 앞으로 보내졌다. 「계백」이 그의 투구를 벗겨보니 그가 어리고 용감하다는 것을 알게 되었다. 계백은 이를 아깝게 여겨 차마 해치지 못하고 탄식하여 말하기를, "〈신라〉에는 기특한 사람이 많구나. 소년도 이렇거늘 하물며 장사들이야 어떻겠는가?" 계백은 곧 그를 살려 보낼 것을 허락하였다. 「관창」이 돌아와서 말하기를, "아까 내가 적진에 들어가서 장수를 베고 깃발을 빼앗지 못한 것이 심히 한스럽다. 다시 들어가면 반드시 성공하리라." 했다. 관창은 손으로 우물물을 움켜 마시고는 다시 적진에 돌입하여 용감히 싸웠다. 「계백」이 그를 사로잡아 머리를 베어서 그의 말안장에 매어 돌려보냈다. 「품일」은 아들의 머리를 잡고 소매로 피를 씻으며 말하기를, "내 아들의 면목이 살아있는 것 같구나. 능히 나라를 위하여 죽을 줄을 알았으니 후회할 것이 없다." 하니, 3군이 그것을 보고 비분강개하여 의지를 다진 다음, 북을 울리고 고함을 치면서 공격하니, 〈백제〉가 크게 패배하였다. 대왕이 급찬의 직위를 추증하고 예를 갖추어 장사지냈으며, 그 가족들에게 당견 30필과 이십승포 30필과 곡식 1백 섬을 부의로 주었다.

32 | 金歆運(김흠운) : 신라 화랑

○「金歆運」은 『奈密王』八世孫也라. 父는 「達福」迊湌(제3위)이라. 「歆運」이 少遊에 花郎「文努」之門, 時에 徒衆이 言及, 某戰死하여 留名至今하니 「歆運」은 慨然流涕하며 有, 激勵, 思齊之貌하다. 同門僧「轉密」曰, "此人이 若赴敵이면 必, 不還也라." 하다. 〈永徽:당 고종의 연호〉六年(태종무열왕 2년, 655)에 『太宗大王』이 憤〈百濟〉與〈高句麗〉가 梗邊하여 謀伐之하고 及, 出師에 以「歆運」을 爲, 郞幢

大監하다. 於是에 不宿於家하고 風梳雨沐하여 與,
士卒로 同甘苦하다. 抵〈百濟〉之地하여 營〈陽山:지
금의 영동군 양산〉下하고 欲,進攻〈助川城:양산면 비봉산
성〉하다.〈百濟〉人이 乘夜疾驅하여 黎明에 緣壘而
入하니 我軍이 驚駭顚沛하며 不能定하다. 賊이 因
亂急擊하니 飛矢雨集하다.「歆運」이 橫馬,握槊待
敵에 大舍「詮知」가 說曰, “今,賊起暗中하여 咫
尺,不相辨하니 公,雖死라도 人無識者라. 況公은
〈新羅〉之貴骨이요 大王之半子(사위)이니 若,死賊
人手하면 則〈百濟〉所,誇詑요 而,吾人之所,深羞
者矣니다.”하니「歆運」曰, “大丈夫旣,以身許國
이니 人知之與,不知一也라. 豈敢求名乎아?”하고
强立不動하다. 從者가 握轡勸還하니「歆運」이 拔
劍揮之하며 與賊鬪殺,數人而死하다. 於是에 大監
「穢破」와 少監「狄得」도 相與戰死하다. 步騎幢主
「寶用那」가 聞「歆運」死하고 曰, “彼는 骨貴而勢

榮하여 人所愛惜이나 而猶,守節以死어늘 況「寶用
영   인소애석   이유수절이사   황 보용

那」는 生而無益하고 死而無損乎아?"하고 遂,赴敵
나   생이무익   사이무손호   수부적

하여 殺三數人而死하다. 大王이 聞之傷慟하며 贈
     살삼수인이사   대왕   문지상통   증

「歆運」과「穢破」에 位,一吉湌하고「寶用那」와
흠운   예파   위일길찬   보용나

「狄得」에 位大奈麻하다. 時人聞之하고 作〈陽山
적득   위대나마   시인문지   작 양산

歌〉하여 以傷之하다.
가   이 상 지

▶ 어려운 낱말 ◀

[梗邊(경변)] : 변방을 막다. [風梳雨沐(풍소우목)] : 비바람을 맞으며. 즉 露宿
을 하다. [乘夜疾驅(승야질구)] : 밤을 틈타 말을 타고 빨리 달려가다. [黎明
(여명)] : 먼동이 터올 무렵. [緣壘(연루)] : 성루에 올라. [驚駭顚沛(경해전패)] :
놀라서 허둥지둥함. [飛矢雨集(비시우집)] : 날아오는 화살이 빗발처럼 쏟아
지다. [握槊(악삭)] : 창을 잡고. [誇訑(과이)] : 자랑. [訑] : 자랑할(이). [握轡
(악비)] : 말고삐를 잡고. [傷之(상지)] : 그를 슬퍼했다.

▷ 본문풀이 ◁

「김흠운」은 『나밀왕:나물왕』의 8세손이라. 아버지는 「달복」 잡
찬이다. 「흠운」이 소년 시절에 화랑 「문노」의 문하에 있을 때, 낭
도들이 아무개가 전사하여 지금까지 이름을 남기고 있다는 이야
기를 하면, 「흠운」은 개연히 눈물을 흘리고 감동되어 자기도 그와
같이 되려는 의지를 보였다. 같은 문하에 있던 중 「전밀」이 말하

기를, "이 사람이 만일 전쟁에 나가면 반드시 돌아오지 못할 것이다."라고 했다. 〈영휘〉 6년에, 『태종대왕』이 〈백제〉와 〈고구려〉가 변경을 막고 있음을 분하게 여겨 정벌할 것을 계획하고 군사를 동원할 때, 「흠운」을 낭당 대감으로 삼았다. 이리하여 흠운은 집에서 자지 않고 비바람을 맞으며 사졸들과 함께 동고동락하였다. 그가 〈백제〉 지역에 도달하여 〈양산〉 밑에 진을 치고 〈조천성〉을 진공하려 하였는데, 〈백제〉인들이 야음을 기하여 급히 달려와 이른 새벽에 성루로 올라왔다. 우리 군사가 이를 보고 크게 놀라 엎어지고 자빠져서 진정할 수가 없었다. 적군이 이러한 혼란을 이용하여 급히 공격해오니 화살이 빗발치듯 날아왔다. 「흠운」이 말을 비껴 탄 채 창을 잡고 적을 기다리고 있는데, 대사 「전지」가 달래며 말하기를, "지금 적이 어둠 속에서 움직이니 지척에서도 분간할 수 없고, 따라서 공이 비록 죽더라도 아무도 아는 사람이 없을 것입니다. 더구나 공은 〈신라〉의 진골이며 대왕의 사위이므로, 만약 적의 손에 죽는다면 〈백제〉의 자랑거리요, 우리의 대단한 수치가 될 것입니다." 했다. 「흠운」이 말하기를, "대장부가 이미 몸을 나라에 바친 이상 남이 알든 모르든 마찬가지다. 어찌 감히 명예를 추구하겠느냐?" 하고, 그는 꼿꼿이 서서 움직이지 않았다. 종자가 말고삐를 잡고 돌아가기를 권하였다. 「흠운」은 칼을 뽑아 휘두르며 적과 싸워 여러 명을 죽이고 자기도 죽었다. 이때 대감 「예파」와 소감 「적득」도 함께 전사하였다. 보기당주 「보용나」는 「흠운」이 죽었다는 말을 듣고 말하기를, "그는 골품이 고귀하고 권세가 영화로워 사람들이 사랑하고 아끼는데도 오히려 절개를 지켜 죽었다. 황차 「보용나」는 살아도 이익될 것이 없고 죽어도 손실될 것 없지 않느냐?" 하고, 그는 곧 적진으로 달려가 적병 몇 명을 죽이고 자기도 죽었다. 대왕이 이 소식을 듣고 슬퍼하며 「흠운」과 「예파」에게 일길찬의 직위를 증직하고, 「보용나」와 「적득」에게 대나마의 직위를 주었다. 그때 사람들이 이 사실을 듣고 〈양산가〉를 지어서 슬픔을 달랬다고 한다.

○論曰, 〈羅〉人은 患,無以知人하며 欲使,類聚群
논왈 나 인 환무이지인 욕사유취군

遊하고 以,觀其行義하고 然後에 擧,用之하다. 遂
유 이관기행의 연후 거용지 수

取,美貌男子하여 粧飾之하고 名,花郎以奉之하니
취미모남자 장식지 명화랑이봉지

徒衆雲集하여 或,相磨以道義하고 或,相悅以歌樂
도중운집 혹상마이도의 혹상열이가악

하며 遊娛山水하여 無遠不至러라. 因此로 知其邪
유오산수 무원부지 인차 지기사

正하여 擇而,薦之於朝하다. 故로 「大問」曰, "賢佐
정 택이천지어조 고 대문왈 현좌

와 忠臣이 從此而秀하고 良將과 勇卒이 由是而生
충신 종차이수 양장 용졸 유시이생

者라." 하니 此也니라. 三代花郎이 無慮,二百餘人
자 차 야 삼대화랑 무려이백여인

이니 而,芳名美事는 具如傳記하다. 若「歆運」者도
이 방명미사 구여전기 약 흠운 자

亦,郎徒也니 能,致命於王事하고 可謂,不辱其名
역낭도야 능치명어왕사 가위불욕기명

者也니라.
자 야

▶ 어려운 낱말 ◀

[類聚(유취)] : 여러 사람들이 모여서. [歌樂(가악)] : 시가와 음악. [賢佐(현좌)] : 임금을 도와서 일하는 신하. [良將(양장)] : 훌륭한 장수. [三代(삼대)] : 상대 (~지증왕까지), 중대(법흥왕~진덕여왕까지), 하대(태종무열왕~경순왕까지) 를 말함.

〖 저자의 견해 〗

〈신라〉 사람들은 사람을 알지 못함을 걱정하며, 같은 부류의 사람들로 하여금 서로 무리를 지어서 놀게 해놓고, 그 행실과 의리를 살핀 연후에 국가에 등용하였다. 그래서 드디어 용모가 뛰어난 남자를 뽑아 단장시켜서 화랑이라 부르며 받들었다. 그러니 낭도의 무리가 운집하여, 혹은 도의로 서로 절차탁마하고, 혹은 음악으로 서로 즐기며 산수를 찾아 노니는데, 멀리 가지 않는 곳이 없었다. 이로 인하여 그들의 사악함과 정직함을 살폈으며, 이에 따라 사람을 선발하여 조정에 천거하였다. 「김대문」이 말하기를, "어진 신하와 충신이 여기에서 나오고, 훌륭한 장수와 용감한 군사가 여기에서 나왔다."고 한 말이 바로 이것이다. 3대의 화랑이 무려 2백여 명이나 되었는데, 그들의 꽃다운 이름과 아름다운 사적은 전기에 기재된 바와 같다. 「흠운」과 같은 사람도 역시 낭도였으니, 나라 일에 목숨을 바칠 수 있었고 그 이름을 욕되게 하지 않았다고 이를 만하니라.

33 | 裂起(열기) : 신라의 용사

○「裂起」는 史失族姓하다.『文武王』元年(661)에
〈唐〉皇帝(:고종)가 遣「蘇定方」하여 討〈高句麗〉할새
圍〈平壤城〉하다. 含資道摠管「劉德敏」이 傳宣國
王하여 送,軍資〈平壤〉하니 王이 命,大角干「金庾
信」하여 輸米,四千石과 租,二萬二千二百五十石
하다. 到,〈獐塞:황해도 수안〉하여 風雪冱寒하여 人馬
多,凍死하니 〈麗〉人이 知,兵疲하고 欲,要擊之하다.
距,〈唐〉營三萬餘步,而不能前에 欲,移書而難其
人하다. 時에 「裂起」가 以,步騎監輔行으로 進而言
曰, "某雖駑蹇이나 願備,行人之數니다."하고 遂
與軍師「仇近」等, 十五人과 持,弓劍走馬하니
〈麗〉人이 望之하고 不能遮閼하다. 凡,兩日에 致命
於「蘇」將軍하니 〈唐〉人이 聞之하고 喜慰廻書하고
「裂起」는 又,兩日廻하다. 「庾信」이 嘉其勇하여

與,級湌位하다. 及,軍還에「庾信」이 告王曰, "「裂
여 급 찬 위   급 군 환   유 신   고 왕 왈
起」와「仇近」은 天下之勇士也니다. 臣이 以,便宜
기   구 근   천 하 지 용 사 야   신   이 편 의
로 許位,級湌이나 而,未副功勞이니 願加位,沙湌이
허 위 급 찬   이 미 부 공 로   원 가 위 사 찬
니다."하니 王曰, "沙湌之秩은 不亦過乎아?"하니
         왕 왈   사 찬 지 질   불 역 과 호
「庾信」이 再拜曰, "爵祿公器는 所以酬功이니 何
유 신   재 배 왈   작 록 공 기   소 이 수 공   하
謂過乎니까?"하니 王이 允之하다.
위 과 호   왕   윤 지

▶ 어려운 낱말 ◀

[風雪冱寒(풍설호한)] : 눈바람이 몹시 추워서. [冱] : 찰(호). [輔行(보행)] : 副
使. [駑蹇(노건)] : 노둔하고 부족함. [遮閼(차알)] : 막다. [便宜(편의)] : 잠시의
권한으로. [未副(미부)] : 맞지 않으니. [酬功(수공)] : 공로에 대한 보수.

▷ 본문풀이 ◁

「열기」는 역사기록에 집안 내력과 성씨가 전하여지지 않는다.
『문무왕』 원년에 〈당〉 황제가 「소정방」을 보내 〈고구려〉를 정벌
하려고 〈평양〉을 포위하였다. 그때, 함자도 총관 「유덕민」이 국
왕에게 국서를 전하여 군수물자를 〈평양〉으로 보내게 하였다.
왕이 대각간 「김유신」에게 명하여 쌀 4천 석과 벼 2만 2천2백5십
석을 수송하게 하였는데, 유신이 〈장새〉에 이르렀을 때 눈과 바
람이 몹시 사나워서 사람과 말이 많이 얼어 죽었다. 〈고구려〉인
들은 우리 군사가 지쳐있음을 알고 요격하려 하였다. 〈당〉 진영

까지의 거리가 3만여 보였는데, 앞으로 나아가지도 못하고 편지를 보내려 해도 적당한 사람을 구하기가 어려웠다. 이때 「열기」가 보기감보행으로서 나아가 말하기를, "제가 비록 노둔하나 가는 사람의 수를 채우고 싶습니다."라 하고, 마침내 군사 「구근」등 15명과 함께 활과 칼을 가지고 말을 달려 나가니, 〈고구려〉인들이 바라만 보고 막지 못하였다. 이틀 만에 그들이 「소」장군에게 사명을 전하니, 〈당〉인들이 듣고 기뻐하여 위로하고 회신를 보냈다. 「열기」가 다시 이틀이 지나서 돌아오니, 「유신」이 그의 용맹을 가상히 여겨 급찬의 벼슬을 주었다. 군사가 돌아오자 「유신」이 왕에게 말하기를, "「열기」와 「구근」은 천하의 용사입니다. 신이 편의에 따라 급찬의 벼슬을 허락하였으나 공로에 맞지 않사오니 사찬의 벼슬을 더해주시기 바랍니다."라고 하였다. 왕은 말하기를, "사찬의 벼슬은 너무 과분하지 않은가? 라고 대답하였다. 「유신」이 재배하고 말하기를, 작록은 공기로서 공로에 대한 보답으로 주는 것이오니 어찌 과분하다 하겠습니까?' 하니, 왕이 이를 허락하였다.

○後에 「庾信」之子「三光」이 執政하니 「裂起」가 就求 郡守하니 不許하다. 「裂起」가 與〈祇園寺〉僧, 「順憬」曰, "我之功大하여 請郡不得하니 「三光」은 殆以 父死而忘我乎아?"하다. 「順憬」이 說「三

光」하니 「三光」이 授以〈三年山:지금의 보은군〉郡, 太
광   삼광   수이 삼년산   군 태

守하다. 「仇近」은 從「元貞公」하여 築〈西原述城〉
수   구근 종 원정공   축 서원술성

하니 「元貞公」은 聞人言하고 謂, 怠於事하다 하여
      원정공   문인언   위 태어사

杖之하다. 「仇近」曰, "僕이 嘗與「裂起」로 入, 不
장지   구근 왈 복   상여 열기   입불

測之地하여 不辱, 「大角干」之命하며 「大角干」은
측지지   불욕 대각간 지명   대각간

不以僕爲, 無能하고 待以國士어늘 今以, 浮言으로
불이복위 무능   대이국사   금이부언

罪之하니 平生之辱이 無, 大此焉이라." 하다. 「元
죄지   평생지욕   무 대차언   원

貞」이 聞之하고 終身羞悔하다.
정   문지   종신수회

▶ 어려운 낱말 ◀

[就求(취구)] : ~되기를 원하다. [不測之地(불측지지)] : 예측할 수 없는 곳. [浮
言(부언)] : 뜬소문.

▷ 본문풀이 ◁

뒤에 「유신」의 아들 「삼광」이 정권을 잡았을 때, 「열기」가 찾
아가서 군수 자리를 청하였으나 허락하지 않았다. 「열기」가 〈지
원사〉의 중 「순경」에게 말하기를, "나의 공로가 큰 데도 군수의
자리를 청하였으나 얻지 못하였다. 「삼광」은 아버지가 죽었다 하
여 아마도 나를 잊어버린 것이리라." 「순경」이 「삼광」에게 이를
말하였더니, 「삼광」이 〈삼년산〉군 태수직을 주었다. 「구근」이

「원정공」을 따라가 〈서원술성〉을 쌓았는데, 그때 「원정공」이,
「구근」이 일을 태만히 하였다는 타인의 말만 듣고 그에게 곤장을
쳤다. 「구근」이 말하기를, "내가 일찍이 「열기」와 함께 예측할 수
없는 위험한 지역에 들어가 「대각간」의 명을 욕되지 않게 하였으
며, 「대각간」도 나를 무능하다고 여기지 않고 국사로 대우하였는
데, 지금 떠돌아다니는 말만 믿고 나에게 죄를 주니 평생의 치욕
중에 이보다 더 큰 것이 없다."라고 하였다. 「원정공」은 이 말을
듣고 종신토록 부끄러워하며 회개하였다.

34 丕寧子(비녕자) : 신라의 무인

○「丕寧子」는 不知,鄕邑族姓하다. 『眞德王』元
年,丁未(647)에 〈百濟〉以,大兵으로 來攻〈茂山:지금
의 茂州〉, 〈甘勿:금릉 감문〉, 〈桐岑〉等城하니 「庾信」
이 率,步騎一萬하고 拒之하니 〈百濟〉兵,甚銳하여
苦戰,不能克하니 士氣索而力憊하다. 「庾信」이
知「丕寧子」有,力戰深入之志하고 召謂曰, "歲寒

然後에 知,松栢之後彫라. 今日之事가 急矣라 非
연후　　지송백지후조　　금일지사　　급의　비

子면 誰能,奮勵出奇하여 以,激衆心乎리오?"하고
자　수능분려출기　　이격중심호

因,與之飮酒하고 以示殷勤하다. 「丕寧子」再拜云
인여지음주　　　이시은근　　　비녕자　재배운

하되 "今於稠人,廣衆之中에 獨,以事屬我하니 可
금어조인광중지중에　독이사속아하니　가

謂知己矣라. 固當,以死報之리다."하고 出에 謂奴
위지기의　고당이사보지　　　출　위노

「合節」曰, "吾,今日上爲,國家하고 下爲知己하여
합절왈　오금일상위국가하고　하위지기

死之로다. 吾子「擧眞」이 雖,幼年이나 有壯志하니
사지　오자거진　수유년이나　유장지

必欲,與之俱死하리라. 若,父子倂命이면 則,家人은
필욕여지구사하리라　약부자병명이면　즉가인

其將疇依리오? 汝其與「擧眞」으로 好收吾,骸骨하
기장주의리오?　여기여거진으로　호수오해골

여 歸以慰,母心하라."하다.
귀이위모심

▶ 어려운 낱말 ◀

[士氣索(사기삭)] : 사기가 다하다. [力憊(역비)] : 힘이 지쳐 다하다. [憊] : 지
칠(비). [奮勵(분려)] : 흥분하여 격려하다. [出奇(출기)] : 기계를 내다. [稠人
(조인)] : 많은 사람이 모인 가운데. [稠] : 빽빽할(조). [疇依(주의)] : 누구를
의지하리요. [疇] : 누구(주). [好收(호수)] : 잘 수습하여.

▷ 본문풀이 ◁

「비녕자」는 고향과 집안의 성씨를 알 수 없다. 『진덕왕』 원년

정미에 〈백제〉가 대군을 거느리고 〈무산〉, 〈감물〉, 〈동잠〉 등의 성을 공격하므로 「유신」이 보병과 기병 1만 명을 이끌고 대항하였다. 그러나 〈백제〉군은 정예군이었기 때문에 「유신」이 고전하고 승리하지 못하여 사기는 꺾이고 힘이 빠졌다. 유신은 「비녕자」가 힘껏 싸워 적진 깊이 들어갈 뜻이 있음을 알고 그를 불러 말했다. "추운 겨울이 된 뒤에야 소나무와 잣나무는 시들지 않는 다는 사실을 아는 법이다. 오늘의 사태가 위급하게 되었으니, 그대가 아니면 누가 용감히 싸우며 기묘한 계책을 내어 여러 사람의 마음을 격려하겠는가?" 유신이 이어서 그와 함께 술을 마시면서 은근한 마음을 표시하니 「비녕자」가 재배하고 말하기를, "지금 많은 사람 가운데 유독 저에게 일을 부탁하시니 가히 지기라할 만합니다. 진실로 죽음으로써 보답하여야 마땅하겠습니다." 하고, 그가 나와서 종 「합절」에게 이르기를, "내가 오늘 위로는 나라를 위하고, 아래로는 지기를 위하여 죽을 것이다. 나의 아들 「거진」이 나이 비록 어리나 장한 뜻이 있어서 틀림없이 나를 따라 함께 죽으려 할 것인데, 만일 부자가 함께 죽는다면 집안사람이 장차 누구에게 의지하랴? 너는 「거진」과 함께 나의 해골을 잘 수습하여 돌아가 그 어미의 마음을 위로하라."고 하였다.

○言畢에 卽,鞭馬하고 橫槊突賊陣하여 格殺數
　　언필　　즉 편마　　　횡삭돌적진　　　　격살수

人而死하다. 「擧眞」이 望之欲去하니 「合節」이 請
인이사　　　거진　　　망지욕거　　　　합절　　　청

曰, "大人有言하되 令,「合節」로 與,阿郞,還家하여
왈　　대인유언　　　영 합절　　　여 아랑 환가

安慰夫人하라시니 今,子負父命,棄母慈면 可謂孝
乎오?"하며 執馬轡不放하다.「擧眞」曰, "見,父死
而苟存이 豈,所謂孝子乎아?"하고 卽以劍으로 擊
折「合節」臂하고 奔入敵中戰死하다.「合節」曰,
"私,天崩矣라, 不死何爲오?"하고 亦,交鋒而死하
다. 軍士見,三人之死하고 感激爭進하여 所向挫鋒
陷陣하여 大敗賊兵하고 斬首三千餘級하다.「庾
信」이 收,三屍하여 脫衣覆之하고 哭,甚哀하다. 大
王이 聞之하고 涕淚하며 以,禮合葬於〈反知山〉하
고 恩賞하되 妻子九族에 尤渥하다.

▶ 어려운 낱말 ◀

[橫槊(횡삭)]：창을 비껴들고. [大人(대인)]：여기서는 거진의 아버지 비녕자를 말함. [阿郞(아랑)]：거진의 존칭. [馬轡(마비)]：말고삐. [私天(사천)]：상전. [交鋒(교봉)]：맞붙어 칼로 싸우다. [挫鋒(좌봉)]：기세를 꺾다. [陷陣(함진)]：적진을 함락시키다. [九族(구족)]：3종 형제. [尤渥(우악)]：더욱 후하게하다. [渥]：두터울(악).

▷ 본문풀이 ◁

  말이 끝나자, 그는 곧 말에 채찍질을 하며 창을 비껴들고 적진으로 돌입하여 여러 사람을 죽이고 자기도 전사하였다. 「거진」이 바라보다가 나가려고 하니 「합절」이 말하기를, "대인께서 저에게 말씀하시기를, 도련님과 함께 집으로 돌아가서 부인마님을 위로하라고 하셨습니다. 이제 아들이 아버지의 명령을 어기고 어머님의 자애를 저버린다면 효도라고 할 수 있겠습니까?" 하고 합절은 말고삐를 잡고 놓지 않았다. 「거진」이 말하기를, "아버지가 죽는 것을 보고도 구차하게 산다면 이것이 어찌 이른바 효자이겠느냐?" 하고, 곧 칼로 「합절」의 팔을 치고 말을 달려 적진으로 달려들어가 싸우다가 전사하였다. 「합절」이 "상전이 모두 죽었는데, 내가 죽지 않으면 무엇을 하겠는가?"라고 말하고, 그도 역시 싸우다가 전사하였다. 군사들이 이 세 사람의 죽음을 보고 감격하여 서로 앞을 다투어 진격하니, 향하는 곳마다 적의 예봉을 꺾고 진지를 함락시켰으며 적군을 대파하여 3천여 명의 머리를 베었다. 「유신」이 세 사람의 시체를 거두어서 자기의 옷을 벗어 덮어주고 슬프게 울었다. 대왕이 이 소식을 듣고 눈물을 흘리며 예로써 〈반지산〉에 합장하고, 그들의 처자와 9족에게 은혜로운 상을 특별히 후하게 주었다.

35 | 竹竹(죽죽) : 신라의 충신

○「竹竹」은 〈大耶州:지금의 합천〉人也라, 父,「郝熱」은 爲,撰干으로『善德王』時에 爲,舍知(제13등)하여 佐,〈大耶城〉都督「金品釋」幢下(영중)하다. 『王(동왕:선덕왕)』十一年壬寅(642)秋,八月에 〈百濟〉將軍「允忠」이 領兵하여 來攻其城하다. 先是에 都督,「品釋」이 見,幕客舍知「黔日」之妻,有色하여 奪之하니「黔日」이 恨之하다. 至是에 爲,內應하여 燒其倉庫하다. 故로 城中兇懼하고 恐,不能固守하다. 「品釋」之佐,阿湌「西川」[一云沙湌「祗之那」]이 登城,謂「允忠」曰, "若,將軍이 不殺我면 願以城降이라." 하니「允忠」曰, "若,如是면 所不與,公同好者에 有如白日하리라." 하다. 「西川」이 勸,「品釋」及,諸將士,欲出城이어늘「竹竹」이 止之曰, "〈百濟〉는 反覆之國이라, 不可信也라. 而「允忠」之,言甘은

必,誘我也라. 若,出城하면 必,爲賊之所虜이리니 與
필 유 아 야 　　약 출 성 　　필 위 적 지 소 로 　　여

其,竄伏而求生은 不若虎鬪而至死라."하다.「品
기 찬 복 이 구 생 　　불 약 호 투 이 지 사 　　품

釋」이 不聽開門하니 士卒先出하다.〈百濟〉發,伏
석 　　불 청 개 문 　　사 졸 선 출 　　백 제 발 복

兵하여 盡殺之하다.「品釋」將出에 聞,將士死하고
병 　　진 살 지 　　품 석 장 출 　　문 장 사 사

先殺妻子而,自刎하다.「竹竹」이 收,殘卒하여 閉,
선 살 처 자 이 자 문 　　죽 죽 　　수 잔 졸 　　폐

城門自拒하니 舍知「龍石」이 謂「竹竹」曰,"今,兵
성 문 자 거 　　사 지 용 석 　　위 죽 죽 왈 　　금 병

勢如此하니 必,不得全하리니 不若,生降以圖後效
세 여 차 　　필 부 득 전 　　불 약 생 항 이 도 후 효

라." 하니 答曰,"君言當矣나 而,吾父가 名我以
답 왈 　　군 언 당 의 　　이 오 부 　　명 아 이

「竹竹」者는 使我,歲寒不凋니 可折이언정 而,不可
죽 죽 자 　　사 아 세 한 부 조 　　가 절 　　이 불 가

屈이라 豈可,畏死而生降乎아?" 하고 遂,力戰하다
굴 　　기 가 외 사 이 생 항 호 　　수 력 전

가 至,城陷에 與「龍石」으로 同死하다. 王이 聞之哀
지 성 함 　　여 용 석 　　동 사 　　왕 　　문 지 애

傷하여 贈「竹竹」으로 以,級湌하고「龍石」으로 以,
상 　　증 죽 죽 　　이 급 찬 　　용 석 　　이

大奈麻하여 賞其妻子하고 遷之王都하다.
대 나 마 　　상 기 처 자 　　천 지 왕 도

▶ 어려운 낱말 ◀

[郝]: 고을 이름(학). [有色(유색)]: 얼굴이 예쁘다. [內應(내응)]: 내통하다.
[竄伏(찬복)]: 항복하여 포로가 되다. [竄]: 숨을(찬). [求生(구생)]: 살길을 찾
다. [自刎(자문)]: 자결, 자살. [刎]: 목 벨(문). [後效(후효)]: 뒤의 공적. 뒤에

나타나는 효험. [畏死(외사)] : 죽음을 두려워하여.

▷ 본문풀이 ◁

「죽죽」은 〈대야주〉 사람이고, 부친 「학열」은 찬간이었다. 『선덕왕』 때 「죽죽」이 사지가 되어 〈대야성〉 도독 「김품석」 당하에서 그를 보좌하고 있었다. 『선덕왕』 11년, 임인 가을 8월에 〈백제〉 장군 「윤충」이 군사를 거느리고 와서 그 성을 공격하였다. 이에 앞서 도독 「품석」이 자기의 막객인 사지 「검일」의 아내가 아름다워 그녀를 빼앗은 일이 있었다. 「검일」은 이를 한스럽게 여기고 있던 참이었다. 이러한 이유로 그가 이때 적과 내응하여 창고에 불을 지르니, 성 안의 민심이 흉흉하고 두려워하여 성을 고수하지 못할 것 같았다. 「품석」의 보좌관인 아찬 「서천」【혹은 사찬 「지지나」 라고도 한다.】이 성에 올라 「윤충」에게 말하기를, "만약 장군이 우리를 죽이지 않는다면 성을 바치고 항복하겠습니다." 「윤충」이 대답하기를, "만약 그렇게 하고도 공과 내가 함께 만족하지 못하는 일이 있다면, 그때는 밝은 태양이 있으니 태양을 두고 맹세합시다." 했다. 「서천」이 「품석」과 여러 장병들에게 권고하여 성 밖으로 나가고자 하였다. 그러나 「죽죽」이 이들을 제지하면서 말하기를, "〈백제〉는 말을 번복하는 나라이므로 믿을 수 없다. 「윤충」의 말이 달콤한 것은 필시 우리를 유인하려는 것이다. 만약 성밖으로 나간다면 틀림없이 적의 포로가 될 것이다. 쥐새끼처럼 숨어서 사는 것보다는 차라리 호랑이처럼 용감하게 싸우다가 죽는 편이 더 낫다." 고 했다. 그러나 「품석」은 이 말을 듣지 않고 성

문을 열었다. 사졸들이 먼저 나가자 〈백제〉가 복병을 출동시켜 모조리 죽여버렸다. 「품석」이 나가려다가 장병들이 죽었다는 말을 듣고 먼저 자기의 처자를 죽인 다음 자신의 목을 찔러 자살하였다. 「죽죽」이 남은 군사를 수습하여 성문을 닫은 채 방위하고 있는데, 사지 「용석」이 「죽죽」에게 말하기를, "지금 전세가 이러하니 틀림없이 성을 보전할 수 없을 것이다. 차라리 항복하고 살아서 후일의 공적을 도모하는 것이 낫겠다."고 하니, 「죽죽」이 대답하기를, "그대의 말도 당연하지만, 나의 아버지가 나를 「죽죽」이라고 이름 지은 것은 나로 하여금 날씨가 추워도 시들지 말며, 꺾일지언정 굽히지 말라는 것이니, 어찌 죽기가 두렵다 하여 항복하여 살겠는가?'라 하고, 드디어 힘껏 싸우다가 성이 함락되자 「용석」과 함께 전사하였다. 왕이 이 소식을 듣고 슬퍼하며 「죽죽」에게는 급찬을 추증하고, 「용석」에게는 대나마를 추증하였으며, 그들의 처자에게 상을 주어 왕도로 옮겨 살게 했다.

36| **匹夫**(필부) : 신라의 충의(忠義)

○「匹夫」는 〈沙梁〉人也니 父는 「尊臺」阿飡이라.
　　필부　　　사량 인야　　부　　존대 아찬

『太宗大王』이 以〈百濟〉,〈高句麗〉,〈靺鞨〉로 轉
태종대왕 이 백제 고구려 말갈 전

相親比하여 爲,脣齒하여 同謀侵奪하여 求,忠勇材
상친비 위순치 동모침탈 구충용재

堪,綏禦者하여 以「匹夫」로 爲〈七重城:경기도 적성
감수어자 이 필부 위 칠중성

군〉下,縣令하다. 其,明年庚申(660)秋七月에 王이
하현령 기명년경신 추칠월 왕

與〈唐〉師로 滅〈百濟〉하니 於是에〈高句麗〉疾我
여당사 멸백제 어시 고구려 질아

하여 以,冬十月에 發兵來圍〈七重城〉하다.「匹夫」
이동시월 발병래위 칠중성 필부

가 守且戰,二十餘日에 賊將은 見我士卒,盡誠으로
수차전이십여일 적장 견아사졸 진성

鬪不內顧하고 謂,不可猝拔이라 便欲引還하다. 逆
투불내고 위불가졸발 변욕인환 역

臣,大奈麻「比歃」이 密,遣人告賊하기를 以,城內食
신대나마비삽 밀견인고적 이성내식

盡力窮하니 若攻之必降하리라 하니 賊遂復戰하다.
진력궁 약공지필항 적수부전

「匹夫」知之하고 拔劒斬「比歃」首하여 投之城外하
필부 지지 발검참 비삽 수 투지성외

고 乃告軍士曰, "忠臣義士는 死且不屈하리니 勉
내고군사왈 충신의사 사차불굴 면

哉努力하라! 城之存亡이 在此一戰이라." 하고 乃,
재노력 성지존망 재차일전 내

奮拳一呼하니 病者皆起하여 爭,先登하다. 而,士氣
분권일호 병자개기 쟁선등 이사기

疲乏하고 死傷過半이라 賊이 乘風縱火하여 攻城
피핍 사상과반 적 승풍종화 공성

突入하다.「匹夫」는 與,上干(外位로 大舍에 준함)「本
돌입 필부 여상간 본

宿」과 「謀支」와 「美齊」等과 向賊對射하니 飛矢
숙   모지   미제등   향적대사   비시

如雨하고 支體穿破하여 血流至踵하여 乃仆而死
여우   지체천파   혈류지종   내부이사

하다. 大王이 聞之하고 哭,甚痛하며 追贈,級湌하다.
대왕   문지   곡 심통   추증 급찬

▶ 어려운 낱말 ◀

[轉相親比(전상친비)] : 서로 친밀하게 지내다. [脣齒(순치)] : 脣亡齒寒의 준말로, 외부의 세력을 견제할 수 있다는 말. [同謀侵奪(동모침탈)] : 함께 침탈을 꾀함. [忠勇材(충용재)] : 충성스럽고 용감한 인재. [綏禦(수어)] : 편안하게 방어하다. [猝拔(졸발)] : 갑자기 함락하다. 즉 쉽게 함락하다. [穿破(천파)] : 뚫어지다.

▷ 본문풀이 ◁

「필부」는 〈사량〉부 사람이며, 아버지는 「존대」 아찬이다. 〈백제〉, 〈고구려〉, 〈말갈〉 등이 점점 친해지다가 아주 밀접한 사이가 되어 그들이 함께 신라 침탈을 도모하자, 『태종대왕』이 충성스럽고 용감한 인재로서 능히 적을 방어할 만한 사람을 구하여 「필부」를 〈칠중성〉의 현령으로 삼았다. 그 이듬해인 경신 가을 7월에, 왕이 〈당〉나라 군사와 함께 〈백제〉를 격멸하였다. 이에 〈고구려〉가 우리를 미워하여 겨울 10월에, 군사를 동원하여 〈칠중성〉을 포위하였음으로, 「필부」가 이를 수비하면서 20여 일 동안 계속하여 싸웠다. 적장은 우리 사졸이 성의를 다하여 뒤도 돌아보지 않고 싸우는 것을 보고, 이들을 쉽게 함락시킬 수 없다고 판단

하여 곧 군사를 이끌고 돌아가려 하였다. 이때 역신 대나마 「비삽」이 비밀리에 사람을 보내 적에게 고하기를, 성 안에는 양식이 떨어지고 힘이 다하였으니, 만약 이를 친다면 반드시 항복할 것이라고 알리는 바람에 적은 다시 공격해왔다. 「필부」가 이 사실을 알고 칼을 뽑아 「비삽」의 머리를 베어 성 밖으로 던지고 군사들에게 말하기를, "충신과 의사는 죽을지언정 굽히지 않는 것이니 힘써 노력하라! 이 성의 존망이 이번 싸움에 달려 있다." 하고, 그가 주먹을 휘두르며 한바탕 호통을 치니 병든 자들도 모두 일어나 앞을 다투어 성에 올랐으나, 곧 사기가 사라져 사상자가 반이 넘었다. 그때 적이 바람을 이용하여 불을 지르고 성 안으로 공격해왔다. 「필부」는 상간 「본숙」, 「모지」, 「미제」 등과 함께 적을 향하여 활을 쏘았다. 그러나 빗발같이 날아오는 화살에 맞아 온 몸에 상처를 입어, 피가 발꿈치까지 흘러내리자 땅에 쓰러져 전사하였다. 대왕이 이 소식을 듣고 매우 슬프게 울면서 그에게 급찬을 추증하였다.

37│ 階伯(계백) : 백제의 장군

○「階伯」은 〈百濟〉人으로 仕爲, 達率(제2품)하다.
계백　　　백제　인　　　사위　달솔

〈唐〉「顯慶」五年庚申(660)에「高宗:唐」이 以「蘇定
　당　현경　오년경신　　　　　고종　　　　　이　소정

方」으로 爲〈神丘道大摠管〉하여 率師濟海하여
　방　　　　위　신구도대총관　　　　솔사제해

與〈新羅〉와 伐〈百濟〉하다.「階伯」이 爲將軍하여
여　신라　　벌　백제　　　　계백　　위　장군

簡死士五千人拒之하며 曰,"以一國之人으로
간　사사오천인거지　　　왈　이　일국지인

當〈唐〉〈羅〉之大兵하니 國之存亡이 未可知也라.
당　당　나　지대병　　　국지존망　　미가지야

恐吾妻孥가 沒爲奴婢하니 與其生辱이어늘 不如
공　오처노　몰위노비　　여기생욕　　　불여

死快라."하고 遂盡殺之하고 至〈黃山〉之野하여
사쾌　　　　　수진살지　　지　황산　지야

設三營하여 遇〈新羅〉兵將戰에 誓衆曰,"昔에
설삼영　　　우　신라　병장전　　서중왈　석

「句踐」이 以五千人으로 破兵七十萬衆하니 今之
　구천　　이　오천인　　파병칠십만중　　　금지

日에 宜各奮勵決勝하여 以報國恩하자."하고 遂,
일　의각분려결승　　　이보국은　　　　　수

鏖戰하니 無不以一當千하니 〈羅〉兵乃却하다. 如
오전　　무불이일당천　　　나　병내각　　　여

是進退하여 至四合이나 力屈以死하다.
시진퇴　　　지사합　　　역굴이사

▶어려운 낱말◀

[簡] : 뽑다(간). [妻孥(처노)] : 처자. [奮勵(분려)] : 분투 격려하여. [鏖戰(오
전)] : 무찔러 싸우다. [鏖] : 무찌를(오). [力屈(역굴)] : 힘이 부치어.

「계백」은 〈백제〉인으로 관직이 달솔이었다. 〈당〉「현경」5년 경신에, 「고종」이 「소정방」을 〈신구도〉 대총관으로 삼아 군사를 거느리고 바다를 건너 〈신라〉와 함께 〈백제〉를 치게 했다. 「계백」은 장군이 되어 결사대 5천 명을 선발하여 이를 방어하며 말하기를, "한 나라의 인력으로 〈당〉과 〈신라〉의 대군을 당하자니, 나라의 존망을 알 수 없도다. 나의 처자가 붙잡혀 노비가 될지도 모르니 살아서 치욕을 당하는 것보다 차라리 통쾌하게 죽는 것이 낫겠다." 하며, 그는 말을 마치고 마침내 자기의 처자를 모두 죽였다. 그가 〈황산벌〉에 이르러 세 개의 진영을 치고 있다가 〈신라〉 군사를 만나, 곧 전투를 시작하려 할 때 여러 사람에게 맹세하기를, "옛날 〈월왕〉「구천」은 5천 명의 군사로 오나라의 70만 대군을 격파하였으니, 오늘 우리는 마땅히 각자 분발하여 싸우고, 반드시 승리하여 나라의 은혜에 보답해야 한다." 하고, 그들이 드디어 죽음을 각오하고 싸워서 일당천의 전과를 올리자 〈신라〉 군사가 퇴각하였다. 이렇게 그는 진퇴를 네 번이나 거듭하다가 마침내 힘이 부족하여 전사하였다.

38 | 向德(향덕) : 신라 때 효자

O 「向德」은 〈熊川州:지금의 공주〉의 〈板積鄕〉人也
이라. 父名은 「善」이요, 字는 「潘吉」이니 天資溫良
하여 鄕里,推其行하다. 母則,失其名이라. 「向德」도
亦以孝順으로 爲時所稱하다. 〈天寶:唐 玄宗의 연호〉
十四年,乙未(경덕왕 14년, 755)에 年荒民饑하여 加之
以,疫癘하다. 父母飢且病하며 母又發癰하여 皆濱
於死하다. 「向德」이 日夜,不解衣하고 盡誠安慰하
나 而,無以爲養하다. 乃,刲髀肉以食之하고 又吮
母癰하여 皆,致之平安하다. 鄕司(지방관청)報之州하
고 州報於王하니 王이 下敎하여 賜租,三百斛과
宅,一區와 口分田,若干하고 命,有司하여 立石紀
事하여 以標之하다. 至今에 人號,其地云하여 孝家
라 하다.

[潘] : 뜨물(반). [天資溫良(천자온량)] : 타고난 자질이 선량하여. [疫癘(역려)] : 돌림병. [癰] : 악창(옹). [吮母癰(연모옹)] : 어머니의 종기를 빨다. [斛] : 휘(곡). 斛은 곡식 양을 재는 단위. [口分田(구분전)] : 장정 18세 이상자에게 주는 전지.

▷ 본문풀이 ◁

　「향덕」은 〈웅천주〉 〈판적향〉 사람이었다. 아버지의 이름은 「선」이고, 자는 「반길」인데, 품성이 온순하고 선량하여 향리에서 그의 품행을 높이 칭송하였다. 어머니의 이름은 전해지지 않는다. 「향덕」도 효성스럽고 공손하여 당시 사람들의 칭찬을 받았다. 〈천보〉 14년 을미에, 흉년이 들어서 백성들이 굶주렸고 더욱이 전염병까지 겹치는 바람에 부모가 굶주리고 병들었으며, 어머니는 또한 종기가 나서 거의 죽어가는 지경에 이르렀다. 「향덕」은 밤낮으로 옷을 벗을 틈도 없이 정성을 다하여 부모를 간호하였으나, 특별히 봉양할 방법이 없었다. 그러자 그는 자기의 넓적다리 살을 베어 먹였다. 그리고 어머니의 종기를 입으로 빨아내어 병을 치료하였다. 향사에서는 이 일을 주에 보고하고, 주에서는 왕에게 보고하니, 왕이 하교하여 벼 3백 섬과 집 한 채와 구분전 약간을 주었다. 그리고 유사에게 명하여 비석을 세우고 사적을 기록하여 이 일을 다른 사람들이 알도록 하였으니, 오늘날에 이르도록 사람들이 그곳을 효가라고 부른다.

39 | 聖覺(성각) : 신라 때 효자

○「聖覺」은 〈菁州:진주〉人이니 史失,其氏族하다.

不樂,世間名官하여 自號를 爲,居士라 하고 依止

〈一利縣:성주군 가천면〉〈法定寺〉하다. 後에 歸家養

母하여 以,老病으로 難於蔬食하여 割股肉以,食之

하다. 及死에 至誠으로 爲,佛事資薦하다. 大臣角

干「敬信」과 伊湌「周元」等이 聞之國王하여 以,

〈熊川州〉〈向德〉故事하니 賞,近縣租,三百石하다.

▶ 어려운 낱말 ◀

[蔬食(소식)] : 채식. [股肉(고육)] : 다리의 살. [資薦(자천)] : 복을 빌다.

▷ 본문풀이 ◁

「성각」은 〈청주〉 사람이니, 기록에는 그의 족성이 전해지지 않는다. 세상의 이름난 벼슬을 좋아하지 않아, 거사라고 자칭하며 〈일리현〉 〈법정사〉에 머물러 있었다. 나중에 본가로 돌아가 어머니를 봉양하였는데, 어머니가 늙고 병들어서 채식만으로는 부족하였으므로 다리의 살을 베어서 먹였다. 어머니가 돌아가시

자 지성으로 부처님께 명복을 빌었다. 대신 각간 「경신」과 이찬 「주원」 등이 국왕에게 〈웅천주〉 「향덕」의 이야기를 하니, 국왕이 가까운 고을의 곡식 3백 석을 상으로 주었다.

○論曰, 「宋祁」의 『唐書』에 云하되 "善乎라, 「韓
논 왈   송 기   당 서   운   선 호   한

愈」之論也여! 曰, '父母疾에 烹藥餌가 以是爲孝
유 지 론 야   왈 부 모 질   팽 약 이   이 시 위 효

라 하거늘 未聞毁,支體者也라. 苟不傷義라면 則,聖
         미 문 훼 지 체 자 야   구 불 상 의   즉 성

賢先衆而爲之리라. 是,不幸으로 因而且死면 則,
현 선 중 이 위 지   시 불 행   인 이 차 사   즉

毁傷滅絶之罪가 有歸矣리니 安可,旌其門하여 以
훼 상 멸 절 지 죄   유 귀 의   안 가 정 기 문   이

表異之하랴?' 하다. 雖然이나 委,巷之陋에 非有,學
표 이 지   수 연   위 항 지 루   비 유 학

術禮義之資에 能,忘身以,及其親이 出於誠心이니
술 예 의 지 자   능 망 신 이 급 기 친   출 어 성 심

亦足稱者어늘 故로 列焉이라." 하다. 則若, 「向德」
역 족 칭 자   고   열 언   즉 약   향 덕

者도 亦,可書者乎리라.
자   역 가 서 자 호

▶ **어려운 낱말** ◀

[祁] : 성할(기). [烹藥餌(팽약이)] : 탕약을 달임. [委巷之陋(위항지루)] : 누추한 마을의 거리에서. [委巷(위항)] : 꼬불꼬불하고 지저분한 거리. [列焉(열언)] : 기록해 두다.

「송기」의 [당서]에 이르기를 "「한유」의 논지는 훌륭하도다! 그가 말하기를, '부모의 병환에 약을 달여서 드리는 것을 효도라고 하는데, 아직 자신의 몸을 훼손하여 봉양했다는 말은 들어보지 못했다. 진실로 이 일이 의리를 손상시키지 않는다면 성현들이 다른 사람보다 먼저 이렇게 했을 것이다. 이렇게 하다가 불행하게도 잘못되어 목숨을 잃게 된다면, 도리어 부모가 주신 몸을 상하게 하고 대를 잇지 못하는 죄가 돌아갈 것이니, 어찌 그 집에 정문을 세워 표창할 수 있으랴? 라고 하였다. 비록 그렇다고는 하나 누추한 마을에 살아 학술과 예의의 자질을 갖추지도 못했으면서도 능히 자기의 몸을 잊고 부모를 생각한 것은 성심에서 나온 것이니, 이 또한 칭찬할 만하기 때문에 기록해 둔다."고 한다. 그런즉 「향덕」과 같은 이도 기록해둘 만한 사람일 것이리라.

40 | 實兮(실혜) : 신라 때 의인(義人)

○「實兮」는 大舍「純德」之子也라. 性,剛直하여
　　실 혜　　　대 사　순 덕　지 자 야　　성 강 직
不可,屈以非義하다.『眞平王』時에　爲,上舍人(上位
불 가 굴 이 비 의　　　진 평 왕　시　　위 상 사 인

近侍人)하여 時에 下舍人(近侍職의 下位) 「珍堤」는 其

시 하사인 진제 기

爲人便佞하여 爲王所嬖하다. 雖與「實兮」와는 同

위인편녕 위왕소폐 수여실혜 동

寮이나 臨事,互相是非하니 「實兮」는 守正不苟且

료 임사호상시비 실혜 수정불구차

하다. 「珍堤」가 嫉恨하여 屢讒於王曰, "「實兮」는

진제 질한 누참어왕왈 실혜

無智慧하고 多膽氣하며 急於喜怒하여 雖大王之

무지혜 다담기 급어희노 수대왕지

言이라도 非其意則,憤不能已하니 若不懲艾하면

언 비기의즉 분불능이 약부징애

其將爲亂하리니 盍黜退之오? 待其屈服하여 而

기장위란 합출퇴지 대기굴복 이

後用之라도 非晩也니다." 하다. 王이 然之하여 謫

후용지 비만야 왕 연지 적

官〈泠林〉하다. 或謂「實兮」曰, "君은 自祖考로

관 영림 혹위실혜왈 군 자조고

以,忠誠公材로 聞於時어늘 今爲,佞臣之讒毀하여

이충성공재 문어시 금위녕신지참훼

遠宦於〈竹嶺〉之外에 荒僻之地하니 不亦痛乎아?

원환어죽령지외 황벽지지 불역통호

何不,直言自辨이오?" 하다. 「實兮」答曰, "昔에

하불직언자변 실혜답왈 석

「屈原」은 孤直하여 爲〈楚〉擯黜하고 「李斯」는 盡

굴원 고직 위초빈출 이사 진

忠하여 爲〈秦〉極刑하다. 故로 知佞臣惑主하고 忠

충 위진극형 고 지녕신혹주 충

士被斥은 古亦然也니 何足悲乎리오?" 하고 遂不

사피척 고역연야 하족비호 수불

言而往하여 作,長歌하여 見意하다.

언이왕 작장가 견의

[剛直(강직)] : 바르고 올곧음. [便佞(편녕)] : 구변만 좋을 뿐, 마음이 음험하고
실속이 없음. [王所嬖(왕소폐)] : 왕의 사랑을 받는 바가 됨. [嬖] : 사랑할
(폐). [不苟且(불구차)] : 구차로이 하지 않음. [嫉恨(질한)] : 시기하고 미워하
다. [屢讒(누참)] : 여러 번 참소를 하다. [懲艾(징애)] : 혼이 남. 또는 혼내 줌.
[黜退(출퇴)] : 쫓아내다. [謫官(적관)] : 귀양살이 벼슬. 즉 좌천을 말함. [公材
(공재)] : 국가의 인재. [佞臣(녕신)] : 아첨하는 신하. [讒毁(참훼)] : 참소하여
꼬집는 말. [孤直(고직)] : 충직하여. [擯黜(빈출)] : 물리쳐서 멀리 내쫓음.
[佞臣惑主(녕신혹주)] : 아첨하는 신하가 임금을 미혹하게 함.

▷ 본문풀이 ◁

　「실혜」는 대사「순덕」의 아들인데 성품이 강직하여 불의로써
는 그를 굴복시킬 수 없었다. 『진평왕』때 그가 상사인이 되었는
데, 당시 하사인이었던「진제」는 아첨을 잘하여 왕의 총애를 받
았다. 그가 비록「실혜」와 동료로 있었지만 일을 처리할 때는 서
로 시비를 다툴 때가 있었는데「실혜」는 정도를 지키고 구차하게
행동하지 않았다.「진제」가 이를 시기하고 원망하여 누차 왕에게
참소하기를 "「실혜」는 지혜가 없고 담기가 많아서 곧잘 기뻐하
거나 화를 내어, 비록 대왕의 말이라도 자기의 뜻에 맞지 않으면
분을 참지 못합니다. 만약 이를 징계하지 않는다면 장차 난을 일
으킬 것인데, 왜 그를 내쫓지 않습니까? 그가 굴복하기를 기다렸
다가 그때 등용하여도 늦지 않을 것입니다."라고 하니, 왕이 이
말을 옳게 여겨 그를 〈영림〉으로 귀양 보냈다. 어떤 사람이「실
혜」에게 말했다. "그대는 조부 때부터 충성과 나라의 재목감으로

세상에 이름이 났었는데, 이제 아첨 잘하는 신하의 참소와 훼방을 입어 멀리 〈죽령〉 밖의 황폐하고 궁벽한 곳에서 벼슬살이를 하게 되니 통탄스럽지 않은가? 왜 바른 대로 말하여 사실을 밝히지 않는가?"「실혜」가 대답하였다. "옛날 「굴원」은 고고하고 충직하여 〈초〉왕에게서 쫓겨났고, 「이사」는 충성을 다하다가 〈진〉의 극형을 받았다. 그러므로 아첨 잘하는 신하가 임금을 미혹케 하여 충신이 배척당하는 것은 옛날에도 있었던 일이니, 무엇을 슬퍼하겠는가?" 그는 마침내 아무 말도 하지 않고 가서 긴 노래를 지어 자신의 뜻을 노래하였다.

41 | 勿稽子(물계자) : 신라 때 충의인(忠義人)

○新羅「勿稽子」는 「奈解」尼師今,時人也라. 家
世平微하나 爲人倜儻하여 少有壯志러라. 時에 八
浦上國이 同謀伐〈阿羅國〉하니 「阿羅」使來하여
請救하다. 尼師今이 使,王孫〈捺音〉으로 率,近郡
及,六部軍往救하여 遂敗,八國兵하다. 是役也에

「勿稽子」는 有.大功이나 以.見憎於王孫하니 故로
물계자   유대공   이견증어왕손   고

不記其功하다. 或謂「勿稽子」曰, "子之功이 莫大
불기기공   혹위물계자왈   자지공   막대

어늘 而不見錄하니 怨乎아?"하니 曰, "何怨之有
이불견록   원호   왈   하원지유

이요?"하다. 或曰, "盍聞之於王이요?"하니「勿稽
혹왈   합문지어왕   물계

子」曰, "矜功求名은 志士所.不爲也라. 但當勵志
자왈   긍공구명   지사소불위야   단당려지

하여 以待後時.而已라."하다. 後三年에〈骨浦〉,
이대후시이이   후삼년   골포

〈柒浦〉,〈古史浦〉, 三國人이 來攻〈竭火城〉하니
칠포   고사포   삼국인   내공   갈화성

王이 率兵出救하여 大敗.三國之師하다.「勿稽子」
왕   솔병출구   대패삼국지사   물계자

가 斬獲.數十餘級하니 及其論功에 又無所得하다.
참획수십여급   급기논공   우무소득

乃.語其婦曰, "嘗聞하니 爲臣之道는 見危則.致命
내어기부왈   상문   위신지도   견위즉치명

하고 臨難則.忘身이니 前日〈浦上竭火〉之役은 可
임난즉망신   전일포상갈화지역   가

謂.危且難矣니 而.不能以.致命忘身으로 聞於人하
위위차난의   이불능이치명망신   문어인

니 將何面目으로 以出.市朝乎아?"하고 遂.被髮携
장하면목   이출시조호   수피발휴

琴하여 入〈師彘山(:지리산)〉하여 不反하다.
금   입   사체산   불반

▶ 어려운 낱말 ◀

[平微(평미)] : 미미한 존재. [倜儻(척당)] : 다른 사람에게 구속을 받지 않음.

[八浦上國(팔포상국)] : 옛날 지금의 경남 쪽에 있었던 8나라. [見憎(견증)] : 미움을 받다. [矜功求名(긍공구명)] : 공을 자랑하고 이름을 구하는 것. [勵志(여지)] : 뜻을 갈고 닦음. [市朝(시조)] : 이 사회. 조정. 이 세상. [被髮(피발)] : 머리를 풀다.

▷ 본문풀이 ◁

「물계자」는 「나해」 이사금 때 사람으로서 집안은 미천하였으나 사람됨이 활달하였으며 젊어서는 장대한 뜻을 가지고 있었다. 이때 포상의 여덟 나라가 공모하여 〈아라국〉을 치니, 「아라」의 사신이 와서 구원을 청하였다. 이사금이 왕손 「내음」에게 이웃 고을 및 6부의 군사를 주어 그들을 돕게 하여 마침내 여덟 나라의 병사를 격파하였다. 이 전쟁에서 「물계자」는 큰 공을 세웠으나 왕손에게 미움을 샀기 때문에 그 공이 기록되지 않았다. 어떤 사람이 「물계자」에게 말하기를, "그대의 공이 컸는데도 기록이 되지 않아 원망스러운가?" 하니, 「물계자」가 말하기를, "무슨 원망이 있겠는가?" 했다. 어떤 사람이 또 말하기를, "왜 임금님께 아뢰지 않는가?" 하니, 「물계자」가 말하기를, "공을 자랑하고 이름을 구하는 것은 지사가 할 일이 아니다. 다만 마음을 갈고 닦아 후일을 기다릴 따름이다."라고 하였다. 그 뒤 3년이 지나 〈골포〉, 〈칠포〉, 〈고사포〉 등 세 나라 사람들이 와서 〈갈화성〉을 침공하자, 왕은 군사를 거느리고 나가 구원하여 세 나라의 군사를 쳐 들어왔는데 「물계자」가 수십여 명을 잡아 목을 베었으나 공을 논할 때 또한 소득이 없었다. 그러자 그는 그의 부인에게 말하기를, "일찍이 듣건대, 신하된 도리는 위급한 것을 보면 목숨을 내놓고,

어려운 일을 당하면 자기 몸을 잊는다고 하였소. 전날의 〈포상갈
화〉에서의 싸움은 위급하고도 어려운 일이었다고 할 수 있었건
만 목숨을 내놓거나 몸을 버리며 싸울 수 없었고, 이것이 세상에
알려졌으니, 장차 무슨 면목으로 거리에 나가겠소?' 했다. 그는
마침내 머리를 풀고 거문고를 가지고 〈사체산〉으로 들어가 다시
는 나오지 않았다.

42 | 百結先生(백결선생) : 신라 때 거문고 명인

o「百結」先生은 不知何許人이라. 居、〈狼山〉下
　　백 결 선 생　　　부 지 하 허 인　　　　거 낭 산 하

하니 家、極貧하여 衣、百結、若懸鶉이라 時人이 號
　　　가 극 빈　　　의 백 결 약 현 순　　　시 인　　호

爲、東里「百結」先生이라 하다. 嘗慕「榮啓期:中國古
위 동 리 백 결 선 생　　　　상 모 영 계 기

代에 거문고를 타며 즐기던 異人」之、爲人하여 以琴自隨
　　　　　　　　　　　　　　　　　지 위 인　　　이 금 자 수

하여 凡、喜怒悲歡不平之事를 皆以、琴宣之하다.
　　　범 희 노 비 환 불 평 지 사　　개 이 금 선 지

歲將暮에 隣里粟春이어늘 其妻가 聞、杵聲曰, "人
세 장 모　　인 리 속 용　　　　기 처　　문 저 성 왈　　인

皆有、粟春之어늘 我獨無焉하니 何以卒歲오?"하니
개 유 속 용 지　　　아 독 무 언　　　하 이 졸 세

先生이 仰天嘆曰, "夫, 死生有命이요, 富貴在天이
선생 앙천탄왈 부 사생유명 부귀재천

니 其來也, 不可拒요, 其往也, 不可追니 汝, 何傷乎
기래야 불가거 기왕야 불가추 여하상호

아? 吾, 爲汝하여 作, 杵聲以慰之로다." 하고 乃, 鼓琴
오 위여 작저성이위지 내 고금

으로 作, 杵聲하니 世傳之하여 名爲, 碓樂이라 하다.
작저성 세전지 명위 대악

▶ 어려운 낱말 ◀

[懸鶉(현순)] : 메추라기를 달아둔 것 같음. [鶉] : 메추라기(순). [喜怒悲歡(희
노비환)] : 인간의 모든 슬프고 기쁜 마음. [以琴宣之(이금선지)] : 거문고로서
풀어내다. [杵聲(저성)] : 방아소리. [碓樂(대악)] : 백결선생의 거문고로 내는
방아소리. [碓] : 방아(대).

▷ 본문풀이 ◁

「백결」 선생은 어느 곳 사람인지 알 수 없다. 그는 〈낭산〉 밑에
살았는데 아주 가난하였다. 그는 백 군데나 기워 마치 메추라기
를 달아맨 것 같은 옷을 입고 다녔기 때문에 당시 사람들이 동리
「백결」 선생이라고 불렀다. 그는 일찍이 「영계기」의 사람됨을 흠
모하여 거문고를 가지고 다니면서 기쁘고, 성나고, 슬프고, 즐거
운 일과 불평스러운 일을 모두 거문고로써 풀었다. 한 해가 저물
어 갈 무렵 이웃에서 곡식을 찧으면 그의 아내가 방아소리를 듣고
말하기를 "남들은 모두 찧을 곡식이 있는데, 우리만 곡식이 없으
니 무엇으로 설을 쇠리오?" 하니, 백결 선생이 하늘을 우러러 한
탄하기를 "무릇 죽고 사는 것에는 운명이 있고, 부귀는 하늘에 달

려 있어, 그것이 와도 막을 수 없고 그것이 가도 좇을 수 없는 법이거늘, 그대는 어찌하여 마음 아파하는가? 내가 그대를 위하여 방아소리를 내어 위로하겠소."라 하고, 곧 거문고를 타서 방아소리를 내었다. 세상에 이것이 전하는데, 대악이라고 부른다.

43 劍君(검군) : 신라 때 의인(義人)

○「劍君」은 「仇文」大舍之子로 爲〈沙梁宮:김씨 발상의 본궁〉舍人(궁중의 관원)하다. 〈建福〉四十四年丁亥(진평왕 즉위 49년, 627)秋,八月에 隕霜殺,諸穀하고 明年,春夏大飢하여 民,賣子而食하다. 於時에 宮中, 諸舍人이 同謀하여 盜「唱翳倉」穀分之에 「劍君」이 獨不受하다. 諸舍人曰, "眾人이 皆受나 君獨却之하니 何也오? 若嫌小면 請更加之하리라." 하다. 「劍君」이 笑曰, "僕이 編名於「近郎:화랑의 이름」之

徒하여 修行於風月之庭하니 苟非其義면 雖,千金
之利라도 不動心焉이라."하다. 時에「大日」伊湌
之,子가 爲,花郎하여 號를「近郎」이라 故로 云爾이
라.「劍君」이 出至「近郎」之門하니 舍人,等이 密
議하되 "不殺此人이면 必有漏言이라".하고 遂,召之
하다.「劍君」이 知其謀殺하고 辭「近郎」曰, "今日
之後에 不復相見이라."하니「郎」問之하니「劍君」
不言하다. 再三,問之하니 乃略言,其由하다.「郎」
曰, "胡不言於,有司오?"하니「劍君」曰, "畏己死
하여 使衆人,入罪는 情所不忍也라." 하다. "然則
盍逃乎아?"하니 曰, "彼曲我直이어늘 而反自逃
는 非,丈夫也라."하고 遂往하다. 諸舍人이 置酒謝
之하며 密以藥置食하니「劍君」이 知而强食하고
乃死하다. 君子曰, "「劍君」은 死非其所하니 可謂
輕,泰山於鴻毛者也라."하다.

[嫌小(혐소)] : 적다고 싫어하다. [謀殺(모살)] : 살해를 꾀함. [入罪(입죄)] : 죄를 짓게 함. [彼曲我直(피곡아직)] : 저쪽이 잘못했고, 나는 올바르다. [鴻毛(홍모)] : 기러기의 털.

▷ 본문풀이 ◁

「검군」은 「구문」 대사의 아들로, 〈사량궁〉 사인이 되었다. 〈건복〉 49년 정해 가을 8월에, 서리가 내려 모든 곡식을 말라 죽으니 이듬해 봄과 여름에 큰 기근이 들어 백성들이 자식을 팔아먹고 사는 형편이 되었다. 이때 궁중의 여러 사인들이 공모하여 「창예창」의 곡식을 훔쳐서 나누어 가졌는데, 「검군」만은 홀로 받지 않았다. 모든 사인들이 말하기를, "여러 사람이 모두 받았는데 그대만이 거절하니 무슨 일인가? 만일 적어서 그렇다면 더 주겠다." 하니, 「검군」이 웃으며 말하기를, "나는 「근랑」의 문도에 이름을 두었고, 풍월도의 마당에서 수행을 하였으니, 실로 의로운 것이 아니면 천금의 이익이라도 내 마음을 움직일 수 없다."고 했다. 이때 「대일」 이찬의 아들이 화랑이 되어 「근랑」이라고 불렀기 때문에 이렇게 말한 것이다. 「검군」은 그곳을 나와 「근랑」의 집에 이르렀다. 사인들이 은밀히 의논하기를, "이 사람을 죽이지 않으면 틀림없이 말이 누설될 것이라." 하여 드디어 그를 불렀다. 「검군」은 그들이 자기를 죽이려는 음모를 꾸미는 줄 알고 「근랑」에게 하직하며 말하기를, "오늘 이후로는 다시 뵙지 못하겠습니다." 하니, 「근랑」이 이유를 물었으나 「검군」이 말하지 않다가,

재삼 묻자, 그 이유를 대략 이야기하였다. 「근랑」이 말하기를, "왜 유사에게 사실을 말하지 않는가?" 하니, 「검군」이 말하기를, "자기가 죽는 것을 두려워하여 여러 사람이 죄에 걸리게 하는 것을 차마 할 수 없는 일입니다."라고 했다. 그러자 「근랑」이 말하기를, "그러면 왜 도망하지 않느냐?" 하니, 「검군」이 대답하기를, "저들이 잘못되고 내가 바른데, 도리어 내가 도망한다면 이는 장부의 행동이 아닙니다."라고 했다. 「검군」은 말을 마치고 마침내 사인들에게 갔다. 여러 사인들이 술을 대접하며 사죄하면서 「검군」 몰래 음식에 독약을 넣었다. 「검군」은 이를 눈치를 채고도 억지로 그것을 먹고 죽었다. 군자가 말하기를, "「검군」은 죽을 자리가 아닌데 죽었으니, 이는 태산같이 소중한 목숨을 깃털보다 가벼이 여긴 것이라." 하였다.

44 | 金生(김생) : 신라 때 명필(名筆)

○新羅「金生」은 父母微하여 不知其世系하다.
신라 김생   부모미   부지기세계

生於〈景雲:당예종 연호〉二年(성덕왕 10년, 771)에 自幼
생어 경운   이년   자유

能書하다. 平生에 不攻他藝하고 年踰八十에 猶操
능서   평생   불공타예   년유팔십   유조

筆不休하다. 隸書,行草,皆,入神하여 至今에 往往
필불휴   예서 행초 개 입신   지금   왕왕

有,眞蹟하니 學者,傳實之하다. 〈崇寧:宋 徽宗 연호〉中
유 진적   학자 전보지   숭녕   중

에 學士「洪灌」이 隨進奉使하여 入〈宋〉하여 館於
학사 홍관   수진봉사   입송   관어

〈卞京:북송의 서울〉에 時에 翰林待詔「楊球」와「李
변경   시   한림대조 양구   이

革」이 奉,帝勅하고 至館하여 書圖簇하다.「洪灌」이
혁   봉 제칙   지관   서도족   홍관

以「金生」行草一卷을 示之하니 二人大駭,曰, "不
이 김생 행초일권   시지   이인대해 왈   부

圖今日,得見「王右軍:晉代 명필, 왕희지」手書라."하
도 금일 득견 왕우군   수서

다.「洪灌」曰, "非是라. 此乃〈新羅〉人「金生」所
홍관 왈   비시   차내 신라 인 김생 소

書也라."하니 二人笑曰, "天下除「右軍」하고 焉有,
서야   이인소왈   천하제 우군   언유

妙筆如此哉아?"하다.「洪灌」이 屢言之나 終不信
묘필여차재   홍관   루언지   종불신

하다. 又有「姚克一」者하니 仕至,侍中兼,侍書學士
우유 요극일 자   사지 시중겸 시서학사

라 筆力遒勁하여 得「歐陽」의 率更(:歐陽詢의 이명)法
필력준경   득 구양   솔경   법

하다. 雖,不及「生」이나 亦,奇品也라.
수 불급 생   역 기품야

▶어려운 낱말◀

[微] : 작을(미). 미미한 존재. [世系(세계)] : 조상과 계보. [操筆不休(조필불유)]
: 붓을 잡아 쉬지 않음. [駭] : 놀랄(해). [不圖(부도)] : ~할 줄 몰랐다. [非是
(비시)] : 그런 것이 아니라. [右軍(우군)] : 왕희지. [遒勁(준경)] : 힘 있고 강함.

「김생」은 부모가 미천하여 가문의 내력을 알 수 없다. 〈경운〉2년에 태어났는데 어려서부터 글씨를 잘 썼다. 그는 평생 동안 다른 기예는 닦지 않았으며, 나이 80세가 넘어서도 붓을 놓지 않았다. 예서와 행서, 초서가 모두 입신의 경지여서 지금까지도 더러 그의 진필이 남아 있는데, 학자들이 보배로 여겨 전하고 있다. 〈숭녕〉 연간에 학사 「홍관」이 진봉사를 따라 〈송〉에 들어가서 〈변경〉에 묵고 있었는데, 이때 한림 대조 「양구」, 「이혁」 등이 황제의 칙서를 받들고 사관에 와서 그림 족자에 글씨를 썼다. 「홍관」이 그들에게 「김생」이 쓴 행초 한 권을 보이니 두 사람이 크게 놀라 말하기를, "오늘날 「왕우군」의 친필을 보게 될 줄 몰랐다."고 하였다. 「홍관」이 말하기를, "아니오. 이것은 〈신라〉인 「김생」이 쓴 것이오." 하니 두 사람이 웃으면서 말하기를, "천하에 「왕우군」말고 어찌 이런 묘필이 있겠오?"라고 하였다. 「홍관」이 여러 번 말하였지만 그들이 끝내 믿지 않았다. 또한 「요극일」이라는 사람이, 벼슬이 시중 겸 시서 학사에 이르렀는데, 필력이 좋아 「구양순」의 솔경(구양수의 이명)의 필법을 터득하였다. 비록 「김생」에게는 못 미쳤지만 역시 특이한 기품을 가지고 있었다.

45 | 率居(솔거) : 신라의 화가(畵家)

○「率居」는〈新羅〉人으로 所出微라 故로 不記.
솔 거   신 라 인   소 출 미   고   불 기

其族系하나 生而善畵하여 嘗於〈皇龍寺〉壁畵老
기 족 계   생 이 선 화   상 어 황 룡 사   벽 화 로

松이러니 體幹鱗皴하고 枝葉이 盤屈하여 烏鳶燕
송   체 간 인 준   지 엽   반 굴   오 연 연

雀이 往往.望之飛入하여 及到.蹭蹬而落하다. 歲
작   왕 왕 망 지 비 입   급 도 층 등 이 락   세

久에 色暗하여 寺僧이 以.丹靑補之하니 烏雀이 不
구   색 암   사 승   이 단 청 보 지   오 작   불

復至하다. 又〈慶州〉〈芬皇寺〉의 觀音菩薩과〈晉
부 지   우 경 주 분 황 사   관 음 보 살   진

州〉〈斷俗寺〉「維摩」像이 皆其筆蹟이니 世傳謂.神
주 단 속 사 유 마 상   개 기 필 적   세 전 위 신

畵하다.
화

▶ 어려운 낱말 ◀

[體幹(체간)] : 원줄기. [鱗皴(인준)] : 소나무 껍질이 비늘처럼 울퉁불퉁하게
거칠다. [皴(준)] : 겉이 울퉁불퉁하게 거칠다. [盤屈(반굴)] : 구불구불하다.
[蹭蹬(층등)] : 길을 잃고 비틀거림.

▷ 본문풀이 ◁

「솔거」는〈신라〉사람인데, 출신이 미천하여 가문의 내력을 기
록해 놓지 않았다. 그는 선천적으로 그림을 잘 그렸다. 그가 일찍

이 〈황룡사〉 벽에 노송을 그린 적이 있었는데, 줄기가 비늘 같았으며, 가지와 잎이 구불구불하여 까마귀, 솔개, 제비, 참새 등이 가끔 멀리서 바라보고 날아들다가 벽화에 이르러서는 벽에 부딪혀 떨어지곤 하였다. 세월이 오래되어 색깔이 변하자 절의 스님들이 단청으로 덧칠을 하였다. 그 후로 까마귀와 참새가 다시는 오지 않았다. 또한 〈경주〉 〈분황사〉의 관음보살과 〈진주〉 〈단속사〉의 「유마」 화상이 모두 그가 그린 것인데, 세상 사람들이 대대로 신비한 그림이라 말했다.

46 | 孝女〈知恩〉(효녀 지은) : 신라 때의 효녀

○孝女「知恩」은 〈韓岐部:경주〉百姓, 「連權」의
효녀 지은   한기부   백성   연권

女子也라. 性至孝하여 少喪父하고 獨養其母하며
여자야   성지효   소상부   독양기모

年이 三十二토록 猶,不從人하고 定省不離左右하
년   삼십이   유부종인   정성불리좌우

다. 而,無以爲養하여 或,傭作或,行乞하여 得食而,
이 무이위양   혹용작혹행걸   득식이

飼之하다. 日久,不勝困憊하여 就,富家請,賣身爲
사지   일구불승곤비   취부가청매신위

婢하여 得米,十餘石하다. 窮日,行役於其家하고 暮
비　　　득미십여석　　　　　궁일　행역어기가　　　　모

則,作食歸養之하니 如是三四日에 其母謂,女子
즉　작식귀양지　　　여시삼사일　　　기모위여자

曰, "向食麤而甘이러니 今則,食雖好나 味不如昔
왈　　향식추이감　　　　금즉식수호　　미불여석

하여 而,肝心이 若以刀刃으로 刺之者하니 是,何意
　　이간심　　약이도인　　　자지자　　　시하의

耶오?"하다. 女子以,實告之하니 母曰, "以,我故
야　　　　여자이실고지　　　모왈　　이아고

使爾爲婢하니 不如死之速也라."하고 乃,放聲大
사이위비　　　불여사지속야　　　　　내방성대

哭하고 女子亦哭하니 哀感行路하다. 時에「孝宗」
곡　　　여자역곡　　　애감행로　　　시　　효종

郞이 出遊라가 見之하고 歸請父母하여 輸,家粟百
랑　출유　　　견지　　　귀청부모　　　수가속백

石及,衣物予之하다. 又,償買主,以從良이러니 郞
석급의물여지　　　우상매주이종량　　　　　낭

徒,幾千人이 各出粟,一石爲贈하다. 大王(50대 정강
도기천인　　　각출속일석위증　　　대왕

왕)聞之하고 亦,賜租五百石과 家,一區하고 復除征
문지　　　역사조오백석　　가일구　　　부제정

役하니 以,粟多로 恐有,剽竊者하여 命,所司하여 差
역　　이속다　　공유표절자　　　명소사　　　차

兵番守하다. 標榜其里曰,「孝養坊」라 하고 仍,奉
병번수　　　표방기리왈　　효양방　　　　잉봉

表하여 歸美於〈唐〉室하다.
표　　　귀미어당실

▶ 어려운 낱말 ◀

[猶不從人(유부종인)] : 그때까지 결혼을 하지 못함. [定省(정성)] : 昏定晨省의

준말로, 효도를 말함. [傭] : 품팔이(용). [不勝困憊(불승곤비)] : 피곤함을 이 길 수가 없음. [窮日(궁일)] : 종일. [麤] : 거칠(추). [以我故(이아고)] : 나 때문에. [買主(매주)] : (지은을) 사간 주인. [復除(부제)] : 면제. [剽竊(표절)] : 도둑에게 빼앗기다. 문학 작품의 표절. [差兵(차병)] : 군사를 보내어.

▷ 본문풀이 ◁

효녀 「지은」은 〈한기부〉 백성 「연권」의 딸이다. 그녀는 천성이 지극히 효성스러웠다. 그리하여 어려서 아버지를 여의고 홀로 어머니를 모셨으며, 그녀는 나이 32세가 되어도 시집을 가지 않고 어머니를 보살피기 위하여 곁을 떠나지 않았다. 봉양할 거리가 없으면 어떤 때는 품팔이도 하고, 어떤 때는 구걸도 하여 밥을 구해서 어머니를 봉양하였다. 그러한 생활이 오래 되자, 피곤함을 이기지 못하여 부잣집에 가서 자청하여 몸을 팔아 종이 되고 쌀 10여 석을 얻었다. 그녀는 하루 종일 그 집에서 일을 해주고 날이 저물면 밥을 지어 가지고 돌아와서 어머니를 봉양하였다. 이렇게 3, 4일 지나자 그의 어머니가 딸에게 이르기를, "전에는 밥이 나빠도 맛이 좋았는데, 지금은 밥이 좋은데도 맛이 옛날만 못하고, 마치 살 속을 칼로 찌르는 듯하니, 이것이 웬일이냐?"라고 하였다. 딸이 사실대로 고하니, 어머니가 말하기를, "나 때문에 너를 종이 되게 하였으니 차라리 빨리 죽는 편이 낫겠다."고 하면서 소리를 내어 크게 우니 딸도 따라 울어서 그 슬픔이 길 가는 사람들을 감동시켰다. 이때 「효종」랑이 지나가다가 그것을 보고 돌아와서 부모에게 청하여 자기 집 곡식 1백 석과 옷가지를 실어다 주었다. 그리고 또한 그녀가 몸을 판 사람에게 몸값을 보

상해 주고 양민으로 만들어 주었다. 이 소식을 들은 낭도 몇천 명
이 각각 곡식 1섬씩을 주었다. 대왕이 이를 듣고 또한 벼 5백 석
과 집 한 채를 하사하고 부역을 면제하여 주었으며, 곡식이 많아
서 도둑이 들까 염려하여 유사에게 명하여 군사를 보내 교대로
지켜주게 하였다. 그리고 그 마을을 「효양방」이라 하고 표문을
올려 〈당〉나라 왕실에도 그녀의 아름다운 행실을 알렸다.

47 〈薛〉氏女(설씨녀) : 신라의 의녀(義女)

〇「薛」氏女는 〈栗里〉民家女子也라. 雖,寒門單
족이나 而,顔色端正하고 志行脩整하여 見者,無不
歆艶이나 而,不敢犯하다. 『眞平王』時에 其父年老
하여 番當,防秋於〈正谷:위치 미상〉하다. 女,以父衰
病으로 不忍遠別하고 又恨女身으로 不得侍行하여
徒自愁悶하니 〈沙梁部〉少年「嘉實」이 雖貧且窶
하나 而其,養志貞男子也로 嘗悅美「薛」氏하나 而,

不敢言하다. 聞「薛」氏, 憂父老而, 從軍하고 遂請
불감언　문 설 씨 우부로이 종군　수청

「薛」氏曰, "僕이 雖一懦夫나 而, 嘗以志氣로 自
설 씨 왈 복 수일유부　이 상이지기 자

許라 願以, 不肖之身으로 代, 嚴君之役하리다." 하
허 원이 불초지신　대 엄군지역

다.「薛」氏甚喜하여 入告於父하니 父, 引見曰, "聞
설 씨 심희　입고어부 부인견왈 문

公欲, 代老人之行하니 不勝喜懼며 思所以報之라
공욕 대로인지행　불승희구　사소이보지

若公이 不以愚陋見棄면 願薦, 幼女子로 以奉箕
약공 불이우루견기　원천 유여자 이봉기

箒라." 하니「嘉實」이 再拜曰, "非, 敢望也하나 是
추 가실 재배왈 비감망야 시

所願焉이니다." 하고 於是에「嘉實」이 退而請期하
소원언 어시 가실 퇴이청기

니「薛」氏曰, "婚姻은 人之大倫이니 不可以, 倉猝
설 씨 왈 혼인 인지대륜　불가이창졸

이니다. 妾이 旣以心許하니 有死無易라 願君赴防
첩 기이심허　유사무역 원군부방

하여 交代而歸면 然後에 卜日成禮라도 未晩也
교대이귀 연후 복일성례 미만야

라." 하고 乃, 取鏡分半하여 各執一片云하되 "此, 所
내 취경분반 각집일편운 차소

以爲信이니 後日, 當合之라." 하다.「嘉實」이 有一
이위신 후일 당합지 가실 유일

馬하니 謂「薛」氏曰, "此는 天下良馬이니 後에 必
마 위 설 씨 왈 차 천하양마 후 필

有用이요. 今我徒行에 無人爲養하니 請留之라가
유용 금아도행 무인위양 청류지

以爲用耳리다." 하고 遂辭而行하다.
이위용이 수사이행

[歆艶(흠염)] : 흠선하다. 흠모하여 반하다. [番當(번당)] : 당번을 서다. [防秋
(방추)] : 북쪽 국경을 지키는 일. [侍行(시행)] : 모시고 가다. [貧且窶(빈차구)]
: 가난하고 궁핍함. [窶] : 가난할(구). [懦夫(유부)] : 겁이 많고 의지가 약한
사람. [懦] : 나약할(나), (유). [嚴君(엄군)] : 남의 아버지의 존칭. [辭(사)] :
여기서는 작별을 의미함.

▷ 본문풀이 ◁

「설」씨 여자는 〈율리〉에 사는 백성 집안의 딸이었다. 비록 빈
한하고 외로운 집안이었으나 용모가 단정하고 품행이 얌전하여
보는 이들이 모두 그 아름다움에 반하였지만 감히 범접하지 못하
였다. 『진평왕』 때 그의 아버지가 연로함에도 불구하고 〈정곡〉
에서 곡식을 지키는 당번을 서게 되었다. 딸은 아버지가 노쇠하
고 병들어 차마 멀리 보낼 수 없고, 또한 여자의 몸으로 아버지를
모시고 갈 수도 없어서 고민만 하고 있었다. 〈사량부〉 소년「가
실」은 비록 가난하고도 궁핍하나 의지를 곧게 기른 남자로서, 일
찍이 「설」씨의 아름다움을 좋아하면서도 감히 말을 못하고 있었
다. 그는 「설」씨가, 아버지가 늙어서 종군하게 되었음을 걱정한
다는 말을 듣고 마침내 「설」씨에게 말하기를, "내 비록 일개 나약
한 사나이지만 일찍이 의지와 기개로 자부하던 터이니, 원컨대
불초의 몸이 엄친의 일을 대신하고자 하오." 하니, 「설」씨가 매우
기뻐하며 아버지에게 들어가 이 말을 고하였다. 아버지가 그를
불러서 보고 말하기를, "공이 이 늙은이의 행역을 대신하고자 한
다는 말을 들으니 기쁘고도 송구스러워서 어쩔 줄을 모르겠네.

보답을 하고 싶은데, 만약 공이 어리석고 누추하다 하여 버리지
않는다면 어린 딸을 주어 받들게 하고 싶네."라고 하니, 「가실」이
두 번 절하고 말하기를, "감히 바랄 수는 없으나 원하는 바였습니
다."라고 하였다. 이에 「가실」이 물러 나와 혼인할 기일을 청하
였다. 「설」씨가 말하기를, "혼인은 인간의 대사이니, 함부로 서두
를 필요는 없습니다. 제가 이미 마음을 허락하였으니 죽는 한이
있더라도 변함이 없을 것이니, 그대가 방위에 나갔다가 교대하여
돌아온 뒤에 날을 받아 혼례를 치러도 늦지 않을 것입니다." 그녀
는 말을 마치고, 거울을 절반으로 나누어 각각 한쪽씩 지니며 말
하기를, "이것을 신표로 삼아 뒷날 맞추어 봅시다." 했다. 「가실」
에게는 말이 한 필 있었다. 그는 「설」씨에게 말하기를, "이것은
천하의 양마로 훗날 반드시 쓸 데가 있을 것이니, 지금 내가 가고
나면 기를 사람이 없으니 여기에 두었다가 쓰기 바라오."하고, 그
는 드디어 설씨와 작별하였다.

○會에 國有故하여 不使人交代로 淹六年未還
하다. 父謂女曰, "始以三年爲期로 今旣踰矣라.
可歸于他族矣하라." 하니 「薛」氏曰, "向以安親
이라 故로 强與「嘉實」約하고 「嘉實」信之라, 故로
從軍累年하여 飢寒辛苦이니다. 況迫賊境하여 手

不釋兵하고 如近虎口하여 恒恐見咥하니 而,棄信
불석병　　　여근호구　　　항공견질　　　이기신

食言이면 豈,人情乎닛가? 終不敢,從父之命하니
식언　　　기인정호　　　종불감 종부지명

請無復言하소서." 하다. 其父老且耄하고 以其女는
청무부언　　　　　　　기부로차모　　　이기여

壯而無,伉儷하여 欲强嫁之하여 潛約婚於里人하
장이무항려　　　욕강가지　　　잠약혼어리인

여 旣,定日引其人하니「薛」氏固拒하고 密圖,遁去
기정일인기인　　　설씨고거　　　밀도둔거

而未果하다. 至廏하여 見「嘉實」所留馬하고 太息
이미과　　　지구　　　견 가실 소류마　　　태식

流淚하다. 於是에「嘉實」代來하니 形骸枯槁하고
유루　　　어시　　　가실 대래　　　형해고고

衣裳藍縷하여 室人不知하여 謂爲別人하다.「嘉
의상남루　　　실인부지　　　위위별인　　　　가

實」이 直前하여 以,破鏡投之하니「薛」氏得之呼泣
실　　직전　　　이 파경투지　　　설씨득지호읍

하고 父及室人失喜하다. 遂約異日하고 相會하여 與
　　　부급실인실희　　　수약이일　　　상회　　　여

之偕老하다.
지해로

▶어려운 낱말◀

[會(회)] : 그때에. [淹] : 머무르다(엄). [踰(유)] : 넘다. 지나다. [他族(타족)] :
다른 집. [向(향)] : 그전일에. [見咥(견질)] : 물릴까 봐. [咥] : 물릴(질). [耄] :
늙은이(모). [潛約婚(잠약혼)] : 몰래 혼인을 약속하다. [藍縷(남루)] : 옷이 떨
어진 모양. [別人(별인)] : 다른 사람. [失喜(실희)] : 기뻐서 어쩔 줄을 모르다.

공교롭게도 나라에 일이 있어서, 기한 내에 교대를 시켜주지 않는 바람에 가실은 6년이 지나도록 돌아오지 못하였다. 아버지가 딸에게 이르기를 "처음에 3년을 기한으로 하였는데, 지금 이미 기한이 지났으니 다른 집으로 시집을 가야겠다." 하니, 「설」씨가 말하기를 "전일에 아버지를 편안하게 하기 위하여 억지로 「가실」과 약속을 하였고, 「가실」이 그것을 믿었기 때문에 여러 해 동안 군무에 종사하여 춥고 배고픔에 고생하고 있습니다. 하물며 적의 국경에 접근하여 손에 병기를 놓지 않고 있으니, 이는 호랑이 입에 가까이 있는 것과 같은지라 항상 물릴까봐 염려되는데, 신의를 버리고 약속을 어기는 것이 어찌 사람의 정리이겠습니까? 아무래도 아버지의 명령을 따를 수가 없으니 다시는 말씀하지 말아 주시기 바랍니다."라고 하였다. 그 아버지는 늙고 정신이 맑지 않아 딸이 장성하도록 짝이 없다 하여 억지로 시집을 보내려고 몰래 마을 사람과 혼인을 약속하여 날을 정해 놓고 그 사람을 맞아 들였다. 「설」씨가 굳이 거절하고 몰래 도망하려다가 뜻을 이루지 못하였는데, 마굿간에 가서 「가실」이 두고 간 말을 보고 한숨을 쉬면서 눈물을 흘렸다. 이때 「가실」이 교대되어 돌아왔는데, 그의 형상이 초췌하고 의복이 남루하여 집안사람들도 알아보지 못하고 다른 사람이라고 하였다. 이에 「가실」이 앞으로 나아가 깨어진 거울을 던지니 「설」씨가 이것을 받아들고 소리 내어 울고, 아버지와 집안사람들은 기뻐서 어쩔 줄을 몰랐다. 마침내 다른 날로 혼인 날을 약정하여 서로 만나 함께 해로하였다.

48 | 都彌(도미)의 아내 : 백제의 열녀(烈女)

○「都彌」는 〈百濟〉人也라. 雖,編戶小民이나 而,
도 미   백 제 인 야   수 편 호 소 민   이

頗知義理하며 其妻美麗하고 亦有節行으로 爲,時
파 지 의 리   기 처 미 려   역 유 절 행   위 시

人所稱하다.『蓋婁王』이 聞之하고 召,「都彌」與語
인 소 칭   개 루 왕   문 지   소 도 미 여 어

曰, "凡,婦人之德이 雖以貞潔爲先이나 若在,幽
왈   범 부 인 지 덕   수 이 정 결 위 선   약 재 유

昏無人之處에 誘之以,巧言이면 則,能不動心者는
혼 무 인 지 처   유 지 이 교 언   즉 능 부 동 심 자

鮮矣乎리라!" 하니 對曰, "人之情은 不可測也나
선 의 호   대 왈   인 지 정   불 가 측 야

而若,臣之妻者는 雖死라도 無,貳者也니이다." 하니
이 약 신 지 처 자   수 사   무 이 자 야

王이 欲,試之하여 留「都彌」以事하고 使,一近臣으
왕 욕 시 지   유 도 미 이 사   사 일 근 신

로 假王,衣服馬從하여 夜抵其家하여 使人으로 先
가 왕 의 복 마 종   야 저 기 가   사 인   선

報王來하고 謂其婦曰, "我久聞,爾好하고 與「都
보 왕 래   위 기 부 왈   아 구 문 이 호   여 도

彌」로 博得之하니 來日入爾하여 爲,宮人하니 自
미   박 득 지   내 일 입 이   위 궁 인   자

此後로 爾身은 吾,所有也니라." 하다.
차 후   이 신   오 소 유 야

▶ 어려운 낱말 ◀

[編戶小民(편호소민)] : 소민의 집에 편입되어 있음. [頗] : 자못(파). [貞潔(정

결)] : 정절과 절조. [幽昏無人(유혼무인)] : 그윽하고 어둡고 사람이 없는 곳.
[巧言(교언)] : 교묘한 말. [博] : 장기(박). 내기 하다. 도박.

▷ 본문풀이 ◁

「도미」는 〈백제〉인이다. 비록 소민에 편입되어 있었으나 의리에 아주 밝았다. 그의 아내는 예쁘기도 하고 행실에 절조가 있어 당시 사람들의 칭찬을 받았다. 『개루왕』이 이를 듣고 「도미」를 불러 말했다. "대체로 부인의 덕은 정결을 으뜸으로 치지만, 만일 어둡고 사람이 없는 곳에서 달콤한 말로 유혹하면 마음이 흔들리지 않는 사람이 드물 것이다." 하니, 도미가 대답하기를, "사람의 정은 헤아릴 수 없는 것이지만, 저의 아내와 같은 여자는 죽어도 변함이 없을 사람입니다."라고 했다. 왕이 이를 시험해보기 위하여 일을 핑계로 도미를 붙잡아 두고 가까운 신하 한 사람으로 하여금 왕의 의복과 말과 종자를 가장하여 밤에 「도미」의 집으로 가게 하고, 사람을 보내 미리 왕이 온다고 알리게 하였다. 가짜 왕이 부인에게 이르기를, "내가 오래전부터 네가 예쁘다는 말을 듣고 「도미」와 내기를 하여 이겼다. 내일 너를 데려다가 궁인으로 삼을 것이니, 지금부터 너의 몸은 내 것이다."라고 말하였다.

○遂將亂之하니 婦曰, "國王은 無妄語이니 吾
敢不順이리까? 請大王은 先入室하소서! 吾更衣
乃進하리다." 하고 退而粧飾一婢子하여 薦之하다.

王이 後知見欺하고 大怒하여 誣「都彌」以罪하여
왕 후지견기 대노 무 도미 이죄

瞳其兩眸子하고 使人牽出之하여 置小船泛之河
학기양모자 사인견출지 치소선범지하

上하다. 遂引其婦하여 强欲淫之하니 婦曰, "今良
상 수인기부 강욕음지 부왈 금양

人已失에 單獨一身으로 不能自持니이다. 況爲王
인이실 단독일신 불능자지 황위왕

御하오니 豈敢相違리오? 今以月經이니 渾身汚穢
어 기감상위 금이월경 혼신오예

라, 請俟他日에 薰浴而後來하리다." 하니 王이 信
청사타일 훈욕이후래 왕 신

而許之하다. 婦便逃至江口하여 不能渡하여 呼天
이허지 부변도지강구 불능도 호천

慟哭하니 忽見孤舟하고 隨波而至어늘 乘至〈泉城
통곡 홀견고주 수파이지 승지 천성

島:위치 미상〉하여 遇其夫未死하다. 掘草根以喫하
도 우기부미사 굴초근이끽

며 遂與同舟하고 至〈高句麗〉〈蒜山:위치 미상〉之下
수여동주 지 고구려 산산 지하

하니 〈麗〉人哀之하고 以丐乞衣食하다. 遂苟活하
여 인애지 이개걸의식 수구활

다가 終於羈旅하다.
종어기려

▶어려운 낱말◀

[將亂(장난)]: 난잡한 행위를 하려 하니. [薦之(천지)]: 그를 대신 모시다. [見欺(견기)]: 속은 줄 알고. [瞳]: 겹눈동자(학). [眸子(모자)]: 눈동자. [良人(양인)]: 남편. [汚穢(오예)]: 더러워져 있음. [薰浴(훈욕)]: 깨끗이 목욕하다. [喫]: 먹을(끽). [丐]: 빌(개). [丐乞(개걸)]: 빌어먹다. [羈旅(기려)]: 타국에 와서 살다.

▷ **본문풀이** ◁

그가 마침내 덤벼들려고 하니 부인이 말하기를, "국왕은 망언을 하지 않을 것이니, 제가 어찌 감히 순종하지 않겠습니까? 청컨대, 대왕께서는 먼저 방으로 들어가소서! 제가 옷을 갈아입고 들어가겠습니다." 하고 물러나와 어여쁜 여종 하나를 단장시켜 모시게 하였다. 왕이 나중에 속은 것을 알고 크게 노하여 「도미」에게 죄를 씌워서 그의 두 눈을 뽑아 버리고 사람을 시켜 끌어내어 조그마한 배에 싣고 강 위에 띄워 보냈다. 그리고는 마침내 그 부인을 끌어들여 억지로 간음하려 하니 부인이 말하기를, "이제 이미 남편을 잃어 혼자 몸으로는 스스로를 부지할 수 없사온데, 더구나 왕을 모시게 되었으니 어찌 감히 어기겠습니까? 그러나 지금은 제가 월경으로 온몸이 더러우니 다른 날 목욕을 깨끗이 한 뒤에 오겠습니다." 하니, 왕이 이를 믿고 허락하였다. 그녀는 곧 도망하여 강 어구에 이르렀다. 그러나 건널 수가 없어서 하늘을 바라보며 통곡하고 있었다. 그때 갑자기 배 한 척이 물결을 따라 다가오자, 그녀는 그 배를 타고 〈천성도〉에 이르러 남편을 만났다. 남편은 아직 죽지 않고 풀뿌리를 캐어 먹으며 살고 있었다. 그들은 마침내 함께 배를 타고 〈고구려〉의 〈산산〉 밑에 이르렀다. 〈고구려〉인들이 그들을 불쌍히 여겨 옷과 밥을 주었다. 그리하여 구차스럽게 살다가 객지에서 일생을 마쳤다.

49 倉助利(창조리) : 고구려 충의인(忠毅人)

〇「倉助利」는 〈高句麗〉人也라. 『烽上王:292~300』時에 爲,國相하다. 時에 「慕容廆」가 爲,邊患하니 王이 謂,群臣曰, "「慕容」氏는 兵强하여 屢犯我,疆場하니 爲之奈何오?" 하니 「倉助利」對曰, "北部大兄 (관직명)「高奴子」가 賢且勇하여 大王이 若,欲禦寇, 安民하면 非「高奴子」면 無可用者니다." 하니 王이 以爲,新城太守(봉천 동북쪽)하니 「慕容廆」不復來하다. 九年秋,八月에 王이 發,國內丁男,年十五已上하여 修理宮室하니 民乏於食하고 困於役하여 因之以,流亡하다. 「倉助利」諫曰, "天災荐至하고 年穀不登하여 黎民失所하고 壯者,流離四方하고 老幼,轉乎溝壑하니 此는 誠,畏天憂民하여 恐懼修省之時也이니다."

[厖] : 사람 이름(외). [禦寇(어구)] : 외구를 방어하다. [流亡(유망)] : 유랑 .
[荐] : 거듭할(천). [不登(부등)] : 흉년. [溝壑(구학)] : 구렁텅이. [誠(성)] : 참으로. [修省(수성)] : 수양하고 반성하다.

▷ 본문풀이 ◁

「창조리」는 〈고구려〉 사람인데 『봉상왕』 때 국상이 되었다. 당시에는 「모용외」가 변경의 걱정거리가 되어 있었는데, 왕이 여러 신하들에게 이르기를, "「모용」씨는 병력이 강력하여 누차 우리의 국경을 침범하니 이를 어찌 할 것인가?' 하니, 「창조리」가 대답하기를, "북부 대형 「고노자」가 현명하고도 용감하니, 대왕께서 외적을 막아 백성을 편안하게 하시려면 「고노자」가 아니고는 쓸만한 자가 없습니다."라고 하였다. 왕이 고노자를 신성 태수로 삼으니, 「모용외」가 다시는 오지 못했다. 9년 가을 8월에, 왕이 15세 이상 되는 전국의 장정을 징발하여 궁실을 수리하니, 백성들이 식량이 부족하고 노역에 시달리게 되어 백성들이 나라를 떠나고 있었다. 「창조리」가 간하여 말하기를, "천재가 거듭되고 곡식이 잘 익지 않아서 백성들은 살 곳을 잃고, 장정들은 사방으로 유랑하고, 노인과 아이들은 구렁텅이에서 전전하고 있습니다. 그러니 지금은 진실로 하늘을 두려워하고 백성을 걱정하며 두려움을 가지고 자신을 반성할 때입니다."

○ "大王은 曾是不思하시고 驅飢餓之人하여 困.
　　대왕　　중시불사　　　　　구기아지인　　　곤

木石之役하시니 甚乖爲民,父母之意니이다. 而況
<small>목석지역　　　심괴위민부모지의　　　　이황</small>

比,隣有,强梗之敵하고 若乘吾弊以來하면 其如社
<small>비인유강경지적　　　약승오폐이래　　　기여사</small>

稷,生民何니꼬? 願,大王은 熟計之하소서." 하다. 王
<small>직생민하　　　원대왕　숙계지　　　　　　왕</small>

慍曰, "君者는 百姓之,所瞻望也라. 宮室이 不壯
<small>온왈　군자　백성지소첨망야　　궁실　부장</small>

麗면 無以示威重이라. 今,相國은 蓋,欲謗寡人하여
<small>려　무이시위중　　금상국　개욕방과인</small>

以干,百姓之譽也리오." 하다. 「助利」曰, "君不恤
<small>이간백성지예야　　　　　조리왈　군불휼</small>

民이면 非仁也요, 臣不諫君이면 非忠也니다. 臣이
<small>민　비인야　신불간군　비충야　신</small>

旣,承乏國相하여 不敢不言이면 豈敢干譽乎리까?"
<small>기승핍국상　　불감불언　기감간예호</small>

하니 王,笑曰, "國相은 欲爲,百姓死耶아? 冀無後
<small>왕소왈　국상　욕위백성사야　기무후</small>

言하라." 하다. 「助利」는 知,王之不悛하고 退與群
<small>언　　　조리　지왕지부전　　퇴여군</small>

臣으로 謀,廢之하니 王이 知不免하고 自縊하다.
<small>신　모폐지　　왕　지불면　자액</small>

▶ 어려운 낱말 ◀

[爲民父母之意(위민부모지의)] : 백성의 부모된 의미.　[强梗之敵(강경지적)] :
강하고 사나운 적.　[慍] : 성낼(온).　[瞻望(첨망)] : 우러러보다.　[冀] : 바랄
(기).　[悛] : 고칠(전).　[自縊(자액)] : 목을 매어 죽다.

▷ 본문풀이 ◁

"대왕께서는 이것을 생각하지 않으시고 기아에 허덕이는 백성

들을 부려 토목공사에 시달리게 하시니, 이것은 백성의 부모된 사람이 할 일과는 크게 어긋나는 것입니다. 더구나 가까운 이웃에 강한 적이 있는데, 만약 우리가 피폐해진 틈을 타서 그들이 쳐들어온다면 사직과 생민을 어떻게 하시렵니까? 원컨대 대왕께서는 깊이 생각하소서." 했다. 왕이 노하여 말하기를, "임금이란 백성들이 우러러보는 존재이다. 궁실이 화려하지 않으면 위엄을 보일 수 없다. 이제 상국은 과인을 비방함으로써 아마도 백성들의 칭송을 얻으려는 모양이구나." 하니, 「창조리」가 말하기를, "임금이 백성을 불쌍히 여기지 않으면 어짊이 아니며, 신하가 임금에게 간언을 하지 않으면 충성이 아닙니다. 신은 이미 국상의 빈자리를 이어받고 있으므로 감히 말하지 않을 수 없는 것이지, 어찌 감히 백성의 칭송을 바라겠습니까?" 하니, 왕이 웃으며 말하기를, "국상은 백성을 위하여 죽으려는가? 다시 말하지 말기를 바란다."라고 했다. 「창조리」는 왕에게 개선의 뜻이 없음을 알고 물러나와 여러 신하들과 함께 폐위시킬 것을 모의했다. 왕은 사태를 모면할 수 없음을 알고 스스로 목매어 죽었다.

50 淵蓋蘇文(연개소문) : 고구려의 막리지(莫離支)

○「蓋蘇文」[或云「蓋金」]의 姓은 「泉」氏라. 自云生,
水中이라 하여 以惑衆하니 儀表雄偉하고 意氣豪逸
하다. 其父,「東部」[或云,西部]大人인 「大對盧」가 死
하니 「蓋蘇文」이 當嗣나 而,國人이 以性忍暴하여
惡之,不得立하다. 「蘇文」이 頓首謝衆하고 請攝職
(;大人)하며 如有不可어든 雖廢無悔라 하며 衆哀之
하니 遂許하다. 嗣位而,凶殘不道하므로 諸,大人이
與王으로 密議欲誅하나 事洩하다. 「蘇文」이 悉集
部兵하여 若,將校閱者하며 幷,盛陳酒饌於城南하
고 召,諸大臣共臨視하다. 賓至에 盡殺之하여 凡,
百餘人하고 馳入宮하여 弑王하고 斷爲數段하여
棄之溝中하고 立,王弟之子「臧」하여 爲王하고 自
爲,「莫離支」하니 其官이 如〈唐〉兵部尚書로 兼,中
書令職也하다.

[儀表雄偉(의표웅위)] : 얼굴 모양이 웅장하다. [豪逸(호일)] : 호방하다. [忍暴(인폭)] : 잔인하고 난폭함. [頓首(돈수)] : 머리를 조아리다. [事洩(사설)] : 일이 사전에 누설됨. [弑王(시왕)] : 왕을 시해하다.

▷ 본문풀이 ◁

「개소문」【혹은 「개금」이라고 한다.】은 성이 「천」씨이다. 스스로 물 속에서 났다고 하여 사람들을 미혹시켰다. 그는 모양이 웅위하고 의기가 호방하였다. 그의 부친 동부【혹은, 서부라고 한다.】 대인 「대대로」가 사망하자, 「개소문」이 마땅히 그 뒤를 이어야 할 것이지만, 나라 사람들이 그의 성품이 잔인하고 포악하다 하여 미워하였기 때문에 뒤를 잇지 못하게 되었다. 「소문」이 머리를 조아리며 여러 사람들에게 사죄하고 그 직위를 대신해줄 것을 간청하면서, 만약 옳지 않은 행위를 하면 폐하여도 후회하지 않겠다고 하니, 여러 사람들이 불쌍히 여겨 마침내 이를 허락하였다. 그가 직위를 계승하더니 흉포하고 잔인하여 무도한 행동을 하였다. 이에 따라 여러 대인들이 왕과 은밀하게 모의하여 그를 죽이려 하였으나 이것이 그만 누설되고 말았다. 「소문」은 자기 부의 군사를 전부 모아 마치 사열하는 것처럼 하며, 동시에 성 남쪽에 술과 음식을 성대히 차려 놓고 여러 대신들을 불러서 함께 사열하기를 권하였다. 손님들이 오자 그는 그들을 모조리 죽였으니, 사망자가 무려 백여 명에 이르렀다. 그는 궁중으로 달려 들어가 왕을 시해하여 몇 토막으로 잘라서 하수구에 버렸다. 그리고는 왕의 동생

의 아들 「장」을 왕으로 세우고, 스스로 「막리지」가 되었다. 이 관
직은 〈당〉나라의 병부 상서 겸 중서령의 직위와 같았다.

○於是에 號令遠近하여 專制國事하고 甚有威嚴
하여 身佩五刀하고 左右莫敢仰視하다. 每上下馬
에 常令貴人과 武將을 伏地하여 而履之하다. 出行
에 必布隊伍하여 前導者長呼하니 則,人皆奔迸하
여 不避,坑谷하니 國人,甚苦之하다.〈唐〉「太宗」이
聞「蓋蘇文」이 弑君而,專國하니 欲伐之하다.「長
孫無忌」曰, "「蘇文」이 自知罪大하고 畏,大國之
討하여 設其守備하니다. 陛下는 姑,爲之隱忍하다
가 彼得以自安하여 愈肆其惡하고 然後에 取之라
도 未晚也니이다." 하니 帝,從之하다.「蘇文」이 告
王曰, "聞,中國은 三敎(유.불.도)竝行하여 而,國家에
道敎尚缺하니 請遣使於〈唐〉求之니이다." 하니 王
이 遂,表請하다.〈唐〉이 遣,道士「叔達」等,八人하여
兼賜『道德經』하다. 於是에 取,浮屠(佛寺)하여 寺

館之하다. 會에 〈新羅〉入〈唐〉하여 告〈百濟〉가 攻
관지　회　　신라입당　　고백제　공

取我(신라)四十餘城하고 復與〈高句麗〉로 連兵하
취아　　사십여성　　부여고구려　　연병

여 謀,絶,入朝之路하니 小國(신라)이 不得已出師하
모절입조지로　　소국　　부득이출사

오니 伏乞天兵을 救援이라 하다.
복걸천병　구원

▶ 어려운 낱말 ◀

　[身佩五刀(신패오도)] : 귀족 사회에서 칼을 차고 다녔으니, 이것은 권위를 말
한다. [莫敢仰視(막감앙시)] : 감히 쳐다보지도 못하게 하다. [履之(리지)] : 그
것을 밟고 말 위에 오름. [奔迸(분병)] : 달아나다. [坑谷(갱곡)] : 구렁텅이.
[專國(전국)] : 나라를 전횡하다. [姑] : 잠시(고). [愈肆(유사)] : 방자함이 도가
넘도록. [肆] : 방자할(사). [入朝(입조)] : 신라가 당나라를 조회하기 위해 들
어가다.

▷ 본문풀이 ◁

　이렇게 되자, 그는 원근을 호령하고 국사를 전횡하여 위세가
대단하였다. 그는 몸에 칼을 다섯 자루나 차고 다녔으니, 좌우에
있는 사람들이 아무도 그를 감히 쳐다보지 못하였다. 말에 오르
내릴 때마다 항상 귀인과 무장을 땅에 엎드리게 하여 발판으로
삼았으며, 외출할 때는 반드시 대오를 벌려 세우고 갔는데, 앞에
서 대오를 인도하는 사람이 길게 외치면 사람들이 모두 도망치면
서 구덩이나 계곡도 피하지 않았으니, 국인들이 이를 몹시 고통
스러워했다. 〈당〉「태종」은 「개소문」이 임금을 시해하고 국사를

전횡한다는 말을 듣고 그를 치려하였다. 이때 「장손무기」가 말하기를, "「소문」은 자신의 죄가 큰 줄을 스스로 알고, 또한 대국의 정벌을 두려워하여 수비 대책을 마련해 놓고 있습니다. 폐하께서는 조금 참고 계시다가 그가 스스로 안심하여 나쁜 일을 더욱 마음대로 하고 난 뒤에 그를 공격해도 늦지 않을 것입니다."고 했다. 황제가 그의 말을 따랐다. 「소문」이 왕에게 말하기를, "듣건대, 중국에는 삼교가 병행한다고 하는데, 우리나라에는 도교가 아직 없으니, 〈당〉에 사신을 보내 구해 오기를 바랍니다." 하니, 왕이 마침내 표문을 보내 이를 요청하였다. 〈당〉에서는 도사 「숙달」 등 8명을 보내며 동시에 [도덕경]을 보내주었다. 이에 〈고구려〉에서는 그들을 절에 묵게 하였다. 그때 마침 〈신라〉가 〈당〉에 가서 말하기를, 〈백제〉가 〈신라〉의 40여 성을 빼앗고, 또한 〈고구려〉와 군사를 연합하여, 신라가 당나라로 들어오는 길을 차단하려 하므로, 신라가 부득이 군사를 출동시킬 것이니, 이에 당병의 구원을 엎드려 빈다고 하였다.

○於是에 「太宗」은 命,司農丞「相里玄奬」하여
　　어시　　　태종　　　명 사농승　상리현장
賫璽書하고 勑王曰, "〈新羅〉는 委質國家로 朝貢
뇌새서　　　칙왕왈　　신라　　　위질국가　　조공
不闕하니 爾與〈百濟〉는 宜各戢兵하라. 若更攻之
불궐　　　이여 백제　　　의각집병　　　　약갱공지
하면 明年에 發兵,討爾國矣하리라." 하다. 初에 「玄
　　　명년　발병 토이국의　　　　　　　초　　　현
奬」이 入境에 「蘇文」이 已,將兵擊〈新羅〉하니 王이
장　　　입경　　소문　　　이장병격 신라　　　왕이

使召之乃還하다.「玄奬」이 宣勅하니「蘇文」曰,
사 소 지 내 환　　　　현 장　　선 칙　　　　소 문 왈

"往者에 隋人侵我에〈新羅〉乘釁하여 奪我城邑五
왕 자　　수 인 침 아　　신 라 승 흔　　　　탈 아 성 읍 오

百里하니 自此로 怨隙已久니 若,非還我侵地면 兵
백 리　　자 차　　원 극 이 구　　약 비 환 아 침 지　　병

不能已라."하다.「玄奬」曰,"旣往之事를 焉可追
불 능 이　　　　　현 장 왈　　기 왕 지 사　　언 가 추

論이요? 今〈遼東〉은 本皆〈中國〉郡縣이라도〈中
론　　　　금 요 동　　본 개 중 국 군 현　　　　중

國〉이 尙不言이어늘〈高句麗〉가 豈,得必求故地이
국　　상 불 언　　　　고 구 려　　기 득 필 구 고 지

랴?"하나「蘇文」不從하다.「玄奬」이 還具言之하
　　　　　소 문 부 종　　　　현 장　　환 구 언 지

니「太宗」曰,"「蓋蘇文」이 弑其君하며 賊其大臣
　　태 종 왈　　개 소 문　　시 기 군　　　　적 기 대 신

하며 殘虐其民하고 今,又違我,詔命하니 不可以不
　　　잔 학 기 민　　　금 우 위 아 조 명　　　불 가 이 불

討라."하다. 又,遣使「蔣儼」하여 諭旨나「蘇文」이
토　　　　　우 견 사 장 엄　　　유 지　　　소 문

竟不奉詔하고 乃以兵脅하다. 使者不屈하니 遂,囚
경 불 봉 조　　　내 이 병 협　　　사 자 불 굴　　　수 수

之窟室中하다. 於是에「太宗」이 大擧兵하여 親征
지 굴 실 중　　　어 시　　태 종　　대 거 병　　　친 정

之하니 事具『高句麗本記』하니라.
지　　　사 구　고 구 려 본 기

▶ **어려운 낱말** ◀

[璽書(새서)] : 황제의 칙명을 적은 글. [委質國家(위질국가)] : 맹방의 국가.

[委質(위지,위질)] : 임금을 위해 몸을 바침. [戢兵(집병)] : 군사를 거두다. [戢]

: 거둘(집,즙). [乘釁(승흔)] : 틈을 타서. [侵地(침지)] : 침약해서 빼앗은 땅.

[諭旨(유지)] : 설득. 타이르다.

▷ 본문풀이 ◁

이에 「태종」이 사농승 상리 「현장」으로 하여금 국서를 가지고 고구려에 와서 왕에게 칙명을 내리기를, "〈신라〉는 우리의 맹방으로서 조공을 게을리하지 않았으니, 그대와 〈백제〉는 각각 군사를 거두어야 하리라. 만일 다시 공격한다면 명년에는 군사를 출동시켜 그대의 나라를 토벌하겠노라."고 하였다. 처음 「현장」이 국경에 들어왔을 때, 「소문」은 이미 군사를 거느리고 〈신라〉를 쳤었는데 왕이 그를 소환하였다. 「현장」이 칙서를 선포하니 「소문」이 말하기를, "옛날 수나라가 우리를 침략하였을 때, 〈신라〉가 이 틈을 타서 우리의 성읍 5백 리를 빼앗아 갔다. 이로부터 원한과 틈이 이미 오래되었으니, 만일 잃어버린 우리 땅을 돌려주지 않는다면 전쟁을 그만둘 수가 없다."고 하였다. 「현장」이 말하기를, "기왕의 일을 어찌 추론하겠는가? 지금의 〈요동〉은 본래 모두 〈중국〉의 군현이었으나, 〈중국〉에서는 이를 오히려 따지지 않는데, 어찌 〈고구려〉가 반드시 옛 땅을 찾으려 하는가?" 하였으나 「소문」이 그의 말을 듣지 않았다. 「현장」이 돌아가서 사실대로 모두 고하니, 「태종」이 말하기를, "「개소문」이 그의 임금을 시해하고 그의 대신들을 살해했으며, 백성들을 못 살게 하고, 지금은 또한 나의 명령을 어기니 토벌하지 않을 수 없다."고 했다. 태종은 다시 사신 「장엄」을 보내 타일렀으나 소문은 끝내 조서를 받들지 않고 군사로써 위협하였다. 사자가 이에 굴하지 않자 「소문」은 마침내 그를 굴속에 가두었다. 이에 「태종」이 크게 군사를 일으켜 직접 정벌하였으니, 이 사실이 모두 [고구려본기]에 기록되어 있다.

○「蘇文」은 至,〈乾封:唐高宗의 연호〉元年(보장왕 25년, 666)死하다. 子,「男生」은 字가 「元德」으로 九歲에 以,父任爲,先仁(직명)하다가 遷,中裏,小兄하니 猶〈唐〉謁者也니라. 又爲,中裏大兄하여 知,國政하니 凡,辭令(관직, 임명 관계)皆,「男生」이 主之하다. 進,中裏位頭,大兄하고 久之에 爲,莫離支兼,三軍大將軍하고 加,大莫離支(父死 후에)하다. 出按諸部하고 而弟「男建」과 「男産」으로 知,國事하다. 或曰, "「男生」이 惡君等하여 逼己하고 將除之라." 하니 「建」과 「産」은 未之信하다.' 又有謂「男生」에게 '將不納君이라.' 하다. 「男生」이 遣諜往하니 「男建」이 抱得하다. 卽,矯王命召之라 하니 「男生」이 懼不敢入하다. 「男建」이 殺其子「獻忠:男生의 아들」하니 「男生」이

走保〈國内城:지금의 通溝〉하고 率其衆하여 與〈契
주 보　국 내 성　　　　　　　　　　솔 기 중　　　여 거

丹〉.〈鞨鞈〉兵으로 附〈唐〉하고 遣子「獻誠」하여 訴
란　말 갈 병　　　부 당　　　견 자 헌 성　　　소

之하다.「高宗」이 拜「獻誠」하여 右武衛將軍하고
지　　　고 종　　배 헌 성　　　　우 무 위 장 군

賜.乘輿.馬.瑞錦.寶刀하여 使.還報하다.
사 승 여 마 서 금 보 도　　　사 환 보

▷ 본문풀이 ◁

「소문」은 〈건봉〉 원년에 죽었다. 그의 아들 「남생」은 자가 「원
덕」인데, 9세에 아버지의 임명으로 선인이 되었다가 중리 소형으
로 영전되었으니, 이는 〈당〉의 '알자'에 해당하는 벼슬이었다.
「남생」은 또한 '중리 대형'이 되어 국정을 보살피게 되었으니,
모든 사령을 그가 주관하게 되었고, 중리 위두 대형으로 승진되
었다. 오랜 뒤에 그는 막리지 겸 3군 대장군이 되었고, 결국 대막
리지가 되었다. 그가 여러 부에 나가서 안찰하게 됨에 따라 그의
아우 「남건」과 「남산」이 국사를 보살피게 되었다. 누군가 「남건」
과 「남산」에게 말하기를, "「남생」은 그대들이 자신을 핍박해 오
는 것을 싫어하여 없애버리려 한다."고 하였으나, 남건과 남산이
이를 믿지 않았다. 또한 어떤 자가 「남생」에게 '「남건」과 「남산」

이 그대를 받아들이지 않을 것이라.'고 말하였다. 그러자 「남생」
이 첩자를 보내 두 동생을 살펴보게 하였는데, 「남건」이 그 첩자
를 잡아 두었다. 그리고 즉시 왕명을 가장하여 「남생」을 소환하
니, 「남생」이 두려워하여 감히 들어가지 못하였다. 「남건」이 남
생의 아들 「헌충」을 죽였다. 「남생」은 도주하여 〈국내성〉을 지
키며 무리를 거느리고 〈거란〉, 〈말갈〉병과 함께 〈당〉나라에 투
항하였다. 그는 아들 「헌성」을 보내 하소연하니, 「고종」이 「헌
성」에게 우무위 장군을 제수하고, 수레, 말, 비단, 보검을 주어 돌
아가 보고하게 하였다.

○詔,「契苾何力」으로 率兵援之하여 「男生」을 乃
免하다. 授〈平壤〉道,行軍大摠管하고 兼持節安撫
大使하니 男生이 遂擧〈哥勿〉,〈男蘇〉,〈倉巖〉等
城하여 以降하다. 帝又命,西臺舍人「李虔繹」하여
就軍慰勞하고 賜,袍帶金釦七事하다. 明年에 召入
朝하고 遷〈遼東〉大都督〈玄菟郡〉公하여 賜第京
師하다. 因詔還軍하여 與「李勣」으로 攻〈平壤〉하고
入,禽王하니 帝,詔遣子(獻誠)하여 卽,〈遼水〉勞賜還
하다. 進,右衛大將軍「卞國公」하고 年四十六卒하

다.「男生」은 純厚有禮하고 奏對敏辯하고 善射藝
　　　남생　　　순후유예　　　주대민변　　　선사예
하다. 其初至에 伏斧鑕待罪하니 世以此稱焉하다.
　　　기초지　　복부질대죄　　　세이차칭언

▶ 어려운 낱말 ◀

　[袍帶(포대)] : 겉옷과 띠. [金釦(금구)] : 금으로 장식한 물건. [七事(칠사)] : 일
곱 가지. [勞(노)] : 위로하다. [奏對敏辯(주대민변)] : 주상을 응대할 때 말을
민첩하게 했다. [伏斧鑕待罪(복부질대죄)] : 도끼에 엎드려 대죄함.

▷ 본문풀이 ◁

　고종이「계필하력」에게 조서를 내려 군사를 거느리고 남생을
구원하게 하니,「남생」이 이에 화를 면하였다. 고종이 남생에게
〈평양〉도 행군 대총관 겸 지절 안무 대사를 제수하니, 그는 〈가
물〉, 〈남소〉, 〈창암〉 등의 성을 가지고 항복하였다. 황제가 또한
서대 사인「이건역」에게 명하여, 남생의 군중에 가서 위로하게 하
고 포대 금구 일곱 가지를 하사하였다. 이듬해에 그를 불러 입조케
하여, 〈요동〉대도독〈현도군〉공의 직함으로 바꾸고 서울에 거처
를 하사하였다. 그리고 조서를 내려 군중으로 돌아가「이적」과
함께 〈평양〉을 공격하고, 성 안으로 들어가 왕을 사로잡게 하였
다. 황제는 자기의 아들에게 조서를 주어 〈요수〉로 가서 그들을
위로하고 상을 주게 하였다. 남생은 군중에서 돌아와 우위 대장
군「변국공」으로 승진하였다. 그는 46세에 죽었다.「남생」은 순
후하고 예의가 있었으며, 이치에 합당하게 상주를 올렸으며, 말
을 잘하였고, 또한 활을 잘 쏘았다. 그가 처음 당에 갔을 때 도끼

에 엎드려 대죄하니, 세상에서 이것으로 그를 칭찬하였다.

○「獻誠」은 〈天授:唐武后의 연호, 690-1〉中에 以,右
衛大將軍으로 兼,羽林衛하다. 「武后」가 嘗出,金幣
하여 於,文武官内에 擇,善射者,五人하여 中者以,
賜之하다. 内史「張光輔」가 先讓「獻誠」하여 爲,第
一하니 「獻誠」은 後에 讓,右王鈐衛大將軍「薛吐
摩支」하니 「摩支」는 又讓「獻誠」하다. 旣而에 「獻
誠」이 奏曰, "陛下,擇善射者어늘 然多,非華人이
라 臣은 恐〈唐〉官이 以射爲恥하오니 不如罷之니
이다." 하다. 「后」가 嘉納하다. 「來俊臣」이 嘗,求貨
이나 「獻誠」이 不答하니 乃誣其謀叛하여 縊殺之
하다. 「后」가 後에 知其寃하고 贈,右羽林衛,大將
軍하고 以禮改葬하다.

▶ 어려운 낱말 ◀

[金幣(금폐)] : 금으로 된 폐백. [然多(연다)] : 대부분.

「헌성」은 〈천수〉 연간에 우위 대장군으로 우림위를 겸하였다. 「무후」가 일찍이 금폐를 내놓고, 문무관 중에서 활 잘 쏘는 사람 다섯 명을 골라 이것을 상으로 주기로 하였다. 내사 「장광보」가 먼저 「헌성」에게 양보하여 그가 제일이 되었고, 「헌성」은 다시 우왕 검위 대장군 「설토마지」에게 양보하니, 「마지」는 또한 「헌성」에게 양보하였다. 얼마 후에 「헌성」이 아뢰기를 "폐하께서 활 잘 쏘는 사람을 뽑으셨지만 대부분 중국 사람이 아닙니다. 신은 〈당〉의 관리들이 활 쏘는 일을 수치스럽게 여길까 두렵사오니 그만두는 것이 낫겠습니다." 하니, 「무후」가 옳다고 여겨 받아들였다. 「내준신」이 일찍이 「헌성」에게 재물을 요구했는데, 「헌성」이 이에 응하지 않으니, 이에 「내준신」이 「헌성」이 모반한다고 무고하여 목매어 죽였다. 「무후」가 나중에 헌성이 억울하게 죽은 것을 알고 우우림위 대장군을 추증하고 예를 갖추어 다시 장사지냈다.

○論曰, 〈宋〉의 「神宗」이 與 「王介甫:安石」로 論事曰, "「太宗」이 伐〈高句麗〉하여 何以不克고?" 하니 「介甫」曰, "「蓋蘇文」은 非常人也라." 하다. 然則 「蘇文」은 亦, 才士也니 而不能以直道로 奉國하고 殘暴自肆하니 以至大逆이니라. 『春秋:公羊傳』에 "君

弑에도 賊不討면 謂之,國無人이라." 하다. 而「蘇
시   적불토   위지국무인   이 소

文」이 保腰領하여 以死於家는 可謂,幸而免者라 하
문   보요령   이사어가   가위행이면자

다.「男生」과「獻誠」은 雖有聞於,唐室이나 而以,本
남생   헌성   수유문어 당실   이이본

國言之면 未免爲,叛人者矣니라.
국언지   미면위반인자의

▶ 어려운 낱말 ◀

[保腰領(보요령)] : 몸을 온전히 보호하다. [有聞(유문)] : 알려지다. [叛人者(반
인자)] : 반역자.

[저자의 견해]

〈송〉「신종」이「왕개보」와 사적을 논하여 말하기를, "「태종」
이 〈고구려〉를 쳤을 때, 왜 승리하지 못하였는가?'「개보」가 대
답하기를, "「개소문」은 비상한 인물이었습니다." 그런즉「소문」
도 역시 재사였는데, 정도로써 나라를 받들지 못하고, 잔인 포악
하여 제멋대로 행동하다가 대역에 이른 것이다. [춘추]에는 "임금
이 시해되었는데도 역적을 토벌하지 못하면 나라에 사람이 없다
고 한다."라고 하였는데,「소문」이 몸을 보전하여 집에서 죽은 것
은 가히 요행으로 토벌을 면한 것이라고 할 수 있다.「남생」과
「헌성」은 비록 당나라의 황실에 이름이 알려졌지만, 본국의 입장
에서 말하자면 반역자라는 비난을 면할 수 없을 것이다.

51 弓裔(궁예) : 신라 왕자, 태봉의 국왕

○「弓裔」는 〈新羅〉人으로 姓은 「金」氏요, 考는
第,四十七『憲安王』誼靖이며 母는 『憲安王』嬪御
로 失其姓名하다. 或云, "四十八『景文王』「膺
廉」之子라." 하니 以,五月五日에 生於外家라 하다.
其時에 屋上에 有素光이 若,長虹하여 上屬天하다.
日官奏曰, "此兒는 以,重午日(5월 5일)生이니 生而
有齒하고 且,光焰異常하니 恐,將來不利於,國家라
宜,勿養之하소서." 하다. 王이 勅中使(궁중의 勅使)로
抵其家하여 殺之라 하다. 使者,取於褓襁中하여 投
之樓下하니 乳婢竊捧之라가 誤以手觸으로 眇其
一目하다. 抱而逃竄하여 劬勞養育하다. 年,十餘歲
에 遊戲不止하니 其婢告之曰, "子之生也하여 見
棄於國은 予,不忍竊養하여 以至今日하니 而子之
狂이 如此하니 必,爲人所知하여 則,予與子,俱不免

하리니 爲之奈何오?"하다.「弓裔」泣曰, "若然則,
　　　　위 지 내 하　　　　　　　궁 예 읍 왈　　　약 연 즉

吾逝矣하여 無爲母憂하리다."하고 便去〈世達寺〉
오 서 의　　　무 위 모 우　　　　　　　변 거 세 달 사

하니 今之〈興敎寺〉가 是也니라. 祝髮爲僧하고 自
　　금 지 흥 교 사　　시 야　　　　축 발 위 승　　　자

號를「善宗」이라 하다.
호　　　선 종

▶ 어려운 낱말 ◀

[誼靖(의정)] : 47대 헌안왕의 이름. [嬪御(빈어)] : 빈. 후궁. [長虹(장홍)] : 긴
무지개. [上屬天(상속천)] : 하늘에 닿다. [光焰(광염)] : 불꽃같은 날빛. [襁褓
中(강보중)] : 보자기 속에. [眇(묘)] : 애꾸눈(묘). [逃竄(도찬)] : 도망가서 숨다.
[劬勞(구로)] : 애써 키우다. [竊養(절양)] : 남모르게 키우다.

▷ 본문풀이 ◁

　「궁예」는 〈신라〉인이니, 성은 「김」씨이다. 아버지는 제 47대
『헌안왕』이요, 어머니는 『헌안왕』의 후궁이었는데 그녀의 이름
은 전해지지 않는다. 혹자는 "「궁예」가 48대 『경문왕』「응렴」의
아들이라."고도 한다. 그는 5월 5일 외가에서 태어났는데, 그때
지붕에 긴 무지개와 같은 흰빛이 있어서 위로는 하늘에 닿았었
다. 일관이 아뢰기를, "이 아이가 오(午)자가 거듭 들어있는 날[重
午]에 났고, 나면서 이가 있으며 또한 불빛이 이상하였으니, 장래
나라에 이롭지 못할 듯합니다. 기르지 마셔야 합니다."라고 하였
다. 왕이 사자로 하여금 그 집에 가서 그를 죽이도록 하였다. 사
자는 아이를 포대기 속에서 꺼내어 다락 밑으로 던졌는데, 젖 먹

이던 종이 그 아이를 몰래 받아들다가 잘못하여 손으로 눈을 찔렀다. 이리하여 그는 한쪽 눈이 애꾸였다. 종은 아이를 안고 도망하여 숨어서 고생스럽게 길렀다. 그의 나이 10여 세가 되어도 장난을 그만두지 않자 종이 그에게 말하기를, "네가 태어났을 때 나라의 버림을 받았으니, 나는 이를 차마 보지 못하여 오늘까지 몰래 너를 길러 왔다. 그러나 너의 미친 행동이 이와 같으니 반드시 남들에게 알려질 것이다. 그렇게 되면 나와 너는 함께 화를 면치 못할 것이니 이를 어찌 하랴?"고 하니, 「궁예」가 울면서 말하기를, 만일 그렇다면 내가 이곳을 떠나 어머니의 근심거리가 되지 않도록 하겠습니다. 하고는 그는 말을 마치고, 곧 〈세달사〉로 갔다. 지금의 〈흥교사〉가 바로 그 절이다. 그는 머리를 깎고 중이 되어 스스로 「선종」이라고 불렀다.

○及壯에 不拘,檢僧律하고 軒輊,有膽氣하며 嘗,
급 장   불구검승률   헌지유담기   상

赴齋行次할새 有,烏鳥銜物하여 落所持鉢中하다.
부재행차   유오조함물   낙소지발중

視之하니 牙籤(:象牙로 만든 占치는 가지)에 書,王字하다.
시지   아첨   서왕자

則,秘而不言하고 頗,自負하다. 見〈新羅〉衰季에 政
즉비이불언   파자부   견신라쇠계   정

荒民散하여 王畿外에 州縣이 叛附相半하고 遠近
황민산   왕기외   주현   반부상반   원근

群盜가 蜂起蟻聚하다.「善宗」은 謂,乘亂聚衆이 可
군도   봉기의취   선종   위승란취중   가

以得志라 하여 以『眞聖王』卽位五年,〈大順:唐昭宗
이득지   이 진성왕 즉위오년   대순

의 연호〉二年,辛亥(891)에 投〈竹州:죽산 일대〉賊魁「箕
<small>이 년 신 해　　　투 죽 주　　　　　　적 괴 기</small>

萱」하다. 「箕萱」이 侮慢不禮「善宗」하여 鬱悒不自
<small>훤　　　기 훤　　모 만 불 례 선 종　　　　울 읍 부 자</small>

安하다가 潛結「箕萱」麾下「元會」와 「申煊」等으로
<small>안　　　　잠 결 기 훤 휘 하 원 회　　　신 훤 등</small>

爲友하다. 〈景福:당소종의 연호〉元年,壬子(진성왕 6년)
<small>위 우　　　경 복　　　　　　　원 년 임 자</small>

에 投〈北原〉賊「梁吉」하니 「吉」이 善遇之하여 委
<small>투 북 원 적 양 길　　　길　　　선 우 지　　　위</small>

任以事하다. 遂分兵하여 使東略地하니 於是에 出
<small>임 이 사　　　수 분 병　　　사 동 략 지　　　어 시　　출</small>

宿〈雉岳山:원주〉〈石南寺〉하며 行襲〈酒泉:원성군〉,
<small>숙 치 악 산　　　　석 남 사　　　행 습 주 천</small>

〈奈城:영월〉,〈鬱烏:위치 미상〉,〈御珍:위치 미상〉等, 縣,
<small>나 성　　　울 오　　　　어 진　　　　등 현</small>

皆降之하다.
<small>개 항 지</small>

▶ 어려운 낱말 ◀

[檢僧律(검승률)] : 중의 법식과 계율. [檢(검)] : 법식, 품행. [軒輊(헌지)] : 상
하, 대소, 고저, 경중, 우열이 있음을 이르는 말. [鉢中(발중)] : 바릿대 속에.
[王畿(왕기)] : 수도가 있는 서울. 당시는 경주. [叛附(반부)] : 왕권 안에 있는
고을과 밖의 고을. [蟻聚(의취)] : 개미 떼. [乘亂聚衆(승란취중)] : 어지러운
무리들을 틈타서. [煊] : 따뜻할(훤). [侮慢(모만)] : 업신여기다. [鬱悒(울읍)]
: 답답하여 마음이 편하지 않음. [行襲(행습)] : 나아가서 습격하다.

▷ 본문풀이 ◁

그가 장성하자, 중의 계율에 구애받지 않고 방종하였으며 담력

이 있었다. 어느 때 재를 올리러 가는 길에 까마귀가 무엇을 물고 와서 궁예의 바릿대에 떨어뜨렸다. 궁예가 그것을 보니 점을 치는 산가지였는데, 거기에는 '王' 이라는 글자가 쓰여 있었다. 궁예는 그것을 비밀에 부쳐 소문을 내지 않고 스스로 자만심을 가졌다. 〈신라〉 말기에 정치가 거칠어지고 백성들이 분산되어 서울 밖에 있는 고을 중에서 신라 조정을 반대하고 지지하는 수가 반반씩이었다. 그리고 도처에서 도적이 벌떼처럼 일어나 개미같이 모여 들었다. 「선종」은 이를 보고 혼란한 틈을 이용하여 무리를 끌어 모으면 자기의 뜻을 이룰 수 있으리라고 생각하였다. 『진성왕』 재위 5년, 〈대순〉 2년 신해에, 그는 〈죽주〉에 있는 반란군의 괴수 「기훤」의 휘하로 들어갔다. 그러나 「기훤」이 오만무례하므로 「선종」의 마음이 침울하여 스스로 마음을 정하지 못하고 있다가, 「기훤」의 휘하인 「원회」, 「신훤」 등과 비밀리에 결탁하여 벗을 삼았다. 그는 〈경복〉 원년 임자에, 〈북원〉의 반란군 「양길」의 휘하로 들어갔다. 「양길」은 그를 우대하고 일을 맡겼으며, 군사를 주어 동쪽으로 신라의 영토를 공략하게 하였다. 이에 선종은 〈치악산〉 〈석남사〉에 묵으면서 〈주천〉, 〈나성〉, 〈울오〉, 〈어진〉 등의 고을을 습격하여 모두 항복시켰다.

○〈乾寧:唐昭宗의 연호〉元年(진성왕 8년)에 入〈溟州: 강릉〉하니 有衆,三千五百人하다. 分爲,十四隊하여 「金大黔」,「毛昕」,「長貴平」,「張一」等으로 爲,舍

上[舍上,謂,部長也,]하고 與,士卒로 同甘苦,勞逸하며 至
상   여사졸   동감고노일   지

於予奪에 公而不私하다. 是以로 衆心畏愛하고 推
어여탈   공이불사   시이   중심외애   추

爲將軍하다. 於是에 擊破〈猪足〉,〈牲川〉,〈夫若〉,
위장군   어시   격파 저족   생천   부약

〈金城〉,〈鐵圓〉等城하고 軍聲이 甚盛하니 浿西(예성
금성   철원 등성   군성   심성   패서

강 이북의 지역)賊寇가 來降者,衆多하다.「善宗」이 自,
              적구   내항자중다   선종   자

以爲衆大하니 可以開國,稱君하고 始設,内外官職
이위중대   가이개국칭군   시설 내외관직

하다.

▶ 어려운 낱말 ◀

[同甘苦勞逸(동감고노일)] : 함께 동고동락하며 지내다. [予奪(여탈)] : 주고 빼
앗다. [畏愛(외애)] : 두려워하면서도 경애하다. [軍聲(군성)] : 군대의 위세.

▷ 본문풀이 ◁

선종은 〈건녕〉 원년에, 〈명주〉로 들어가 3천5백 명을 모집하
여, 이를 14개 대오로 편성하였다. 그는「김대검」,「모흔」,「장귀
평」,「장일」 등을 사상【사상은 부장을 말한다.】으로 삼고, 사졸과 고
락을 같이하며, 주거나 빼앗는 일에 이르기까지도 공평무사하였
다. 이에 따라 여러 사람들이 그를 마음속으로 두려워하고 사랑하
여 장군으로 추대하였다. 이에 〈저족〉, 〈생천〉, 〈부약〉, 〈금성〉,
〈철원〉 등의 성을 쳐부수니 군사의 성세가 심히 왕성하였으며, 패

서에 있는 적들이 선종에게 와서 항복하는 자가 많았다. 「선종」은
내심 무리들이 많으니, 나라를 창건하고 스스로 임금이라고 일컬
을 만하다 생각하고 내외의 관직을 설치하기 시작하였다.

○我,「太祖:고려 왕건」가 自,〈松岳郡:개성〉에서 來
投하니 便授〈鐵圓〉郡,太守하다. 三年兵辰(건녕3년,
진성왕 10년)에 攻取〈僧嶺:연천군 朔寧〉,〈臨江:지금의 長
湍〉兩縣하다. 四年丁巳(건녕 4년, 진성왕11년)에 〈仁物縣:
지금 개풍, 덕산〉이 降하다. 「善宗」이 謂〈松岳郡〉은
〈漢〉北,名郡으로 山水奇秀하여 遂,定以爲都하다.
擊破〈孔巖:김포군 陽川〉,〈黔浦:검포=지금의 김포군 검단〉,
〈穴口:강화〉等城하다. 時에 「梁吉」이 猶在〈北原:원
주〉하고 取〈國原:충주〉等, 三十餘城이 有之하다.
聞「善宗」이 地廣民衆하니 大怒하여 欲以,三十餘
城,勁兵으로 襲之하다. 「善宗」이 潛認하고 先擊大
敗之하다. 〈光化〉元年,戊午(신라 효공왕 2년, 898)春,
二月에 葺〈松岳城〉하고 以,我「太祖」를 爲,精騎大

監하여 伐,〈楊州〉,〈見州:양주군 읍내〉하다. 冬,十一月
감   벌 양 주   견 주   동 십 일 월

에 始作,八關會하고 三年庚申(900)에 又命「太祖」하
   시 작 팔 관 회   삼 년 경 신   우 명 태 조

여 伐,〈廣州〉,〈忠州〉,〈唐城〉,〈青州〉[或云〈青川〉.]와
   벌 광 주 충 주 당 성 청 주

〈槐壤:괴산〉等하고 皆平之하다. 以功으로 授,「太祖」
   괴 양   등   개 평 지   이 공   수 태 조

를 阿湌之職하다.
   아 찬 지 직

▶ 어려운 낱말 ◀

[便授(변수)]: 곧 제수하다. [潛認(잠인)]: 기미를 알아차리다. [葺]: 수리할(집).

▷ 본문풀이 ◁

　우리 「태조」가 〈송악군〉으로부터 선종에게 가서 의탁하니, 단
번에 〈철원〉군 태수를 제수하였다. 태조는 3년 병진년에 〈승령〉,
〈임강〉의 두 고을을 쳐서 빼앗았으며, 4년 정사년에는 〈인물현〉
이 항복하였다. 「선종」은 〈송악군〉이 〈한강〉 북쪽의 이름난 고을
이며, 산수가 아름답다고 생각하여 그곳을 도읍으로 정하고, 〈공
암〉, 〈검포〉, 〈혈구〉 등의 성을 쳐부수었다. 당시에 「양길」은 그
때까지 〈북원〉에 있으면서 〈국원〉 등 30여 성을 빼앗아 소유하
고 있었는데, 「선종」의 지역이 넓고 백성들이 많다는 말을 듣고
크게 노하여 30여 성의 경병으로 「선종」을 습격하려 하였다. 「선
종」은 이 기미를 알아차리고 먼저 양길을 쳐서 대파하였다. 선종
은 〈광화〉 원년 무오 봄 2월에, 〈송악성〉을 수축하고, 우리 태조

를 정기대감으로 삼고, 〈양주〉와 〈견주〉를 쳤다. 겨울 11월에, 팔관회를 시작하였다. 3년 경신에, 다시 「태조」로 하여금 〈광주〉, 〈충주〉, 〈당성〉, 〈청주〉【혹은 〈청천〉이라고 한다.】, 〈괴양〉 등의 고을을 공격하여 평정하도록 하였다. 이러한 전공으로 말미암아 「태조」에게 아찬의 직위를 주었다.

○〈千復:唐昭宗의 연호〉元年.辛酉(효공왕 5년)에 「善宗」이 自稱王하고 謂人曰, "往者〈新羅〉가 請兵於〈唐〉하여 以破〈高句麗〉하니 故로 〈平壤〉舊都는 鞠爲茂草하니 吾必報其讐하리라." 하다. 蓋怨生時하여 見棄라, 故로 有.此言이라. 嘗.南巡하여 至〈興州:영주 순흥〉〈浮石寺〉하여 見.壁畵〈新羅〉王像하고 發劍擊之하니 其.刃迹이 猶在하다. 〈天祐:唐哀帝의 연호〉元年.甲子(효공왕 8년)에 立國하고 號爲를 〈摩震〉이라 하고 年號를 爲,〈武泰〉라 하다. 始置〈廣評省〉하여 備員.匡治奈[今.侍中]와 徐事[今.侍郎]과 外書[今.員外郎]와 又置兵部와 大龍部[謂倉部]와 壽春部[今.禮部]와 奉賓部[今.禮賓省]와 義

刑臺[今,刑部]와 納貨部[今,大府寺]와 調位府
형대　금형부　　　납화부　금대부시　　　조위부

[今,三司]와 內奉省[今,都省]과 禁書省[今,秘書
금 삼사　　　내봉성 금도성　　　금서성 금비서

省]과 南廂壇[今,將作監]과 水壇[今,水部]과 元
성　　　남상단 금장작감　　　수단 금수부　　　원

鳳省[今,翰林院]과 飛龍省[今,天僕寺]과 物藏
봉성 금한림원　　　비룡성　금천복시　　　물장

省[今,少府監]과 又置,史臺[掌習諸譯語]와 植
성 금소부감　　　우치 사대 장습제역어　　　식

貨府[掌裁植菓樹]와 障繕府[掌修理城隍]과 珠
화부 장재식과수　　　장선부 장수리성황　　　주

淘省[掌造成器物]하다. 又設,正匡元輔,大相,元
도성 장조성기물　　　　우설 정광원보 대상 원

尹,佐尹,正朝,甫尹,軍尹,中尹等의 品職하다. 秋,七
윤 좌윤 정조 보윤 군윤 중윤등　품직　　　추 칠

月에 移〈靑州〉人戶一千하여 入,〈鐵圓城〉爲京하
월　이 청주 인호일천　　　입 철원성 위경

고 伐取〈尙州〉等하여 三十餘州縣하니 公州將軍
벌취 상주 등　　　삼십여주현　　　공주장군

「弘奇」가 來降하다.
홍기　　　내항

▶ 어려운 낱말 ◀

[鞠爲茂草(국위무초)] : 풀만 무성하게 자라다. [鞠] : 기르다. 공(국). [南巡(남
순)] : 남쪽으로 순방함. [發劍(발검)] : 칼을 뽑아서.

▷ 본문풀이 ◁

　〈천복〉 원년 신유에 「선종」이 왕을 자칭하고 사람들에게 이전
에 "〈신라〉가 〈당〉나라에 청병하여 〈고구려〉를 격파하였기 때문

에, 〈평양〉의 옛 서울이 황폐하여 풀만 성하게 되었으니, 내가 반드시 그 원수를 갚겠다.”고 말하였다. 아마도 자기가 태어났을 때 신라에서 버림받은 일이 원망스러웠기 때문에 이러한 말을 한 것으로 보인다. 그는 언젠가 남쪽 지방을 다니다가 〈홍주〉 〈부석사〉에 이르러 벽화에 있는 〈신라〉왕의 화상을 보고 칼을 뽑아 그것을 찢었는데 그 칼자국이 아직도 남아 있다. 〈천우〉 원년 갑자에, 나라를 창건하여 국호를 〈마진〉이라 하고, 연호를 〈무태〉라 하였다. 이때 처음으로 〈광평성〉을 설치하여 광치나[지금의 시중], 서사[지금의 시랑], 외서[지금의 원외랑] 등의 관원을 두었으며, 또한 병부, 대룡부[창부를 이른 것], 수춘부[지금의 예부], 봉빈부[지금의 예빈성], 의형대[지금의 형부], 납화부[지금의 대부시], 조위부[지금의 삼사], 내봉성[지금의 도성], 금서성[지금의 비서성], 남상단[지금의 장작감], 수단[지금의 수부], 원봉성[지금의 한림원], 비룡성[지금의 천복시], 물장성[지금의 소부감] 등을 설치하였다. 또한 사대[모든 외국어의 학습을 맡은 기관], 식화부[과수 재배를 맡은 기관], 장선부[성황 수리를 맡은 기관], 주도성[기물 제조를 맡은 기관] 등을 설치하고 또한 정광, 원보, 대상, 원윤, 좌윤, 정조, 보윤, 군윤, 중윤 등의 직품을 설치하였다. 가을 7월에, 〈청주〉의 민가 1천 호를 〈철원성〉에 옮겨 살게 하고, 이를 서울로 정하였다. 〈상주〉 등 30여 주를 쳐서 빼앗았다. 공주 장군 「홍기」가 항복해왔다.

○〈天祐〉二年乙丑(효공왕 9년)에 入, 新京(철원)하여
　　천 우　이 년 을 축　　　　　　입 신 경

修葺觀闕,樓臺하고 窮奢極侈하다. 改〈武泰〉하여
爲,〈聖冊〉元年이라 하고 分定〈浿西〉十三鎭하니
〈平壤城〉主將軍「黔用」이 降하다.〈甑城:증성=평남
강서군 증산〉「赤衣」,「黃衣」賊의「明貴」等이 歸服
하다.「善宗」이 以,强盛自矜하여 意慾倂呑하고 令,
國人으로 呼〈新羅〉를 爲,滅都하고 凡自〈新羅〉來
者를 盡誅殺之하다.〈朱梁:唐나라 말에 朱全忠이 세웠던
梁나라〉〈乾化〉元年,辛未(효공왕 15년)에 改,聖冊하여
爲,〈水德萬歲〉元年이라 하고 改,國號를 爲,〈泰封〉
이라 하다. 遣,「太祖」率兵하고 伐,〈錦城:지금의 나주〉
等하여 以,〈錦城〉을 爲,〈羅州〉라 하다. 論功하여 以
「太祖」를 爲,大阿湌,將軍하다.

▶ 어려운 낱말 ◀

[修葺(수집)] : 수리하다. [窮奢極侈(궁사극치)] : 사치가 극에 달함. [强盛自矜
(강성자긍)] : 강성하므로 긍지를 갖다. [滅都(멸도)] : 멸망한 왕도.

〈천우〉2년 을축에, 궁예는 새로운 서울로 가서 궁궐과 누대를 대단히 사치스럽게 수축하였다. 연호였던 〈무태〉를 고쳐 〈성책〉 원년이라 하였고, 〈패서〉13진을 나누어 정하였다. 〈평양성〉 주인 장군 「검용」이 항복하였고, 〈증성〉의 「적의」와 「황의」적의 「명귀」등이 항복하여 왔다. 「선종」은 자기의 강대한 기세를 믿고 〈신라〉를 병탄하려 하였다. 그는 사람들로 하여금 〈신라〉를 멸도라고 부르게 하였으며, 〈신라〉에서 오는 사람은 모조리 죽여 버렸다. 〈주량〉〈건화〉원년 신미에, 연호였던 성책을 고쳐 〈수덕만세〉원년이라 하고, 국호를 〈태봉〉이라 하였다. 「태조」로 하여금 군사를 거느리고 〈금성〉 등지를 치게 하여, 〈금성〉을 〈나주〉로 고치고, 전공을 논하여 「태조」를 대아찬 장군으로 삼았다.

○「善宗」이 自稱.彌勒佛이라 하며 頭戴金幘하고
身被方袍(승복)하며 以.長子를 爲.「靑光」菩薩로,
季子를 爲.「神光」菩薩이라 하다. 出則.常騎白馬하
고 以綵로 飾其鬃尾하고 使童男童女로 奉.幡蓋하
여 香花前導하고 又命.比丘二百餘人으로 梵唄隨
後하다. 又.自述經.二十餘卷하니 其言妖妄하여 皆
不.經之事나 時或正坐하여 講說하다. 僧「釋聰」이

謂曰, "皆,邪說怪談이라, 不可以訓이라." 하니 「善
위왈   개 사설괴담   불가이훈   선

宗」이 聞之怒하여 鐵椎打殺之하다. 三年癸酉(건화
종   문지노   철추타살지   삼년계유

3년)에 以「太祖」로 爲,波珍湌,侍中하고 四年甲戌
     이 태조   위 파진찬 시중   사년갑술

에 改〈水德萬歲〉라 하여 爲〈政開〉元年이라 하고
   개 수덕만세   위 정개 원년

以「太祖」를 爲,百船將軍하다.
이 태조   위 백선장군

▶ 어려운 낱말 ◀

[金幘(금책)] : 금색 모자. [方袍(방포)] : 스님이 입는 외복. [綵] : 비단(채). [鬃
尾(종미)] : 말갈기와 꼬리. [幡蓋(번개)] : 일산. [香花(향화)] : 神佛에 바치는 향
과 꽃. [梵唄(범패)] : 불덕을 찬양하는 노래. [不經(불경)] : 정도에 맞지 않음.

▷ 본문풀이 ◁

　「선종」은 미륵불이라고 자칭하여, 머리에 금색 모자를 쓰고 몸
에 방포를 입었으며 맏아들을 「청광」 보살이라 하고, 막내아들을
「신광」 보살이라 하였다. 외출할 때는 항상 백마를 탔는데, 채색
비단으로 말갈기와 꼬리를 장식하고, 동남동녀들로 하여금 일산
과 향과 꽃을 받쳐 들고 앞을 인도하게 하였으며, 또한 비구 2백
여 명으로 하여금 범패를 부르면서 뒤따르게 하였다. 그는 또한
스스로 불경 20여 권을 저술하였는데, 그 내용이 요망하여 모두
바르지 않았다. 선종은 때로는 단정하게 앉아서 강설을 하였다.
중 「석총」이 "전부 요사스러운 말이오, 괴이한 이야기로서 남을 가
르칠 수 없다."고 말하였는데, 「선종」은 이 말을 듣고 화를 내어 그

를 철퇴로 쳐 죽였다. 3년 계유년에,「태조」를 파진찬 시중으로 삼
았다. 4년 갑술에, 연호였던 〈수덕만세〉를 고쳐서 〈정개〉 원년이
라고 하였으며,「태조」를 백선 장군으로 삼았다.

○〈貞明:後梁 末帝연호〉元年(신덕왕 4년, 915)에 夫人
「康」氏가 以王이 多行非法하여 正色諫之하니 王이
惡之曰, "汝與他人姦하니 何耶오?" 하다.「康」氏
曰, "安有此事리오?" 하니 王曰, "我以,神通觀之
라." 하고 以,烈火熱鐵杵로 撞其,陰殺之하고 及其
兩兒하다. 爾後로 多疑急怒하니 諸寮,佐將吏로
下至平民까지 無辜受戮者가 頻頻有之하다. 〈斧
壤:平康〉, 〈鐵圓〉之人이 不勝其,毒焉하다. 先是에
有,商客「王昌瑾」하여 自〈唐〉來하여 寓〈鐵圓〉市
廛하다. 至,〈貞明〉四年,戊寅(신라 경명왕 2년)에 於,市
中에 見,一人하니 狀貌魁偉하고 鬢髮이 盡白하다.
着古衣冠하고 左手에 持,瓷椀하고 右手에 持,古鏡
하고 謂「昌瑾」曰, "能買我鏡乎아?" 하거늘 「昌

瑾」이 卽以,米換之하다. 其人은 以米로 俵,街巷乞
근   즉이미환지   기인   이미   표가항걸

兒而後에 不知去處하다.「昌瑾」이 懸其鏡於,壁
아이후   부지거처   창근이   현기경어벽

上하니 日映鏡面하고 有,細字書하다. 讀之하니 若,
상   일영경면   유세자서   독지   약

古詩로 其略曰,
고시   기략왈

"上帝降子於辰馬(辰韓,馬韓)하니
　상 제 강 자 어 진 마

先操鷄,後搏鴨이로다.
　선 조 계 후 박 압

於,巳年中에 二龍見하니
　어 사 년 중   이 룡 현

一則,藏身靑木中하고
　일 즉 장 신 청 목 중

一則,顯形黑金東이로다." 했다.
　일 즉 현 형 흑 금 동

▶ 어려운 낱말 ◀

[烈火(열화)] : 뜨거운 불. [鐵杵(철저)] : 쇠공이, 즉 철퇴. [多疑急怒(다의급노)]
: 의심이 많고 화를 잘 내다. [無辜(무고)] : 이유 없이. [頻頻(빈빈)] : 자주 자
주. [毒焉(독언)] : 그 해독. [市廛(시전)] : 시장 전포. [魁偉(괴위)] : 생김새가
매우 괴상하고 크다. [鬢髮(빈발)] : 머리털. [瓷椀(자완)] : 자기 사발. [俵] :
나누어줄(표). [靑木(청목)] : 송악을 상징. [黑金東(흑금동)] : 철원을 상징.

▷ 본문풀이 ◁

〈정명〉 원년에, 그의 부인 「강」씨가 왕이 옳지 못한 일을 많이
한다 하여 정색을 하고 간하였다. 왕이 그녀를 미워하여 "네가 다

른 사람과 간통하니 웬일이냐?"고 하였다. 「강」씨가 말하기를, "어찌 이런 일이 있겠습니까?" 하니, 왕이 말하기를, "나는 신통력으로 보고 있다."고 하면서, 뜨거운 불로 쇠공이를 달구어 음부를 쑤셔 죽이고 그의 두 아이까지 죽였다. 그 뒤로 그가 의심이 많고 곧잘 갑자기 성을 내므로, 여러 보좌관과 장수 관리로부터 평민에 이르기까지 죄 없이 죽는 일이 자주 일어났다. 〈부양〉과 〈철원〉 사람들이 그 해독을 참을 수가 없었다. 이에 앞서 상인 「왕창근」이란 자가 〈당〉나라에서 와서 〈철원〉 저자에 살았다. 〈정명〉 4년 무인에, 그가 저잣거리에서 한 사람을 만났는데, 그는 생김새가 매우 크고 괴상하며 머리털이 모두 희었으며, 옛날 의관을 입고 왼손에는 자기 사발을 들었으며, 오른손에는 오래된 거울을 들고 있었다. 그가 「창근」에게 말하기를, "내 거울을 사겠는가?" 하므로, 「창근」이 곧 쌀을 주고 그것과 바꾸었다. 그 사람이 쌀을 거리에 있는 거지아이들에게 나누어주고 난 후에는 간 곳이 없었다. 「창근」이 그 거울을 벽에 걸어 두었는데, 해가 거울에 비치자 가는 글씨가 쓰여 있었다. 그것을 읽어 보니 옛 시와 같은 것으로서, 내용이 대략 다음과 같았다.

"상제가 아들을 진마에 내려 보내니
먼저 닭을 잡고, 뒤에는 오리를 잡을 것이며,
사(巳)년 중에는 두 마리 용이 나타나는데,
한 마리는 '푸른 나무'에 몸을 감추고,
한 마리는 '검은 쇠 동쪽'에 몸을 나타낸다."고 했다.

○「昌瑾」이 初에 不知有文이라가 及見之하고 謂,
非常이라 하고 遂告于王하다. 王이 命,有司하여 與
「昌瑾」으로 物色求其鏡主이나 不見하다. 唯於〈教
颯寺(:발삽사)〉佛堂에 有,鎭星塑像하니 如其人焉이
라. 王이 嘆異久之하다가 命,文人「宋含弘」과「白
卓」과「許原」等으로 解之하다.「含弘」等謂曰,
"上帝降子於,辰馬者는 謂〈辰韓〉,〈馬韓〉也라. 二
龍見하여 一藏身靑木하고 一顯形黑金者니라. 靑
木은 松也니 〈松岳郡:지금의 개성〉人이요, 以,龍爲名
者之孫은 今,波珍湌,侍中之謂歟아. 黑金은 鐵也
니 今,所都〈鐵圓〉之謂也니라. 今,主上이 初興於
此하여 終滅於此之驗也라. 先操鷄後搏鴨者는 波
珍湌,侍中이 先得〈鷄林〉하고 後收〈鴨綠〉之意也
라." 하다.

▶ 어려운 낱말◀

[嘆異久(탄이구)] : 오랫동안 이상함을 탄식하다. [鴨] : 오리(압). 압록강.

▷ 본문풀이 ◁

　「창근」이 처음에는 글이 있는 줄을 몰랐으나, 이를 발견한 뒤
에는 심상한 것이 아니라고 생각하여 마침내 왕에게 고하였다.
왕이 관리에게 명하여 「창근」과 함께 그 거울의 주인을 물색해 찾
게 하였으나 찾을 수가 없었고, 다만 〈발삽사〉 불당에 진성 소상
이 있었는데 모습이 그 사람과 같았다. 왕이 한참 한탄하고 이상
히 여기다가 문인 「송함홍」, 「백탁」, 「허원」 등으로 하여금 그 뜻
을 해석하게 하였다. 「함홍」 등이 서로 말하기를, "상제가 아들을
진마에 내려보냈다는 것은 〈진한〉과 〈마한〉을 말한 것이다. 두
마리 용이 나타났는데 한 마리는 푸른 나무에 몸을 감추고, 한 마
리는 검은 쇠에 몸을 나타낸다는 것은, 푸른 나무는 소나무를 말
함이니, 〈송악군〉 사람으로서 용으로 이름을 지은 사람의 자손을
뜻하나니, 이는 지금의 파진찬 시중을 이른 것이다. 검은 쇠는 철
이니 지금의 도읍지 〈철원〉을 뜻하는 바, 이제 왕이 처음으로 여
기에서 일어났다가 마침내 여기에서 멸망할 징조이다. 먼저 닭을
잡고 뒤에 오리를 잡는다는 것은 파진찬 시중이 먼저 〈계림〉을
빼앗고, 뒤에 〈압록강〉을 차지한다는 뜻이다."

　○「宋含弘」等이　相謂曰,　"今, 主上이　虐亂如此
　　　송 함 홍 등　　　　상 위 왈　　　금 주 상　　　학 란 여 차
하니　吾輩若以, 實言이면　不獨, 吾輩爲, 葅醢라,　波
　　　오 배 약 이 실 언　　　부 독 오 배 위 저 해　　　파
珍湌, 亦必遭害라."하고　迺, 飾辭告之하다.　王은　凶
진 찬 역 필 조 해　　　　　내 식 사 고 지　　　　왕　　흉

366 | 삼국사기(三國史記) 4권

虐自肆하고 臣寮震懼하여 不知所措하다. 夏六月
학 자 사　　　　　신 요 진 구　　　　　부 지 소 조　　　　　하 유 월

에 將軍「弘述」,「白玉」,「三能山」,「卜沙貴」, 此는
　　장 군 홍 술　　백 옥　　삼 능 산　　복 사 귀　　차

「洪儒」,「裴玄慶」,「申崇謙」,「卜知謙」之少名也
홍 유　　배 현 경　　신 숭 겸　　복 지 겸 지 소 명 야

라. 四人이 密謀하고 夜詣「太祖」私第하여 見曰,
　　사 인　　밀 모　　야 예 태 조 사 제　　현 왈

"今,主上이 淫刑以逞하여 殺妻戮子하고 誅夷臣
금 주 상　　음 형 이 령　　살 처 육 자　　주 이 신

寮하니 蒼生塗炭하여 不自聊生하리다. 自古로 廢
요　　창 생 도 탄　　부 자 요 생　　자 고　　폐

昏立明은 天下之大義也니다. 請,公은 行『湯』,
혼 입 명　　천 하 지 대 의 야　　청 공　　행 탕

『武』之事하소서."하다.「太祖」가 作色拒之曰, "吾
무 지 사　　　　　태 조　　작 색 거 지 왈　　오

以,忠純自許라 今,雖暴辭라도 不敢有,二心이라.
이 충 순 자 허　　금 수 폭 사　　불 감 유 이 심

夫,以臣替君을 斯謂革命이라. 予實否德으로 敢效
부 이 신 체 군　　사 위 혁 명　　여 실 부 덕　　감 효

『殷』,『周』之事乎아?"하다.
은　　주 지 사 호

▶ 어려운 낱말 ◀

[虐亂(학란)] : 포학하고 난잡함. [菹醢(저해)] : 젓갈. [凶虐自肆(흉학자사)] : 흉
악하고 스스로 방자함. [肆] : 방자할(사). [所措(소조)] : 두는 바.(몸둘 바를
모르다.) [措] : 둘(조). [逞] : 굳셀(령). 마음대로 하다. [不自聊生(부자요생)]
: 도저히 살 수가 없다. [聊(요)] : 여기서는 어조를 고르는 어조사. [自許(자
허)] : 자처하다.

「송함홍」 등이 서로 말하기를, "지금 주상이 이렇게 포학하고 난잡하니, 우리들이 만일 사실대로 말한다면 우리가 젓갈이 될 뿐 아니라 파진찬도 반드시 해를 당할 것이다." 그들은 이 때문에 거짓말을 지어 보고하였다. 왕이 흉포한 일을 제멋대로 하니, 신하들이 두려워 떨며 어찌할 바를 몰랐다. 그 해 여름 6월에, 장군 「홍술」, 「백옥」, 「삼능산」, 「복사귀」는 바로 「홍유」, 「배현경」, 「신숭겸」, 「복지겸」 등의 젊은 시절의 이름이었는데, 이 네 사람이 은밀히 모의하고 밤에 「태조」의 집에 가서 말하기를, "지금 임금이 마음대로 형벌을 남용하여 아내와 아들을 죽이고, 신하들을 살육하며, 백성들이 도탄에 빠져서 도저히 살아갈 수가 없습니다. 예로부터 혼매한 임금을 폐하고 명철한 임금을 세우는 것이 천하의 큰 의리이니, 공이 『탕왕』과 『무왕』의 일을 실행할 것을 바란다." 라고 하였다. 「태조」가 얼굴빛을 바꾸며 거절하여 말하기를, "나는 자신이 충성스럽고 순직한 것으로 자처하여 왔으므로 임금이 비록 포악하다고 하지만 감히 두 마음을 가질 수 없다. 대저 신하로서 임금의 자리에 바꾸어 앉는 것을 혁명이라고 한다. 나는 실로 덕이 적은 데 감히 『은탕』과 『주무왕』의 일을 본받겠는가?'라고 하였다.

○諸將曰, "時乎不再來하니 難遭而易失이니다.
天與不取면 反受其咎니다. 今政亂國危이니 民皆

疾視하여 其上如仇讐하니 今之德望이 未有,居公
질시　　　기상여구수　　　금지덕망　　　미유거공

之右者니이다. 況,「王昌瑾」의 所得鏡文이 如彼하
지우자　　　황 왕창근　　소득경문　　여피

니 豈可雌伏하여 取死獨夫之手乎잇가?"하다 夫
기가자복　　　취사독부지수호　　　　　부

人「柳」氏가 聞,諸將之議하고 迺謂「太祖」曰, "以
인 유 씨　문제장지의　　　내위 태조 왈　이

仁伐不仁은 自古而然이니다. 今聞衆議하니 妾猶
인벌불인　자고이연　　　　금문중의　　　첩유

發憤이어늘 況,大丈夫乎아? 今,群心忽變은 天命
발분　　　황 대장부호　　금군심홀변　천명

有歸矣니다." 하며 手,提甲하여 領進「太祖」하다.
유귀의　　　　수제갑　　　영진 태조

諸將이 扶衛「太祖」出門하며 令,前唱曰, "王公이
제장　부위 태조 출문　　　영전창왈　왕공

已擧義旗라." 하다. 於是에 前後奔走하여 來隨者,
이거의기　　　　어시　전후분주　　　내수자

不知其幾人하며 又有先至,宮城門하여 鼓噪以待
부지기기인　　　우유선지궁성문　　　고조이대

者가 亦,一萬餘人하다. 王이 聞之하고 不知所圖하여
자　역일만여인　　　왕　문지　　　부지소도

迺,微服逃入山林이러니 尋爲〈斧壤:지금 平康〉民所
내 미복도입산림　　　심위 부양　　　　　민소

害하다. 「弓裔」는 起自〈唐〉〈大順:唐昭宗 연호〉二年
해　　　궁예　기자 당 대순　　　　이년

(진성여왕 5년)하여 至,〈朱梁〉〈貞明〉四年(경명왕 2년)으
　　　　　　　지 주양 정명 사년

로 凡,二十八年而滅하다.
　범 이십팔년이멸

▶ 어려운 낱말 ◀

[難遭(난조)] : 만나기는 어렵다. [咎] : 허물, 재앙(구). [仇讐(구수)] : 원수.
[雌伏(자복)] : 남에게 굴복하여 좇음을 말함. 가만히 엎드려 있음. [義旗(의
기)] : 정의를 위하여 드는 깃발.

▷ 본문풀이 ◁

여러 장수들이 말하기를, "때는 두 번 오지 않는 것으로서, 만
나기는 어렵지만 놓치기는 쉽습니다. 하늘이 주어도 받지 않으면
도리어 재앙을 받을 것입니다. 지금 정치가 어지럽고 나라가 위
태로워 백성들이 모두 자기 임금을 원수와 같이 싫어하는데, 오늘
날 덕망이 공보다 훌륭한 사람이 없습니다. 하물며 「왕창근」이 얻
은 거울의 글이 저와 같은데, 어찌 가만히 엎드려 있다가 한 필부
의 손에 죽음을 당하겠습니까?"라고 하였다. 이때 부인 「유」씨가
여러 장수들이 의논하는 말을 듣고 「태조」에게 말하기를, "어진
자가 어질지 못한 자를 치는 것은 예로부터 그러하였습니다. 지
금 여러분의 의논을 듣고 첩도 오히려 분노하게 되는데, 하물며
대장부로서야 어떠하겠습니까? 지금 여러 사람들의 마음이 갑자
기 변하였으니 천 명이 돌아온 것입니다." 했다. 그녀는 자기 손
으로 갑옷을 들어 「태조」에게 바쳤다. 여러 장수들이 「태조」를 호
위하고 대문으로 나가면서 "왕공이 이미 정의의 깃발을 들었다."
고 앞에서 외치게 하였다. 이에 앞뒤로 달려와서 따르는 자의 수
가 얼마인지 알 수 없었으며, 또한 먼저 궁성 문에 다다라서 북을
치고 떠들면서 기다리는 자도 1만여 명이나 되었다. 궁에 왕이

이 말을 듣고 어찌할 줄 모르다가 미복한 차림으로 산의 숲속으로 도망을 갔다. 그는 얼마 안가서 부양 주민들에게 살해되었다. 「궁예」는 〈당〉나라 〈대순〉 2년에 일어나 〈주양〉 〈정명〉 4년까지 활동하였으니, 전후 28년 만에 망하였다.

52 | 甄萱(견훤) : 후백제의 왕

○「甄萱」은 尙州〈加恩縣〉人也라. 本姓은「李」
이나 後에 以「甄」으로 爲氏하다. 父는「阿慈介」로
以農自活하다가 後에 起家爲將軍하다. 初에「萱」
이 生孺褓時에 父耕于野하고 母餉之에 以兒置于
林下하니 虎來乳之어늘 鄕黨聞者異焉하다. 及壯
에 體貌雄奇하고 志氣倜儻不凡하다. 從軍하여 入
王京이라가 赴西南海防戍하여 枕戈待敵이라. 其
勇氣恒爲士卒先하며 以勞爲裨將(보좌관)하다. 〈唐〉

「昭宗」〈景福〉元年은 是〈新羅〉『眞聖王』在位六
年이라. 嬖竪在側하여 竊弄政柄하니 綱紀紊弛하
고 加之以,饑饉이라 百姓流移하고 群盜蜂起러라.

▶ 어려운 낱말 ◀

[甄] : 질그릇(견). [萱] : 원추리(훤). [體貌雄奇(체모웅기)] : 용모가 웅장하고
기이하다. [倜儻(척당)] : 활달하다. [防戍(방수)] : 적군을 막아서 지키다. [嬖
竪(폐수)] : 아첨하는 관리나 소인들. [竊弄(절농)] : 농간하다. [政柄(정병)] :
정권을 잡다. [紊弛(문이)] : 문란하고 해이하다.

▷ 본문풀이 ◁

「견훤」은 상주 〈가은현〉 사람으로서, 본 성은 「이」씨였는데 나
중에 「견」으로 성씨를 삼았다. 아버지인 「아자개」는 농사를 지으
며 생활하다가 뒤에 출세하여 장군이 되었다. 처음에 「견훤」이 어
려서 강보에 있을 때, 아버지가 들에서 밭을 갈고 어머니가 점심
을 먹일 때, 아이를 숲속에 두었더니 호랑이가 와서 아이에게 젖
을 먹였다. 이 말을 들은 그 고장 사람들이 이상하게 여겼다. 자라
서는 체격과 용모가 웅장하고 기이하며, 생각과 기풍이 활달하고
비범하였다. 그가 종군하여 서울에 들어갔다가 서남쪽 해변으로
가서 주둔하게 되었는데, 잘 때에도 창을 베고 적을 기다렸다. 그
는 용기가 있어 항상 다른 군사들보다 앞장섰으며, 이러한 공로
로 인하여 비장이 되었다. 〈당〉나라 「소종」〈경복〉 원년은 바로

〈신라〉『진성왕』 6년인데, 총신들이 임금 가까이 있으면서 정권을 농락하자, 나라의 기강이 문란하고 해이해졌다. 더욱 기근이 더하여 백성들은 유랑하게 되고 도적들이 벌떼처럼 일어났다.

○於是에「萱」은 竊有覬心하고 嘯聚徒侶하여 行
　어 시　　　훤　　　　절유유심　　　소 취 도 려　　　행
擊,京西南州縣하니 所至響應하여 旬月之間에 衆
격,경서남주현　　　소 지 향 응　　　순 월 지 간　　　중
至五千人하다. 遂襲〈武珍州〉하여 自王이나 猶不
지오천인　　　　수 습 무 진 주　　　자 왕　　　유 불
敢公然,稱王하여 自署하되 爲,'〈新羅〉西面,都統
감공연,칭왕　　　자 서　　　위　　신 라 서 면,도 통
指揮,兵馬制置,持節都督全武公等,州軍事行〈全
지 휘,병 마 제 치,지 절 도 독 전 무 공 등,주 군 사 행　전
州〉刺史兼,御史中丞上柱國〈漢南郡〉開國公,食
주　자 사 겸,어 사 중 승 상 주 국　한 남 군　개 국 공,식
邑二千户'라 하다. 是時에 〈北原〉賊,「梁吉」이 雄
읍 이 천 호　　　　시 시　　　북 원 적　양 길　　　웅
强하여「弓裔」가 自投爲麾下하다.「萱」이 聞之하
강　　　궁 에　　　자 투 위 휘 하　　　훤　　　문 지
고 遙授「梁吉」職하여 爲,裨將하다.
　요 수 양 길 직　　　위,비 장

▶ 어려운 낱말 ◀

[覬心(유심)]: 분수에 넘치는 일을 바라는 마음. [覬]: 넘겨볼(유). [嘯聚(소
취)]: 불러 모으다. [自署(자서)]: 자칭하여. [自投(자투)]: 자진하여 거기에
들어가다.

▷ **본문풀이** ◁

　이에 「견훤」은 은근히 반심을 품고 무리를 모아 서울 서쪽과 남쪽 주현을 다니며 치니, 가는 곳마다 모두 호응하여 한 달 사이에 무리가 5천 명에 달하였다. 그는 마침내 〈무진주〉를 습격하여 스스로 왕이 되었으나 감히 드러내놓고 왕이라고는 일컫지 못하고 스스로 서명하기를, ‘〈신라〉서면, 도통지휘, 병마제치, 지절도독전무공등, 주군사행〈전주〉자사 겸 어사중승상주국〈한남군〉개국공, 식읍 2천호’ 라고 하였다. 이때 〈북원〉의 도적인 「양길」이 강성하자 「궁예」는 자진하여 그의 휘하로 들어갔다. 「견훤」은 이 말을 듣고 멀리서 「양길」에게 벼슬을 주어 비장을 삼았다.

　ㅇ「萱」이　西巡至〈完山州〉하니　州民迎勞하다.

「萱」이　喜得人心하여　謂,左右曰, "吾原,三國之始하면　〈馬韓〉先起하고　後에「赫世」勃興이라　故로〈辰〉,〈卞〉從之而興하다.　於是에〈百濟〉는　開國〈金馬山〉하니　六百餘年이라.〈摠章〉中에〈唐〉「高宗」이　以〈新羅〉之請으로　遣,將軍「蘇定方」하여　以,船兵十三萬越海하고　〈新羅〉「金庾信」이　卷土하여　歷,〈黃山〉하여　至〈泗沘:부여읍〉하여　與,〈唐〉兵

으로 合攻〈百濟〉滅之하다. 今予敢不立都於〈完
합공 백제 멸지　　　금여감불　입도어　완

山:전주〉하여 以雪『義慈』宿憤乎리오?” 하고 遂自
산　　　　　이설 의자 숙분호　　　　수자

稱〈後百濟〉王이라 하고 設官分職하니 是는 〈唐〉
칭 후백제 왕　　　　　설관분직　　시　　당

〈光化〉三年이요 〈新羅〉『孝恭王』四年也니라. 遣
광화 삼년　　신라　효공왕 사년야　　견

使朝〈吳越〉하니 『吳越王』이 報聘하여 仍加 '檢
사조 오월　　　오월왕　보빙　　잉가 검

校大保'하고 餘는 如故하다.
교대보　　　여　여고

▷ 본문풀이 ◁

「견훤」이 서쪽으로 순행하여 〈완산주〉에 이르니, 주내 백성들
이 견훤을 맞이하여 위로하였다. 「견훤」은 인심을 얻은 것을 기
뻐하며 좌우 사람들에게 말하기를, “내가 삼국의 기원을 상고하
여 보건대, 〈마한〉이 먼저 일어났고, 뒤에 「혁거세」가 일어났으
며, 〈진한〉과 〈변한〉이 뒤따라 일어났다. 이때 〈백제〉는 〈금마
산〉에서 개국하여 6백여 년이 지났는데, 〈총장〉 연간에 〈당〉나
라 「고종」이 〈신라〉의 요청에 의하여 장군 「소정방」을 보내 수군
13만을 거느리고 바다를 건너오고, 신라의 「김유신」도 땅을 휩쓸고

와서 〈황산〉을 지나 〈사비〉에 이르러 〈당〉나라 군사와 협력하여 〈백제〉를 격멸하였으니, 이제 내가 어찌 서울을 〈완산〉에 정하여 『의자왕』의 오랜 분노를 갚지 않겠는가?' 했다. 그는 곧 〈후백제〉 왕이라 자칭하였으며, 관제를 설정하고 직책을 분담시켰으니, 이 때가 〈당〉나라 〈광화〉 3년이오, 신라 『효공왕』 4년이었다. 〈오월〉 국에 사신을 보내 예빙하니, 『오월왕』이 답례로 사신을 보내고, 동시에 견훤에게 '검교 태보'의 벼슬을 주고 나머지 직위는 전과 같게 하였다.

○〈天復:唐昭宗의 연호〉元年(신라 효공왕 5년, 901)에 「萱」이 攻〈大耶城:지금 陜川〉하여 不下하다. 〈開平: 後梁 太祖의 연호〉四年에 「萱」은 怒,〈錦城〉이 投于 「弓裔」하여 以,步騎三千으로 圍攻之하여 經旬不解 하다. 〈乾化:後梁 太祖의 연호〉二年(神德王 원년)에 「萱」이 與「弓裔」로 戰于〈德津浦:지금 懷德〉하다. 〈貞明〉四 年(신라 경명왕 2년, 918)戊寅에 「鐵圓京」의 衆心忽變 하여 推戴我「太祖」卽位하다. 「萱」이 聞之하고 秋, 八月에 遣,一吉湌「閔郃」하여 稱賀하며 遂獻,孔雀 扇及〈地異山〉竹箭하다. 又遣使入〈吳越〉하여 進

馬하니 『吳越王』이 報聘하여 加授中大夫하고 餘
마   오월왕   보빙   가수중대부   여
는 如故하다.
   여 고

▶ 어려운 낱말 ◀

[經旬(경순)] : 열흘이 지나도록. [不解(불해)] : 해결하지 못함.

▷ 본문풀이 ◁

　〈천복〉 원년에 「견훤」이 〈대야성〉을 쳤으나 함락시키지 못하
였다. 〈개평〉 4년에, 〈금성〉이 「궁예」에게 귀순한 것을 분하게
여겨 견훤이 보병과 기병 3천 명으로 금성을 포위 공격하여 열흘
이 지나도록 풀지 않았다. 〈건화〉 2년에, 「견훤」이 〈덕진포〉에
서 「궁예」와 싸웠다. 〈정명〉 4년 무인에, 「철원경」의 인심이 갑
자기 변하여 우리 「태조」를 추대하여 즉위케 하였다. 「견훤」이
이 말을 듣고 가을 8월에, 일길찬 「민극」을 보내 축하를 표하고,
이어 공작선과 〈지리산〉의 죽전(竹箭)을 바쳤다. 또한 〈오월〉국
에 사신을 보내 말을 진상하니, 『오월왕』이 답례로 사신을 보내
고, 견훤에게 중대부 벼슬을 첨가하여 주고, 나머지 직위는 전과
같게 하였다.

○六年에 「萱」이 率 步騎一萬하고 攻陷〈大耶城〉
　육 년   훤   솔 보기일만   공함 대야성
하여 移軍於〈進禮城: 지금의 청도〉하니 〈新羅〉王이
      이군어 진례성   신 라 왕

遣,阿飡「金律」하여 求援於「太祖」어늘「太祖」出
師하니「萱」이 聞之하고 引退하다.「萱」이 與我
「太祖」와 陽和而飮剋하다. 〈同光:後唐 莊宗의 연호〉
二年(신라 경애왕 원년, 924) 秋,七月에 遣子「須彌强」
하여 發,〈大耶〉,〈聞韶:지금 의성〉二城卒로 攻〈曹物
城:安東과 尙州사이?〉하다. 城人이 爲「太祖」하여 固守
且戰하니 〈須彌强〉이 失利而歸하다. 八月에 遣使
하여 獻,驄馬於「太祖」하다. 三年冬,十月에「萱」이
率,三千騎하고 至〈曹物城〉하니「太祖」亦以精兵
來하여 與之确하다. 時에「萱」兵이 銳甚하여 未決
勝否하다.「太祖」는 欲權和하여 以勞其師로 移書
乞和하고 以,堂弟「王信」으로 爲質하니「萱」이 亦
以,外甥「眞虎」로 交質하다. 十二月에 攻取〈居昌〉
等, 二十餘城하고 遣使入〈後唐〉하여 稱藩하니
〈唐〉이 策授 ‘檢校大尉兼,侍中判〈百濟〉軍事’ 하고
依前 ‘持節都督,全武公等州軍事,行〈全州〉刺使,

海東西面都統,指揮兵馬,制置等事〈百濟〉王'하여
해 동 서 면 도 통 지 휘 병 마 제 치 등 사 백 제 왕

食邑,二千五百戶하다. 四年에「眞虎」暴卒이어늘
식 읍 이 천 오 백 호 사 년 진 호 폭 졸

「萱」이 聞之하고 疑故殺하여 卽囚「王信」獄中하고
훤 문 지 의 고 살 즉 수 왕 신 옥 중

又,使人으로 請還前年,所送驄馬하니「太祖」가 笑
우 사 인 청 환 전 년 소 송 총 마 태 조 소

還之하다.
환 지

▶ 어려운 낱말 ◀

[步騎(보기)] : 보병과 기병. [攻陷(공함)] : 공격하여 함락하다. [陽和而陰尅
(양화이음극)] : 겉으로는 화친하는 것 같지만, 속으로는 상극임. [确] : 자갈땅
(학), 겨루다(확). [交質(교질)] : 인질을 교환하다. [稱藩(칭번)] : 속국이라고
말하니.

▷ 본문풀이 ◁

6년에,「훤」이 보병과 기병 1만을 거느리고 〈대야성〉을 공격하
여 함락시킨 다음 군사를 〈진례성〉으로 옮겼다. 〈신라〉왕이 아
찬 〈김률〉을 보내 「태조」에게 원조를 청하였으므로, 「태조」가 군
사를 출동시켰다. 「견훤」은 이 소식을 듣고 물러갔다. 「견훤」은
우리 「태조」와 겉으로는 화친하는 척 하면서 속으로는 상극이었
다. 〈동광〉 2년 가을 7월에, 견훤이 아들 「수미강」을 보내 〈대야〉,
〈문소〉 두 성의 군사를 동원하여 〈조물성〉을 공격하였으나, 성
안 사람들이 「태조」를 위하여 굳게 수비하면서 싸웠으므로 〈수미
강〉이 실패하고 돌아갔다. 8월에, 견훤이 사신을 보내 「태조」에

게 얼룩말을 바쳤다. 3년 겨울 10월에, 「견훤」이 기병 3천을 거느리고 〈조물성〉에 이르렀으므로, 「태조」도 정예 군사를 거느리고 와서 서로 겨루게 되었다. 그러나 당시 「견훤」의 군사가 매우 강성하여 승부를 내지 못했다. 「태조」가 임시로 평화를 유지하는 술책으로써 견훤의 군사를 피곤케 하고자 글을 보내 화친을 청하고 당제 「왕신」을 인질로 보냈다. 「견훤」도 그의 사위인 「진호」를 보내 인질을 교환하였다. 12월에, 견훤이 〈거창〉 등 20여 성을 쳐서 빼앗고 〈후당〉에 사신을 보내 속국이라 일컬으니, 〈당〉나라에서 그를 '검교태위 겸 시중판〈백제〉군사'로 책봉하고, 종전의 '지절도독, 전무공등주군사, 행〈전주〉자사, 해동서면도통, 지휘병마제치등사〈백제〉왕'과 식읍 2천5백 호를 그대로 유지하게 하였다. 4년에, 「진호」가 갑자기 죽으니, 「견훤」은 이 소식을 듣고 그들이 일부러 죽인 것이라고 의심하여, 그는 곧 「왕신」을 옥에 가두고 사람을 태조에게 보내 전년에 주었던 얼룩말을 돌려보내기를 요청하였다. 「태조」가 웃으면서 그 말을 돌려주었다.

○〈天成:後唐 明宗 연호〉二年(신라 景哀王 4년, 927)秋九月에 「萱」이 攻取〈近品城:지금의 聞慶 山陽面일대〉하여 燒之하고 進襲〈新羅〉〈高鬱府:지금의 영천〉하여 逼〈新羅〉郊圻하다. 〈新羅〉王이 求救於「太祖」하다. 冬十月에 「太祖」가 出師援助하니 「萱」이 猝入〈新

羅〉王都하다. 時에 王은 與夫人嬪으로 御出遊

〈鮑石亭〉하여 置酒娛樂이러니 賊至狼狽하여 不知

所爲하고 與夫人으로 歸城南離宮이러니 諸侍從

臣寮及宮女伶官은 皆陷沒於亂兵하다「萱」이 縱

兵大掠하고 使人捉王하여 至前戕之하고 便入居

宮中하여 强引夫人亂之하며 以王族弟「金傅」로

嗣立하다. 然後에 虜王弟「孝廉」과 宰相「英景」하

고 又取國帑珍寶兵仗과 子女百工之巧者하여 自

隨以歸하다.「太祖」가 以精騎五千으로 要「萱」於

〈公山:지금 달성군 팔공산〉下라가 大戰하니「太祖」將,

「金樂」과「崇謙」이 死之하고 諸軍敗北하니「太

祖」는 僅以身免하다.「萱」이 乘勝하여 取〈大木郡:

지금의 약목〉하다. 〈契丹〉使,「裟姑」와「麻咄」等三

十五人이 來聘하다.「萱」이 差將軍「崔堅」하여 伴

送「麻咄」等이러니 航海北行하다가 遇風至하여

〈唐〉〈登州:山東省 蓬萊縣〉에서 悉被戮死하다.

[逼(핍)] : 핍박하다. [郊圻(교기)] : 서울 근처까지. [圻] : 서울(기). [狼狽(낭패)] : 일이 어렵게 됨. [伶官(영관)] : 奏樂官. [縱兵(종병)] : 군사를 풀어. [要(요)] : 잠복하여 기다리다. [差(차)] : 파견하다. 보내다. [伴送(반송)] : 함께 보내다. [咄] : 꾸짖을(돌).

▷ 본문풀이◁

〈천성〉2년 가을 9월에,「견훤」이 〈근품성〉을 쳐서 빼앗아 불태워 버렸다. 그는 이어서 〈신라〉의 〈고울부〉를 습격하였으며, 〈신라〉의 서울 근처까지 접근하였으므로, 〈신라〉왕이 「태조」에게 구원을 요청하였다. 겨울 10월에, 「태조」가 군사를 보내 구원하였지만, 「견훤」이 갑자기 〈신라〉서울에 들어가니, 이때 왕이 부인과 궁녀들을 데리고 〈포석정〉에 나가 술상을 차려놓고 즐겁게 놀다가 적이 쳐들어오자 낭패하여 어찌할 바를 몰랐다. 왕은 부인과 함께 성의 남쪽 이궁으로 돌아갔으며, 시종하던 관원들과 궁녀, 악공들은 모두 반란군에게 잡혔다. 「견훤」은 군사를 풀어서 크게 약탈하고, 사람을 시켜 왕을 잡아다가 자기 앞에서 죽였다. 그는 곧 내궁으로 들어가 억지로 왕비를 끌어다가 강간하고, 왕의 친족 동생인 「김부」로 하여금 왕위를 계승케 한 뒤에, 왕의 아우 「효렴」과 재상 「영경」을 포로로 잡고, 또한 국고에 있는 재물과 귀중한 보배와 군기, 자녀와 여러 재주 있는 사람, 솜씨 있는 자를 빼앗아 자신이 데리고 돌아갔다.

「태조」가 정에 기병 5천을 데리고 〈공산〉밑에서 견훤을 기다리다가 대전을 벌렸는데, 「태조」의 장수 「김락」과 「숭겸」이 전사하고, 모든 군사가 패배하여 「태조」는 겨우 몸만 빠져 나왔다. 「견훤」은 승승장구하여 〈대목군〉을 빼앗았다. 〈거란〉의 사절 「사고」, 「마돌」 등 35명이 와서 예빙하니, 「견훤」이 장군 「최견」 으로 하여금 「마돌」 등을 동반하여 전송하게 하였는데, 그들은 바다를 거쳐 북으로 가다가 풍랑을 만나서 〈당〉나라 〈등주〉에 도착하여 모두 죽음을 당했다.

○ 時에 〈新羅〉는 君臣以衰季하여 難以復興이라

謀引, 我「太祖」結好爲援하니 「甄萱」이 自有, 盜國

心하여 恐「太祖」先之라 是故로 引兵하여 入, 王都

作惡하다. 故로 十二月日(경순왕 원년)에 寄書「太

祖」曰, "昨者國相「金雄廉」等이 將召足下入京하

니 有同, 鼈應黿聲하니 是, 欲鷃披隼翼이라 必使生

靈塗炭하고 宗社丘墟하니 僕이 是用先着祖鞭하

고 獨揮韓鉞하여 誓, 百寮如皦日하고 諭, 六部以義

風이러니 不意姦臣遁逃하고 邦君薨變이라 奉『景

明王』之表弟(외종제)인, 『憲康王』之, 外孫(김부:경순

왕)을 勸郞尊位하여 再造危邦하고 喪君有君하니

於是乎在하여 足下. 勿詳忠告하고 徒聽流言하여
어 시 호 재   족 하 물 상 충 고   도 청 유 언

百計窺覦하고 多方侵撓하나 尙不能. 見僕馬首하
백 계 규 유   다 방 침 요   상 불 능 견 복 마 수

거나 拔僕牛毛라. 冬初에 都頭「索湘:麗將」이 束手
발 복 우 모   동 초   도 두 색 상   속 수

於〈星山〉陣下하고 月内에 左將「金樂」은 曝骸於
어 성 산 진 하   월 내   좌 장 김 락   폭 해 어

〈美理寺:달성군〉前하다. 殺獲居多하고 追擒不少하
미 리 사   전   살 획 거 다   추 금 불 소

니 强羸若此하여 勝敗可知라. 所期者는 掛弓於
강 영 약 차   승 패 가 지   소 기 자   패 궁 어

〈平壤〉之樓하고 飮馬於〈浿江〉之水하리라. 然이나
평 양 지 루   음 마 어 패 강 지 수   연

以. 前月七日에 〈吳〉〈越〉國使「班」尙書至하여 傳
이 전 월 칠 일   오 월 국 사 반 상 서 지   전

王詔旨하니 '知. 卿與〈高麗〉로 久通歡好하고 共
왕 조 지   지 경 여 고 려   구 통 환 호   공

契隣盟하니 比因質子之兩亡으로 遂失和親之舊
계 인 맹   비 인 질 자 지 양 망   수 실 화 친 지 구

好하고 互侵疆境하여 不戰干戈로 今. 專發使臣하
호   호 침 강 경   부 집 간 과   금 전 발 사 신

여 赴卿本道(本土)하고 又移文〈高麗〉하니 宜各相
부 경 본 도   우 이 문 고 려   의 각 상

親比하여 永孚于休하라.' 하다. 僕은 義篤尊王하고
친 비   영 부 우 휴   복   의 독 존 왕

情深事大하여 及聞詔諭하고 卽. 欲祇承하나 恒慮
정 심 사 대   급 문 조 유   즉 욕 지 승   항 려

足下가 欲罷不能하고 困而猶鬪하므로 今. 錄詔書
족 하   욕 파 불 능   곤 이 유 투   금 녹 조 서

寄呈하니 請留心詳悉하라! 且는 皴玁迭憊가 終
기 정   청 류 심 상 실   차   준 노 질 비   종

必貽譏요 蚌鷸相持면 亦爲所笑요 宜迷復之爲戒
필 이 기　　방 휼 상 지　　역 위 소 소　　의 미 부 지 위 계
이니 無後悔之自貽하라.” 하다.
　　　 무 후 회 지 자 이

▶어려운 낱말◀

[君臣以衰季(군신이쇠계)] : 임금과 신하가 쇠퇴하다. [鼈應黿聲(별응원성)] :
작은 자라가 큰 자라의 소리에 응하다. 작은 자라는 고려에, 큰 자라는 신라
에 비유. [鷃披隼翼(안피준익)] : 메추라기가 새매의 날개를 헤치는 것. [鷃] :
메추라기(안). [隼] : 새매(준). [祖鞭(조편)] : 晉의 맹장 祖生의 채찍이란 뜻.
[韓鉞(한월)] : 한금호의 鐵鉞을 말함. 韓은 陳後主를 잡고 陳을 평정한 隋의
장수. [皦] : 옥석 흴(교). [勸郞(권랑)] : 받들어 권하다. [窺覦(규유)] : 넘겨보
다. [曝骸(폭해)] : 뼈를 드러내 쪼이다. 즉 죽음을 말함. [强嬴(강영)] : 강함이
가득 차면. [魏獹迭憊(준노질비)] : 토끼와 사냥개가 서로서로 싸우는 고달
픔. [魏] : 교활한 토끼(준). [獹] : 큰개(노). [憊] : 고달플(비). [貽譏(이기)] :
조롱거리를 남기다. [貽] : 남기다. 끼치다(이). [蚌鷸(방휼)] : 조개와 황새.
蚌鷸之爭.

▷본문풀이◁

　　이때 〈신라〉에서는 임금과 신하들이 쇠퇴하기 시작한 시대를
다시 회복시키기는 어렵다고 판단하여 우리 「태조」와 우호 관계
를 맺어 서로 도울 것을 상의하고 있었다. 「견훤」은 내심으로 나
라를 빼앗을 생각을 품고 있으면서 「태조」가 먼저 이에 성공하지
않을까 두려워하였다. 이에 따라 그는 군사를 이끌고 신라의 서
울에 들어가서 횡포한 행위를 하였던 것이다. 그는 12월 모일에,
「태조」에게 다음과 같은 글을 보내기를, “전번에 (신라의) 국상

「김웅렴」 등이 그대를 서울로 불러들이려 한 것은, 마치 자라가 큰 자라의 소리에 응하고, 참새가 새매의 날개를 헤치려고 하는 행위로서, 이는 반드시 생령을 도탄에 빠뜨리고 종사를 폐허로 만들게 할 것이다. 이 때문에 내가 먼저 「조」씨의 채찍을 잡고, 홀로 「한」씨의 도끼를 휘둘렀으며, 모든 관리들에게 태양을 두고 맹세하고, 6부에 올바른 취지로 타일렀다. 그러나 뜻밖에 간신들이 도망하고 나라 임금이 변을 당해 죽었으므로, 『경명왕』의 외종제인, 『헌강왕』의 외손을 받들어 왕위에 오르도록 권하여 위태한 나라를 재건하였으니, 임금을 잃고 새 임금을 세우는 일이 그때 이루어졌던 것이다. 그런데도 그대는 충고를 자세히 살피지 않고, 헛되이 떠도는 말을 들어 온갖 술책으로 기회를 노리고 여러 방면으로 침노하였다. 그러나 그대는 아직 나의 말머리마저 보지 못하였고 내 소의 터럭 하나도 뽑지 못하였다. 겨울 초에는 도두 「색상」이 〈성산〉진 밑에서 손이 묶였으며, 이 달에는 좌상 「김락」이 〈미리사〉 앞에서 해골을 드러내었으며, 죽고 잡힌 자가 많았고, 추격하여 사로잡힌 자가 적지 않았다. 강약이 이와 같으니 누가 이기고 누가 질 것은 알 수 있는 일이다. 내가 기약하는 바는, 〈평양성〉의 다락에 활을 걸고 〈패강〉물을 말에게 먹이는 것이다. 그러나 지난달 7일에, 〈오월〉국 사신 「반」 상서가 와서 왕의 조서를 전하였는데, 거기에는 '경이 〈고려〉와 더불어 오랫동안 좋게 지내면서 서로 이웃 관계를 맺고 있었으나, 요사이 두 명의 인질이 모두 죽음으로 인하여 마침내 화친하던 옛날의 우호 관계를 끊고 서로 영역을 침략하여 전쟁을 그치지 않고 있음을 알고 있다. 지금 특별히 사신을 파견하여 그대의 본도로 보내고, 또한 〈고려〉에도 보내니 각자가 마땅히 서로 친하게 지내어, 길이 복을 누리도록 하라.'고 하였다. 나는 왕실을 높이는 의리를 두터이 하고, 대국을 극진히 섬기고 있다. 따라서 이 조칙을 보고 곧 공손히 따르려 한다. 그러나 그대는 항상 싸움을 그치려 하다가도 다시 시작하고, 어려운 지경에서도 오히려 싸우려 한다. 내가 이를 염려하여 이제 조서를 복사하여 부치노니 주의 깊게 자세히 보기를 바란다. 토끼와 사냥개가 싸우다가 서로 피곤해지면 결국 모두 남에게 잡히는 조롱을 받을 것이오, 황새와 조개가 서로 물고 있다가 또한 모두 남에게 잡히는 웃음거리가 될 것이요, 마땅히 지난날의 잘못을 교훈으로 삼아 후회할 일을 스스로 남기지 말아야 할 것이다."라고 했다.

○ (天成)三年,正月에「太祖」答曰, "伏奉〈吳越〉國의 通和使인「班」尚書가 所傳한 詔書一道(通)하고, 兼蒙,足下辱示,長書敍事者하다. 伏以華軺膚使가 袁致制書(吳越의 書)하고 尺素好音과 兼承教誨하다. 捧芝檢(華函)而,雖增感激이나 開華箋而難遣嫌疑라. 今託廻軒(使節)에 輒敷危枉이라. 僕承天假하고 俯迫人推하여 過叨將帥之權하고 獲赴經綸之會라. 頃(전에는)以,三韓厄會(액운)로 九土(九

州)凶荒하여 黔黎,多屬於黃巾하고 田野,無非於赤
흉황　검려다속어황건　　　전야무비어적

土라. 庶幾,弭風塵之警하고 有以,救邦國之災하여
토　서기미풍진지경　　　유이구방국지재

爰自善隣을 於焉結好하여 果見數千里,農桑樂業
원자선린　어언결호　　　과견수천리농상낙업

하여 七八年,士卒閑眠이라. 及至酉年하여 維時陽
칠팔년사졸한면　　　급지유년　　　유시양

月(10월)에 忽焉生事하여 至於交兵하외다. 足下始
월　　　홀언생사　　　지어교병　　　족하시

輕敵하여 以直前으로 若螳螂之拒轍하여 終知難而
경적　　이직전　　약당랑지거철　　　종지난이

勇退는 如蚊子之負山이라. 拱手陳辭하고 指天作
용퇴　　여문자지부산　　　공수진사　　　지천작

誓하노니 '今日之後로 永世歡和하여 苟或渝盟이면
서　　　금일지후　영세환화　　　구혹유맹

神其殛矣리라.' 僕이 亦,尚止戈之武하고 期,不殺
신기극의　　　복　역상지과지무　　　기불살

之仁하여 遂解重圍하고 以休疲卒하고 不辭質子하
지인　　　수해중위　　이휴피졸　　　불사질자

고 但欲安民하니 此는 則,我有大德於,南人也니 豈
단욕안민　　차　즉아유대덕어남인야　　기

謂歃血未乾에 凶威復作하여 蜂蠆之毒이 侵害於
위삽혈미건　　흉위부작　　　봉채지독　　침해어

生民하고 狼虎之狂이 爲梗於畿甸은 〈金城:서울〉窘
생민　　낭호지광　위경어기전　　금성　　　군

忽하고 黃屋震驚이라? 仗義尊周(주나라를 높인다는 뜻
홀　　황옥진경　　　장의존주

으로, 여기서는 신라왕실을 존중)에 誰似「桓」,「文」之霸리
수사　환　문지패

오? 乘間謀漢은 唯看「莽」,「卓」之姦이오. 致使王
승간모한　유간망　탁지간　　　치사왕

之至尊으로 枉稱子於足下는 尊卑失序하니 上下
지 지존   왕 칭 자 어 족 하   존 비 실 서   상 하

同憂하여 以爲非有元輔之忠純이면 豈得再安於
동 우   이 위 비 유 원 보 지 충 순   기 득 재 안 어

社稷이리오? 以僕心은 無匿惡하고 志切尊王하여
사 직   이 복 심   무 닉 악   지 절 존 왕

將援置於朝廷하고 使扶危於邦國에 足下는 見毫
장 원 치 어 조 정   사 부 위 어 방 국   족 하   견 호

鼇之小利하고 忘天地之厚恩하여 斬戮君王하고
리 지 소 리   망 천 지 지 후 은   참 류 군 왕

焚燒宮闕하며 葅醢卿士하고 虔劉士民하여 姬美
분 소 궁 궐   저 해 경 사   건 류 사 민   희 미

則取以同車하고 珍寶則奪之하여 梱載하니 元惡
즉 취 이 동 거   진 보 즉 탈 지   곤 재   원 악

浮於「桀」「紂」하고 不仁甚於獍梟라. 僕怨極崩
부 어 걸   주   불 인 심 어 경 효   복 원 극 붕

天(경애왕의 붕어)과 誠深却日(:앙일신라를 위하는 정성)하
천   성 심 각 일

여 誓效鷹鸇之逐하여, 以申犬馬之勤으로 再擧干
    서 효 웅 전 지 축   이 신 견 마 지 근   재 거 간

戈하여 兩更槐柳하다. 陸擊則雷馳電擊하고 水攻
과   양 갱 괴 류   육 격 즉 뇌 치 전 격   수 공

則虎搏龍騰하여 動必成功하고 擧無虛發이라. 逐
즉 호 박 용 등   동 필 성 공   거 무 허 발   축

「尹邠」於海岸에 積甲如山하고 擒「鄒造:후백제의
윤 빈 어 해 안   적 갑 여 산   금 추 조

장수」於城邊에 伏尸蔽野하며 〈燕山郡:지금 연기군?〉
      어 성 변   복 시 폐 야   연 산 군

畔에 斬〈吉奐:후백제의 장수〉於軍前하고 〈馬利城:거창
반   참 길 환   어 군 전   마 리 성

마리면〉邊에 戮「隨晤:후백제의 장수」於纛下하며 拔
      변   육 수 오   어 독 하   발

〈任存:지금의 예산군 대흥면〉之日에 「邢積:후백제의 장수」
等, 數百人捐軀하고 破〈淸川:지금의 청천군 괴산면〉之
時에 「直心:후백제의 장수」等, 四五輩授首하고. 〈桐
藪:지금의 달성군 상화사 부근〉望旗而潰散하고 〈京山:성
주군〉銜璧以投降하며 〈康州:진주〉則自南而來하고
〈羅〉府則自西移屬이라. 侵攻若此하니 收復寧遙
리오? 必期〈泜水:河北省 元氏縣에 있는 泜水〉營中에 雪
「張耳」千般之恨하고 〈烏江:항우가 쫓겨가던 강 이름〉岸
上에 成『漢王:유방』一捷之功하니 竟息風波하고 求
淸寰海(:세상)라. 天之所助어늘 命欲何歸리오? 況
承『吳越王』殿下, 德洽包荒하고 仁深字小(小民을
愛育)하여 特出綸於丹禁(궁궐)하여 諭戰難於靑丘
하다. 旣奉訓謀하니 敢不尊奉이랴? 若足下祗承
睿旨하여 悉戢凶機(병기)하면 不惟副上國(:吳越)之
仁恩하고 抑可紹海東之絶緖요, 若不過而能改면
其如悔不可追라." 하다.

[足下(족하)] : 견훤을 말함. [華輺膚使(화초부사)] : 화려한 수레를 타고 온 大
使. [尺素好音(척소호음)] : 편지의 좋은 소식. [開華箋(개화전)] : 편지를 열다.
[廻軒(회헌)] : 돌아가는 인편. [輒敷危衽(첩부위왕)] : 문득 자기의 앎을 펴다.
[輒] : 문득(첩). [敷] : 펼(부). [天假(천가)] : 天命. [俯迫人推(부박인추)] : 아래
로는 백성의 추대를 받아. [過叨(과도)] : 지나치게도. [經綸之會(경륜지회)] :
경륜의 기회. [弭(미)] : 그치다(미). [拱手陳辭(공수진사)] : 공손하게 사과하
다. [渝盟(유맹)] : 맹세를 바꿈. 약속을 어김. [殛(극)] : 죽이다. [蜂薑(봉채)] :
벌과 전갈. [黃屋(황옥)] : 황제의 일산. 여기서는 왕궁을 뜻함. 「桓(환)」,「文
(문)」] : 齊桓公과 晉文公으로, 모두 전국시대의 인물임. [乘間(승간)] : 기회를
타다. [「莽(망)」,「卓(탁)」] : 왕망과 동탁. [毫釐(호리)] : 극히 적은 양. [釐] :
작은 양의 단위(리). 兩의 1000의 1. [菹醢(저해)] : 소금에 절인 야채나 고기.
옛날의 혹독한 형벌의 하나. 사람을 죽여 뼈와 살을 소금에 절이던 형벌.
[虔劉(건류)] : 모조리 죽여 해침. [梱載(곤재)] : 가지런히 싣다. 「桀(걸)」·
「紂(주)」] : 중국의 대표적 폭군인 桀王과 紂王. [獍梟(경효)] : 惡獸猛禽. [鷹
鸇(응전)] : 작은 새를 쫓는 새매에 비유. [兩更槐柳(양갱괴류)] : 다시 두 해를
지나다. [尹邠(윤빈)] : 후백제의 장수. [纛] : 깃발(독). 원수의 대기. [捐軀(연
구)] : 몸을 버리다.

3년 정월에, 「태조」가 다음과 같이 회답하기를, 〈오월〉국 통
화사 「반」상서가 전해준 한 장의 조서를 받들고, 동시에 그대가
보내준 장문의 사연을 받아보았다. 화려한 수레를 타고 온 대사
가 제서를 보내주니, 편지의 좋은 소식과 함께 가르침을 받았다.
그대의 좋은 편지를 받게 되어 비록 감격하기는 하였으나, 편지
글을 펴보니 의심을 가지지 않을 수 없었다. 이제 돌아가는 사절

편에 부탁하여 나의 마음을 알리고자 한다. 나는 위로 하늘의 도움을 받들고, 아래로 다른 사람의 추대에 못 이겨 외람되게 장수의 권한을 가지고 경륜을 펴는 자리에 나서게 되었다. 얼마 전에는 삼한에 액운이 닥치고 전국에 흉년이 들어서, 백성들 가운데 반란에 가담하는 자가 많았고, 전답은 황폐해지지 않은 곳이 없었다. 나는 요행히 전쟁의 참화를 종식시키고, 나라의 재난을 구원할 수 있을까 하여 선린 정책으로 우호 관계를 맺었다. 그 이후로 과연 수천리 영역의 백성들이 농업에 힘을 쓰고, 7~8년 동안 군사들이 편히 쉬는 것을 보았다. 그런데 유년 10월에 와서 갑자기 사단이 발생하여 서로 싸우게 된 것이다. 그대는 처음에 나를 업신여겨 마치 당랑이 수레바퀴를 막듯이 덤벼들다가, 마침내는 모기 새끼가 산을 진 것처럼 어려움을 알고 용퇴하였다. 그리고 공손히 사죄하였으며, 하늘을 두고 맹세하기를 '오늘부터 영원히 평화롭게 지낼 것이다. 만일 맹약을 위반한다면 신명의 벌을 받겠다.'고 하였다. 나도 역시 전쟁을 끝내는 무력을 인정하고, 사람들을 죽이지 않는 인을 약속하여 마침내 겹겹으로 에워쌌던 포위를 풀었으며, 지친 군사를 쉬게 하고, 인질의 교환도 마다하지 않으며, 다만 백성을 편안케 하고자 하였다. 이리하여 남방 사람들에게도 나의 덕이 크게 베풀어졌다. 그런데 맹세한 피가 마르기도 전에 그대가 흉악한 위세를 다시 부려서, 벌과 독충 같은 해독이 백성들에게 미치고, 호랑이와 승냥이 같은 행패가 전국을 몰아쳐서, 〈금성〉이 위험에 빠지고 왕궁에 혼란이 일어날 줄을 어찌 알았으랴? 정의에 입각하여 주나라 왕실을 높이는 일에「제

환」, 「진문」의 패업과 같은 자가 누구이겠는가? 기회를 엿보아 한 나라를 전복하려 한 것은 오직 「왕망」, 「동탁」의 간악함에서만 볼 수 있는 일이다. 지존의 왕으로 하여금 그대 앞에서 자식이라고 칭하게 하여 군신의 질서가 없어지자 상하가 모두 근심에 잠겼으니, 임금을 보좌할 진정한 충신이 아니면 어찌 다시 사직을 편안히 하겠는가?라고 생각하였다. 사람들은 내가 야심이 없고 존왕의 정신이 간절하다 하여, 나를 조정에 두어 국가의 위급한 처지를 구하도록 하였다. 그대는 털끝 만한 작은 이익을 위하여 천지와 같이 두터운 은혜를 잊고 있다. 임금을 죽이고 궁궐을 불살랐으며, 재상과 관리들을 모조리 살륙하고, 양반과 상민을 학살하였으며, 귀부인을 잡아 수레에 같이 태우고 진귀한 보물을 빼앗아 짐으로 실어 갔다. 그대는 「걸」, 「주」보다 더 포악하며, 맹수보다 더욱 잔인하다. 나는 임금의 죽음에 원한이 사무치고, 백성의 원수를 물리칠 마음에 충만되어 있다. 역적의 처단에 진력하여 미미한 충성을 표하기로 하고, 다시 무기를 든 후 두 해가 지났다. 육전에서는 우레와 같이 내닫고 번개와 같이 빨랐으며, 수전에서는 호랑이나 용처럼 뛰어 올라, 움직이면 반드시 성공하고 손을 들면 반드시 헛된 적이 없었다. 「윤빈」을 해안에서 쫓을 때 그가 버리고 간 갑옷이 산 같이 쌓였고, 「추조」를 성 옆에서 사로잡을 때는 쓰러진 시체가 들을 덮었다. 〈연산군〉 부근에서는 「길환」을 군문에서 베었고, 〈마리성〉 부근에서는 「수오」를 대장기 밑에서 죽였다. 〈임존성〉을 함락시키던 날, 「형적」 등 수백 명의 몸이 사라졌고, 〈청천〉을 쳐부수던 때는 「직심」 등 네댓 명이 머리를 바쳤었다. 〈동수〉의 군사는 깃발만 보고도 도망하였고, 〈경산〉의 군사는 구슬을 물고 와서 항복하였으며, 〈강주〉 고을은 남쪽으로부터 항복해왔고, 〈나주〉 고을은 서쪽으로부터 귀순하였다. 공격하는 솜씨가 이러하니 국토를 회복할 날이 어찌 멀겠는가? 〈저수〉의 병영에서 「장이」의 깊은 원한을 씻고, 〈오강〉 가에서 『한왕』이 최후의 일전에 성공한 것과 같은 일이 반드시 일어날 것이다. 이제 전란을 평정하여 전국을 안정시키려 하니, 하늘이 나를 돕고 있다. 그런즉 천 명이 어디로 돌아가겠는가? 더구나 『오월왕』 전하의 덕화가 넘쳐 외방에 이르고, 인자함은 지극하여 어린 백성을 사랑하니, 특별히 궁궐에서 지시를 내려 동방에서 전란을 끝내라고 타일렀으니, 이미 이 가르침을 받은 이상 어찌 존중하지 않으랴? 만일 그대가 공손히 이 지시를 받들어 싸움을 그친다면, 이는 대국의 어진 은덕에 보답하는 것일 뿐 아니라 이 해동의 끊어진 왕통을 다시 이을 수 있을 것이요, 만일 허물이 있는데도 고치지 않는다면, 이를 후회하더라도 수습할 길이 없을 것이다.”라고 했다.

○夏.五月에 「萱」이 潛師.襲〈康州:진주〉하여 殺.
三百餘人하니 將軍「有文」이 生降하다. 秋.八月에
「萱」이 命.將軍「官昕」하여 領衆.築〈陽山:영동군 양
산면〉하다. 「太祖」가 命.〈命旨城:위치 미상〉將軍

「王忠」하여 擊之하니 退保〈大耶城:합천〉하다. 冬,

十一月에 「萱」이 選勁卒하여 攻拔〈缶谷城:군위군

의흥면〉하고 殺,守卒一千餘人하고 將軍「楊志」,

「明式」等이 生降하다. 四年秋七月에 「萱」이 以,甲

兵五千人으로 攻〈義城府:지금의 의성군〉하니 城主

將軍「洪術」이 戰死하다. 「太祖」哭之慟曰, "吾失,

左右手矣라." 하다. 「萱」이 大擧兵하여 次〈古昌郡:

지금의 안동〉〈瓶山〉之下하여 與「太祖」로 戰하여 不

克하니 死者,八千餘人이러라. 翌日에 「萱」이 聚殘

兵하여 襲破〈順州城:안동 풍산〉하다. 將軍,「元逢」이

不能禦하고 棄城夜遁하니 「萱」이 虜,百姓하여 移

入〈全州〉하다. 「太祖」는 以「元逢」으로 前,有功宥

之하고 改「順州」하여 號「下枝縣」하다.

▶ 어려운 낱말 ◀

[潛師襲(잠사습)] : 몰래 군사를 풀어 습격하다. [選勁卒(선경졸)] : 강병을 뽑

아. [宥] : 용서할(유).

여름 5월, 「견훤」이 비밀리에 군사를 보내 〈강주〉를 습격하여 3백여 명을 죽이니, 장군 「유문」이 견훤에게 항복하였다. 가을 8월, 「견훤」이 장군 「관흔」으로 하여금 〈양산성〉을 쌓게 하였는데, 「태조」가 〈명지성〉 장군 「왕충」으로 하여금 이를 공격하게 하니 관흔은 물러가 〈대야성〉을 수비하였다. 겨울 11월, 「견훤」이 강병을 선발하여 〈부곡성〉을 함락시키고, 수비군 1천여 명을 죽이자, 장군 「양지」, 「명식」 등이 항복하였다. 4년 가을 7월, 「견훤」이 갑병 5천 명을 거느리고 〈의성부〉를 공격하였는데, 성주였던 장군 「홍술」이 이 싸움에서 전사하였다. 「태조」가 슬프게 울면서 "내가 두 팔을 잃었다."고 말하였다. 「견훤」이 대병을 동원하여 〈고창군〉의 〈증산〉 밑에 주둔하여 「태조」와 싸웠으나 승리하지 못하고 전사자가 8천여 명에 달하였다. 다음날 「견훤」이 패잔병을 모아 〈순주성〉을 습격하여 격파하였다. 장군 「원봉」이 이를 방어하지 못한 채 성을 버리고 밤에 도주하였다. 「견훤」은 백성들을 사로잡아 〈전주〉로 이주시켰다. 「태조」가 예전의 공로를 참작하여 「원봉」을 용서하고, 「순주」의 이름을 「하지현」으로 고쳤다.

○〈長興:後唐 明宗의 연호〉三年(경순왕 6년, 932)에 「甄萱」의 臣「龔直(공직)」이 勇而有,智略하여 來降「太祖」하다. 「萱」이 收「龔直」二子一女하여 烙斷股筋

하다. 秋九月에 「萱」이 遣一吉湌「相貴」하여 以舡
　　　추 구 월　　　훤　　견 일 길 찬 상 귀　　　이 강

兵入〈高麗〉〈禮成江〉하여 留三日하며 取〈鹽:연
병 입 고 려　예 성 강　　　유 삼 일　　　취 염

안〉,〈白:백천〉,〈貞:풍덕〉, 三州의 船一百艘焚之하고
안　　백　　　정　　　삼 주　선 일 백 소 분 지

捉〈猪山島〉牧馬, 三百匹而歸하다.〈清泰〉元年
착 저 산 도 목 마　삼 백 필 이 귀　　　청 태 원 년

春正月에 「萱」이 聞「太祖」屯〈運州:지금의 홍천군〉
춘 정 월　　　훤　　문 태 조 둔 운 주

하고 遂簡甲士五千至하여 將軍「黔弼」이 及其未
　　　수 간 갑 사 오 천 지　　장 군 검 필　　　급 기 미

陣에 以勁騎數千突擊之하여 斬獲三千餘級하다.
진　　이 경 기 수 천 돌 격 지　　　참 획 삼 천 여 급

〈熊津〉以北三十餘城이 聞風自降하다. 「萱」의
웅 진 이 북 삼 십 여 성　　문 풍 자 항　　　훤

麾下術士「宗訓」과 醫者「訓謙」과 勇將「尚達」과
휘 하 술 사 종 훈　　　의 자 훈 겸　　　용 장 상 달

「崔弼」等이 降於「太祖」하다.
최 필 등　　항 어 태 조

▶ 어려운 낱말 ◀

[烙斷股筋(낙단고근)] : 불로 지져서 다리의 근육을 끊다. [簡甲士(간갑사)] : 갑
옷 입은 군사를 선택해서.

▷ 본문풀이 ◁

　〈장흥〉 3년, 용감하고 지략이 있는 「견훤」의 부하 「공직」이 「태
조」에게 항복하였다. 「견훤」은 「공직」의 아들 두 명과 딸 한 명을
잡아다가 다리 힘줄을 불로 지져 끊었다. 가을 9월, 「견훤」이 일

길찬 「상귀」를 보내 수군을 거느리고 〈고려〉의 〈예성강〉에 들어와 3일간 머물면서 〈염주〉, 〈백주〉, 〈정주〉 세 주의 배 1백 척을 빼앗아 불사르고 〈저산도〉에 있는 목마 3백 필을 빼앗아 돌아갔다. 〈청태〉 원년 정월, 「견훤」이 「태조」가 〈운주〉에 주둔하고 있다는 말을 듣고 바로 갑병 5천 명을 선발하여 장군 「검필」이 진(陣)에 이르기 전에 경기 수천 필을 쳐부수고 3천여 명을 참획했다. 〈웅진〉 이북의 30여 성이 이 소문을 듣고 자진하여 항복하였다. 「견훤」의 부하인 술사 「종훈」과 의원 「훈겸」, 용감한 장수 「상달」, 「최필」 등이 「태조」에게 항복하였다.

○「甄萱」이 多娶妻하여 有子十餘人이라. 第四子「金剛」이 身長而多智하여 「萱」이 特愛之하여 意欲傳其位하다. 其兄「神劍」과 「良劍」과 「龍劍」等이 知之하고 憂悶하다. 時에 「良劍」이 爲〈康州〉都督하고 「龍劍」이 爲〈武州〉都督하고 獨「神劍」在側이라. 伊湌「能奐」이 使人往〈康〉,〈武〉二州하여 與「良劍」等으로 陰謀하다. 至〈淸泰〉二年(고려 태조 18년)春三月에는 與波珍湌「新德」과 「英順」等이 勸「神劍」하여 幽「萱」於〈金山:금산사, 현제 김제

군 금산사〉佛宇하고 遣人殺「金剛」하고「神劒」이
　　　　　　불우　　　　견인살　금강　　　　신검
自稱大王하고 大赦境內하다.
자칭대왕　　　대사경내

▷ 본문풀이 ◁

　「견훤」은 아내를 많이 취하여 아들이 10여 명이었다. 그 가운데 넷째 아들「금강」이 키가 크고 지혜가 많았으므로「견훤」은 특히 아껴서 그에게 왕위를 전하려 하였다. 그의 형「신검」,「양검」,「용검」등이 이를 알고 번민하였다. 이때「양검」은〈강주〉도독,「용검」은〈무주〉도독이 되었으며, 다만「신검」만이 견훤의 측근에 있었다. 이찬「능환」이 사람을 시켜〈강주〉와〈무주〉에 가서「양검」등과 함께 음모를 꾸미고,〈청태〉2년 3월에, 파진찬「신덕」,「영순」등과 함께「신검」에게 권고하여「견훤」을〈금산〉불당에 가두고 사람을 보내「금강」을 죽였다.「신검」이 자칭 대왕이라 하고 국내의 죄수를 크게 사면하였다.

○其教書曰, "「如意:漢高祖의 4子」가 特蒙寵愛나
　기교서왈　　여의　　　　　　　　　특몽총애
「惠帝」得以爲君하고「建成:唐高祖 李淵의 元子」濫處
혜제득이위군　　　건성　　　　　　　　　　　　남처

元良이나 「太宗」이 作而卽位하니 天命不易하고
원량   태종   작이즉위   천명불역

神器(임금의 자리)有歸하다. 恭惟하면 大王(:견훤)의
신기   유귀   공유   대왕

神武는 超倫하고 英謀冠古하다. 生丁衰季하여 自
신무   초륜   영모관고   생정쇠계   자

任經綸하여 徇地三韓하고 復邦〈百濟〉하고 廓淸
임경륜   순지삼한   복방 백제   곽청

塗炭하니 而黎元安集하고 鼓舞風雷하니 而邇遐
도탄   이려원안집   고무풍뢰   이이하

駿奔하다. 功業幾於,重興하여 智慮,忽其一失하여
준분   공업기어중흥   지려홀기일실

幼子鍾愛(아들 金剛)하고 姦臣弄權하여 導,大君(견훤)
유자종애   간신농권   도 대군

於〈晉〉「惠」之昏하고 陷,慈父於「獻公:춘추시대 晉獻
어 진 혜 지혼   함자부어 헌공

公을 말함.」之惑하여 擬以,大寶授之頑童하다. 所幸
         지혹   의이대보수지완동   소행

者는 上帝降衷하여 君子改過하고 命我元子하여
자   상제강충   군자개과   명아원자

尹茲一邦하다. 顧非震長之才어늘 豈有,臨君之智
윤자일방   고비진장지재   기유임군지지

라? 兢兢慄慄하여 若蹈氷淵하니 宜推,不次之恩하
    긍긍률률   약도빙연   의추불차지은

고 以示,維新之政하여 可,大赦境內하여 限〈淸泰〉
   이시유신지정   가대사경내   한 청태

二年(서기, 935)十月十七日,昧爽以前하여 已發覺
이년   십월십칠일매상이전   이발각

未發覺과 已結正,未結正의 大辟,已下罪는 咸赦
미발각   이결정미결정   대벽이하죄   함사

除之하여 主者施行! 하라." 하다.
제지   주자시행

[元良(원량)] : 원자. [恭惟(공유)] : 생각하면. [神武(신무)] : 신통한 무술. [超倫(초륜)] : 출중하다. [英謀(영모)] : 영특한 계책. [冠古(관고)] : 만고에 으뜸. [生丁衰季(생정쇠계)] : 말세에 태어나다. [邂逅駿奔(이하준분)] : 원근을 준마 달리 듯하다. [鍾愛(종애)] : 사랑을 독차지하다. [晉惠之昏(진혜지혼)] : 진나라 惠帝의 혼미함. [頑童(완동)] : 완악한 아이. [尹玆一邦(윤자일방)] : 한 나라를 다스리게 하다. [震長之才(진장지재)] : 천자의 위를 계승할 태자가 될 만한 재목. [兢兢慄慄(긍긍률률)] : 조심스럽고 두려워하는 모양. [不次(불차)] : 순서를 넘는 것. [昧爽(매상)] : 이른 새벽. [大辟(대벽)] : 옛날 오형의 하나. 사형. [主者(주자)] : 주관하는 사람.

▷ 본문풀이 ◁

그 교서에 이르기를, "「여의」가 특별히 총애를 받았지만 「혜제」가 임금이 되었고, 「건성」이 외람되게 태자의 자리에 있었으나 「태종」이 일어나 제위에 올랐으니, 천명은 바뀌는 법이 없고, 왕위는 정해진 데로 돌아가게 되어 있는 것이다. 생각컨대, 대왕의 신통한 무위는 출중하였고, 영명한 지혜는 만고에 으뜸이었다. 말세에 태어나서 세상을 구하려는 책임을 스스로 떠맡고, 삼한을 다니며 〈백제〉를 회복하였으며, 도탄의 괴로움을 깨끗이 씻어주어 백성들이 편안히 살게 되었다. 그가 바람과 우레처럼 떠다니니, 다니는 곳마다 원근에서 그에게 달려왔으며, 이로 말미암아 왕업의 중흥을 눈앞에 두게 되었다. 그러나 갑자기 지혜가 한 번 잘못되어, 어린 아들이 사랑을 독차지하고, 간신이 권세를 농락하였다. 그들은 임금을 〈진〉나라의 「혜공」처럼 우매하게 하였으며, 어진 아버지를 「헌공」처럼 미혹한 길로 빠지게 하여,

철모르는 아이에게 왕위를 잇게 하였으나, 다행히 하늘이 내린 충정으로 군자(견훤)께서 허물을 바로잡고, 장자인 나에게 이 나라를 맡기셨다. 그러나 돌이켜 보면, 나는 태자의 자질도 갖추지 못했으니, 어찌 임금이 될 지혜가 있겠는가? 따라서 조심하고 두려워하며 연못의 얼음을 밟는 것 같이 행동하고 있다. 맏아들로서 왕위에 오른 특별한 은혜를 마땅히 백성들에게도 베풀어 혁신된 정치를 해야 할 것이므로, 국내의 죄수들에게 대사면령을 내린다. 〈청태〉 2년 10월 17일, 동트기 전을 기준으로 이미 발각되었거나 발각되지 않았거나, 이미 결정되었거나 혹은 결정되지 않은 사안을 막론하고 사형수 이하의 죄는 모두 사하여 면제한다. 주관자는 이를 시행하라.”고 했다.

○「萱」이 在,〈金山〉三朔인 六月에 與,季男「能乂」와 女子「衰福」과 嬖妾「姑比」等이 逃奔〈錦城:나주〉하여 遣人하여 請見於「太祖」하니 「太祖」喜하여 遣,將軍「黔弼」과 「萬歲」等하여 由,水路하여 勞來之하다. 及至에 待以厚禮하니 以「萱」이 十年之長으로 尊爲,「尙父」라 하고 授館以,南宮하여 位在,百官之上하다. 賜〈楊州〉하여 爲,食邑하고 兼賜,金帛蕃縟과 奴婢各,四十口하고 內廐馬,十四하다.

▶ 어려운 낱말 ◀

[季男(계남)] : 막내아들. [嬖妾(폐첩)] : 애첩. [嬖] : 사랑할(폐). [水路(수로)] : 뱃길. [勞來之(노내지)] : 위로하여 오게 하다. [尙父(상보)] : 아버지와 같이 높이어 모심. [金帛蕃縟(금백번욕)] : 금, 비단, 병풍과 금침. [蕃(번)] : 막다. 울타리. [內廐馬(내구마)] : 궁중의 마구간에 있는 말.

▷ 본문풀이 ◁

「견훤」은 〈금산〉에서 석 달 동안 있다가 6월에 이르러 그는 막내아들 「능예」, 딸 「쇠복」, 첩 「고비」 등과 함께 〈금성〉으로 도망하여 사람을 「태조」에게 보내 만나 주기를 요청하니, 「태조」가 기뻐하며 장군 「검필」, 「만세」 등을 보내 뱃길로 가서 그를 위로하고 데려오게 하였다. 「견훤」이 오자, 태조는 후한 예로 그를 대접하고, 견훤의 나이가 태조보다 10년 장으로 그를 높여 「상보」라고 불렀고, 남궁을 숙소로 주어서 직위가 백관보다 상위에 있었다. 〈양주〉를 식읍으로 주고, 겸하여 금, 비단, 병풍, 금침과 남녀 노비를 각 40여 명씩 주고 궁중의 말 10필을 주었다.

○「甄萱」의 壻將軍「英規」가 密語其妻曰, "大王이 勤勞四十餘年에 功業垂成이러니 一旦에 以家人之禍로 失地하고 投於〈高麗〉하도다. 夫貞女는 不事二夫하고 忠臣은 不事二主라. 若捨己君以事逆子면 則何顔으로 以見天下之義士乎리

오? 況聞〈高麗〉王公은 仁厚勤儉하여 以得民心하
황문 고려 왕공 인후근검 이득민심

니 殆天啓也리라. 必爲〈三韓〉之主하리니 蓋致書
태천계야 필위 삼한 지주 개치서

以安慰我王하고 兼殷勤(慇懃)於王公하여 以圖將
이안위아왕 겸은근 어왕공 이도장

來之福乎아?"하니 其妻曰, "子之言이 是吾意也
래지복호 기처왈 자지언 시오의야

라."하다.

▷ 본문풀이 ◁

「견훤」의 사위인 장군 「영규」가 남모르게 그의 처에게 말했다.
"대왕이 40여 년 동안 노력하여 사업이 거의 성취되려다가 하루
아침에 집안사람의 재화를 입어 땅을 잃고 〈고려〉에 투신하였다.
대저 열녀는 두 지아비를 섬기지 않는 것이며, 충신은 두 임금을
섬기지 않는 법이니, 만일 제 임금을 버리고 역적인 자식을 섬긴
다면 무슨 낯으로 천하의 의사들을 볼 것인가? 하물며 〈고려〉의
왕공은 인후하고 근검함으로써 민심을 얻었다는 말을 들었으니,
이것은 아마 하늘이 계시이리라. 그는 반드시 〈삼한〉의 임금이 될
것이니, 어찌 편지를 보내 우리 임금을 위로하고 동시에 왕공에게
성의를 보여 장래의 행복을 도모하지 않겠는가?' 하니, 그의 아내

가 말하기를, "당신의 말씀이 바로 나의 뜻입니다."라고 하였다.

○於是에〈天福:後晉 高祖의 연호〉元年(고려태조 19년, 936)二月에 遣人致意하고 遂告「太祖」曰, "若擧義旗하면 請爲內應하여 以迎王師하리다." 하니「太祖」大喜하여 厚賜其,使者而遣之하고 兼謝「英規」曰, "若,蒙恩一合하고 無,道路之梗이면 則先致謁於將軍하고 然後에 升堂拜,夫人하고 兄事而姉尊之하여 必,終有以厚報之하리니 天地鬼神이 皆聞此言하리라." 하다. 夏,六月에「萱」이 告曰, "老臣이 所以,投身於殿下者는 願仗,殿下威稜하여 以誅,逆子耳라. 伏望大王은 借以神兵하여 殲其賊亂하면 則,臣雖死라도 無憾이리라." 하다.「太祖」從之하여 先遣太子「武」와 將軍「述希」하여 領,步騎一萬하고 趣〈天安府〉하다. 秋,九月에「太祖」가 率,三軍하고 至,〈天安〉하여 合兵하고 進次〈一善:善山〉하

니 「神劒」이 以兵逆之하다. 甲午에 隔〈一利川:善山
　　신 검　　　이 병 역 지　　　갑 오　　격 일 리 천
의 동쪽에 있음〉하고 相對布陣하다.
　　　　　　　　　상 대 포 진

▶ **어려운 낱말** ◀

[致意(치의)] : 뜻을 전하다. [梗(경)] : 막히다. 대개. [威稜(위룽)] : 임금의 위
력. [殲(섬)] : 섬멸하다. [趣(취)] : 나가게 하다.

▷ **본문풀이** ◁

〈천복〉 원년 2월에, 영규가 「태조」에게 사람을 보내 자신의 뜻
을 전하며 말하기를, "만일 정의의 깃발을 드신다면, 안에서 호응
하여 왕의 군사를 맞이하겠습니다." 하니, 「태조」가 기뻐하며 그
사자에게 후하게 상을 주어 보내고, 동시에 「영규」에게 감사를
표하며 "만일 은혜를 입어 하나로 힘을 합치게 된다면, 길이 막히
지 않는 한 내가 먼저 장군을 뵈온 뒤에 마루에 올라가 부인에게
절하고, 장군을 형으로 섬기고 부인을 누님으로 높여, 필히 종신
토록 후하게 보답하리니, 이 말은 모두 천지신명이 들을 것이오."
라고 하였다. 여름 6월에, 「견훤」이 태조에게 말하기를, "노신이
전하에게 투항한 것은 전하의 위엄을 빌어 역적인 자식을 벌하려
는 것이었습니다. 엎드려 바라옵건대, 「대왕」은 신병을 빌려 주
어 난신적자를 섬멸케 한다면 신은 죽어도 유감이 없겠습니다."
했다. 「태조」가 그 말에 따라, 먼저 태자 「무」와 장군 「술회」에게
보병과 기병 1만을 주어 〈천안부〉로 가게 하였다. 그리고 가을 9
월에, 「태조」가 직접 3군을 거느리고 〈천안〉에 도착하여 군사를

합치고 〈일선〉에 진주하였다. 「신검」은 군사를 거느리고 마주 대치하여, 갑오일에 〈일리천〉을 사이에 두고 마주 보며 진을 쳤다.

○「太祖」가 與,尙父「萱」으로 觀兵하다. 以,大相
「堅權」과 「述希」와 「金山」과 將軍「龍吉」과 「奇
彦」等으로 領,步騎三萬하여 爲,左翼하고 大相「金
鐵」과 「洪儒」와 「守鄕」과 將軍「王順」과 「俊良」
等으로 領,步騎三萬하여 爲,右翼하고, 大匡「順式」
과 大相「兢俊」과 「王謙」과 「王乂」와 「黔弼」과 將
軍「貞順」과 「宗熙」等은 以,鐵騎二萬과 步卒,三千
及「黑水」「鐵利」諸道勁騎,九千五百으로 爲,中軍
하고 大將軍「公萱」과 將軍「王含允」은 以兵一萬
五千으로 爲,先鋒하여 鼓行而進하니 〈百濟〉將軍
「孝奉」과 「德述」과 「明吉」等이 望,兵勢大而整하
여 棄甲하고 降於陣前하다. 「太祖」勞慰之하고 問,
〈百濟〉將帥所在하니 「孝奉」等曰, "元帥「神劒」은
在,中軍하니다." 하니 「太祖」가 命,將軍「公萱」하여

直擣中軍하고 一軍이 齊進挾擊하니 〈百濟〉軍.潰
직 도 중 군　　　일 군　　　제 진 협 격　　　　백 제 군 궤

北하다.「神劍」이 與.二弟及將軍「富達」과「小達」
배　　　신 검　　　여 이 제 급 장 군 부 달　　　　소 달

과「能奐」等, 四十餘人이 生降하다.
능 환 등　사 십 여 인　　　생 항

▶ 어려운 낱말 ◀

[觀兵(관병)] : 열병. [鐵騎(철기)] : 철갑 기병. [直擣(직도)] : 똑바로 공격하다.

[擣(도)] : 찌르다. 공격하다. 찧다. [潰北(궤배)] : 무너져 패배하다.

▷ 본문풀이 ◁

「태조」가 상보「견훤」과 함께 열병하고, 대상「견권」·「술희」·「금산」과 장군「용길」·「기언」등에게 보병과 기병 3만을 주어 좌익을 삼고, 대상「김철」·「홍유」·「수향」과 장군「왕순」·「준량」등에게 보병과 기병 3만을 주어 우익을 삼고, 대광「순식」과 대상「긍준」·「왕겸」·「왕예」·「검필」과 장군「정순」·「종희」등에게 정예 기병 2만과 보병 3천, 그리고「흑수」·「철리」등 여러 도의 정예 기병 9천5백 명을 주어 중군을 삼고, 대장군「공훤」과 장군「왕함윤」에게 군사 1만 5천 명을 주어 선봉을 삼아서 북을 울리며 진군하니, 〈백제〉장군「효봉」·「덕술」·「명길」등이 고려 군사의 기세가 웅장하며 잘 정비된 것을 보고, 무기를 버린 채 진 앞에 와서 항복하였다.「태조」가 그들을 위로하고 〈백제〉의 장수가 있는 곳을 물었다.「효봉」등이 "원수「신검」이 중군에 있다."고 말하였다.「태조」가 장군「공훤」으로 하여금 곧바로 중군을 공격케 하고,

전군이 함께 나가 협공하자, 백제 군사가 무너져 패배하였다. 「신검」은 그의 두 아우와 장군 「부달」·「소달」·「능환」 등 40여 명과 함께 항복하였다.

○「太祖」受降하고 除「能奐」하고 餘皆 慰勞之하
　　태조 수항　　　　제 능환　　　　여개 위로지
고 許令與妻孥上京하다. 問「能奐」曰, "始與「良
　허령여 처노상경　　　문 능환 왈　　　시어 양
劒」等으로 密謀하여 囚大王하고 立其子者는 汝之
검 등　　밀모　　　수 대왕　　입기자자 여지
謀也니 爲臣之義로 當如是乎아?"「能奐」이 俛首
모야　위신지의　　당여시호　　　능환　　면수
不能言이라. 遂命誅之하다. 以「神劒」은 僭位爲人
불능언　　수명주지　　　이 신검　　참위위인
所脅이요, 非其本心이라 又且歸命乞罪하니 特原
소협　　비기본심　　　우차귀명걸죄　　특원
其死하다.[一云, 三兄弟, 皆伏誅.]「甄萱」은 憂懣發疽하
기사　　　　　　　　　　견훤　　우만발저
여 數日에 卒於〈黃山〉佛舍하다.
　수일　졸어 황산 불사

▶어려운 낱말◀

[受降(수항)] : 항복을 받다. [餘皆(여개)] : 나머지는 모두. [妻孥(처노)] : 처자
식. [俛首(면수)] : 머리를 숙이고. [僭位(참위)] : 임금의 자리를 범하는 일.
[所脅(소협)] : 협박. [特原(특원)] : 특별히 면제하다. [憂懣(우만)] : 근심과 우
울. [發疽(발저)] : 등창이 나서. [佛舍(불사)] : 절.

「태조」는 그들의 항복을 받아들이고,「능환」을 제외한 나머지 사람을 모두 위로하여 주었으며, 처자와 함께 서울로 올라오는 것을 허락하였다. 태조가 「능환」에게 묻기를, "처음에 「양검」 등과 음모를 꾸며 대왕을 가두고 그 아들을 왕으로 세운 것이 너의 소행이니, 신하된 도리로 이럴 수 있는가?" 하니, 「능환」은 머리를 숙이고 말을 하지 못하였다. 「태조」는 마침내 그를 주살하라고 명령하였다. 「신검」은, 왕위의 찬탈이 타인의 협박에 의한 것으로서 자기 본심이 아니었으며, 또한 나라를 바치고 자기의 죄과를 사죄했다 하여 특별히 사형을 면하였다.【혹은 삼형제가 모두 처형당하였다고도 한다.】「견훤」은 근심과 고뇌로 말미암아 등창이 나서 수일 만에 〈황산〉의 불사에서 생애를 마쳤다.

○「太祖」軍令이 嚴明하여 士卒.不犯秋毫하다.
　　태조　군령　　엄명　　　사졸불범추호

故로 州縣案堵하고 老幼.皆呼萬歲하다. 於是에 存
고　주현안도　　노유개호만세　　　　어시　존

問將士하고 量材任用하니 小民은 各安其所業하
문장사　　양재임용　　　소민　　각안기소업

다. 謂「神劍」之罪는 如前所言하여 乃賜官位하다.
　　위 신검 지죄　여전소언　　　내사관위

其二弟는 與「能奐」으로 罪同이라 遂流於〈眞州:미
기이제　여능환　　　죄동　　　수류어 진주

상〉라가 尋殺之하다. 謂「英規」하되 "前王失國後에
　　　심살지　　　위 영규　　　전왕실국후

其.臣子가 無.一人.慰藉者로되 獨卿夫妻가 千里
기신자　무일인위자자　　　독경부처　　천리

嗣音하여 以致誠意하고 兼歸美於寡人하니 其義,
사음　　　이치성의　　　겸귀미어과인　　　기의

不可忘이라." 하다. 仍許職左丞하고 賜田一千頃
불가망　　　　　　　잉허직좌승　　　사전일천경

하고 許借驛馬三十五匹하여 以迎家人하고 賜其,
　　　허차역마삼십오필　　　이영가인　　　사기

二子以官하다. 「甄萱」은 起〈唐〉〈景福〉元年(신라
이자이관　　　견훤　　　기당　　경복　원년

진성왕 6년)하여 至〈晉〉〈天福〉元年(고려 태조 19년)하
　　　　　　　지 진　천복　원년

니 共四十五年而滅하다.
　　공사십오년이멸

▶어려운 낱말◀

[秋毫(추호)] : 조금도.　[案堵(안도)] : 안도하다.　[量材(양재)] : 재능에 맞게.
[嗣音(사음)] : 서신을 전함.

▷본문풀이◁

「태조」의 군령이 엄격하고 공정하였으므로, 군졸들이 조금도
백성을 범하지 않았기 때문에 주와 현의 백성들은 모두 안도하였
으며, 늙은이, 어린이가 모두 만세를 불렀다. 이에서 장수와 병졸
을 위로하고 그들의 재능을 살펴서 임용하니, 백성들은 각각 자신
의 직분에 충실하였다. 「신검」의 죄는 앞에 말한 바와 같다 하여
벼슬을 주고, 그의 두 아우는 「능환」과 죄가 같다 하여 〈진주〉로
유배시켰다가 얼마 후에 처형하였다. 태조가 「영규」에게 일러 말
하기를, "전 임금이 나라를 잃은 뒤에, 그의 아들은 신하로서 한
사람도 자기 임금을 위로하는 자가 없었는데, 오직 장군 부부만이

천리 밖에서 소식을 전하여 성의를 다하였고, 또한 나에게 귀순하였으니, 그 의리를 잊을 수 없다."라고 했다. 인하여 태조는 그에게 좌승의 직위를 주고, 밭 일천 경을 주었으며, 또한 역마 35필을 빌려주어 집안사람들을 데려오게 하였다. 그의 두 아들에게도 벼슬을 주었다. 「견훤」은 〈당〉나라 〈경복〉 원년에 일어나 〈진〉나라 〈천복〉 원년까지 모두 45년 만에 멸망하였다.

○論曰,〈新羅〉는 數窮道喪하니 天無所助하고
民無所歸하다. 於是에 郡盜投隙而作하여 若蝟毛
然하다. 其劇者가 「弓裔」와 「甄萱」二人而已라.
「弓裔」는 本〈新羅〉王子로 而反以宗國爲讐하여
圖夷滅之하여 至斬先祖之畫像하니 其爲不仁이
甚矣라. 「甄萱」은 起自〈新羅〉之民하여 食〈新羅〉
之祿하고 而包藏禍心하고 幸國之危하여 侵軼都
邑하고 虔劉君臣을 若禽獼而草薙之하니 實天下
之元惡大憝니라. 故로 「弓裔」는 見棄於其臣하고
「甄萱」은 産禍於其子하니 皆自取之也라. 又誰
咎也리오? 雖「項羽」와 「李密」之雄才로도 不能敵

〈漢〉〈唐〉之興이어늘 而況「裔」「萱」之凶人이 豈可
　　한　　당　지흥　　　　　　이황　예　훤　지흉인　　기가

與,我「太祖」相抗歟아? 但,爲之歐民者也니라.
여 아　태조　상항여　　　단 위지구민자야

▶ **어려운 낱말** ◀

[數窮道喪(수궁도상)] : 운수가 궁하고 도가 상하다. [投隙(투극)] : 틈을 타서.
[蝟毛(위모)] : 고슴도치의 털. [劇者(극자)] : 극악한 자. [宗國(종국)] : 그가 태
어난 나라. [侵軼(침질)] : 침략. [虔劉(건류)] : 모조리 죽여 해침. [獮] : 가을
사냥(선). [禽獮(금선)] : 새를 사냥하듯. [草薙(초치)] : 풀을 후려쳐 베듯 하
다. [憝] : 원망할(대). [元惡大憝(원악대대)] : 원악 대죄인. [誰咎(수구)] : 누
구의 허물이랴.

〚 **저자의 견해** 〛

　〈신라〉는 운세가 기울고 도가 사라졌기 때문에 하늘이 돕지 않
고 백성들이 의지할 곳이 없었다. 그래서 그 틈을 타서 도적들이
무수하게 일어나 마치 고슴도치 털처럼 되었다. 그중에서 가장 극
렬한 자는 「궁예」와 「견훤」 두 사람 뿐이었다. 「궁예」는 본래 〈신
라〉의 왕자로서 도리어 조국을 원수로 여기고 신라의 전복을 기
도하였으며, 심지어 선조의 초상화까지 참수하였으니, 그의 어질
지 못함이 극심하였다. 「견훤」은 〈신라〉 백성으로 일어나 〈신라〉
의 녹을 먹으면서도 악심한 마음을 먹었으며, 나라의 위기를 다행
으로 여겨 도성과 고을을 침략하고 임금과 신하를 모조리 '새를
죽이고 풀을 베듯' 살육하였으니, 실로 천하의 원흉이었다. 그러
므로 「궁예」는 자기 부하로부터 버림을 당하였고, 「견훤」은 제 자

식으로부터 화를 입었으니 모두 자기네가 취한 결과이다. 누구를 다시 원망하겠는가? 비록 「항우」와 같이 뛰어난 재주로도 〈한〉나라의 흥기를 막지 못하였고, 「이밀」과 같이 뛰어난 재주로도 〈당〉나라의 흥기를 막지 못하였거늘, 하물며 「궁예」나 「견훤」과 같은 흉인이 어찌 우리 「태조」에게 대항할 수 있었으랴? 다만, 태조에게 백성들을 끌어 모아준 역할을 했었던 것이다.

「한문 원본」을 원문·현토·주해한

삼국사기 (三國史記) [4권]

-열전-

초판 1쇄 발행 2020년 6월 15일
초판 3쇄 발행 2023년 7월 20일

현토·주해 | 정민호
원 작 자 | 김부식
추천및감수 | 문경현
발 행 자 | 김동구
디 자 인 | 이명숙 · 양철민
발 행 처 | 명문당(1923. 10. 1 창립)
주   소 | 서울시 종로구 윤보선길 61(안국동)
              국민은행 006-01-0483-171
전   화 | 02)733-3039, 734-4798, 733-4748(영)
팩   스 | 02)734-9209
Homepage | www.myungmundang.net
E-mail | mmdbook1@hanmail.net
등   록 | 1977. 11. 19. 제1~148호

ISBN 979-11-90155-46-5 (04910)
ISBN 979-11-90155-42-7 (세트)
20,000원